문사통의교주 5

文史通義校注

Annotations and Correction on General Meaning of Historiography and General Meaning of Bibliography

지은이 장학성(章學誠, 1738~1801)은 중국 청나라 때 학자이며 원래 이름이 문효(文斅), 자가 실재(實齋), 호가 소암(少岩)이다. 절강성 회계(오늘날 소흥)에서 살림이 넉넉지 않은 지식인 집안에서 태어났다. 어려서 병치레가 잦아 공부가 지지부진했던 그는 열다섯 살부터 역사학에 흥미를 가지게 되었고 스물다섯 살부터 주균을 스승으로 모시고 고문을 배우기 시작했다. 서른세 살에 안휘 학정으로 부임한 주균을 따라 갔으며 본격적으로 『문사통의』를 쓰기 시작했다. 병으로 돌아가기 직전까지 글쓰기를 놓지 않았으니 평생의 공력이 『문사통의』에 고스란히 모여 있다. 1773년 서른여섯 살 되던 해 화주의 행정 책임자 유장성을 위해 『화주지』를 편집했다. 『화주지』를 편집하면서 당시 지식인들이 별 관심을 기울이지 않던 지방지를 새롭게 인식하게 되었다. 1777년 마흔한 살에 진사에 급제해 국자감 전적 벼슬을 받았으나 취임하지 않고 막빈 생활을 하면서 전국의 서원에서 강의도 하고 지방지도 편찬해 주며 생계를 이었다. 1794년 쉰일곱 살의 그는 고향 회계에 정착하고 평생 쓴 글들을 정리하기 시작한다. 1800년 예순세 살에 노환이 심해진 그는 실명 상태에 빠졌지만 사람을 불러 구술하면서까지 창작의 끈을 놓지 않았다. 이 해에 그는 학문적 유언이라고 할 수 있는 「절동학술」을 썼고 이듬해 1801년 11월 세상을 떠났다.

옮긴이 임형석(林亨錫, Lim Hengseok)은 1969년 부산에서 태어나 자랐다. 1992년 부산대학교 철학과에서 학사 학위를, 1997년 중국 북경의 청화대학 사상문화연구소에서 사상사 석사 학위를, 2001년 북경대학 철학계에서 철학 박사 학위를 받았다. 2001년부터 부산과 인근의 여러 대학에서 시간강사 및 연구원으로 일했고, 현재 부산 경성대학교 중국대학 중어중문학과 초빙외래교수이다.

문사통의교주文史通義校注 **5**

1판 1쇄 인쇄 2011년 2월 20일 **1판 1쇄 발행** 2011년 2월 25일

지은이 장학성 **옮긴이** 임형석 **펴낸이** 박성모 **펴낸곳** 소명출판
등록 제13-522호 **주소** 137-878 서울시 서초구 서초동 1621-18 (란빌딩 1층)
대표전화 (02) 585-7840 **팩시밀리** (02) 585-7848
이메일 somyong@korea.com **홈페이지** www.somyong.co.kr

ISBN 978-89-5626-547-6 94820 값 15,000원,
ISBN 978-89-5626-542-1(전 5권)

이 번역도서는 2006년 정부재원(교육인적자원부 학술연구조성사업비)으로 한국연구재단의 지원에 의하여 연구되었음.

문사통의 교주 5

文史通義校注

장학성 지음
임형석 옮김

소명출판

◆ 일러두기

1. 이 번역서의 저본은 장학성이 쓰고 섭영이 교정하고 주를 단 『문사통의교주』(文史通義校注, 北京, 中華書局, 1985)이다.
2. 중화서국 판 『문사통의교주』의 표점(標點)은 대부분 옳지만 여러 사람이 함께 작업한 탓인지 어긋나는 경우가 가끔 발견된다. 이것은 통일시키고 역주에서 밝혔다. 아울러 창수량(倉修良)이 편집한 『문사통의신편』(文史通義新編, 上海, 上海古籍出版社, 1993), 엄걸(嚴傑)과 무수성(武秀成)이 번역한 『문사통의전역』(文史通義全譯, 貴陽, 貴州人民出版社, 1997)도 남김없이 대조했으며 참고한 부분도 간혹 있다.
3. 이 번역서는 장학성의 원문과 원주, 섭영의 교주, 옮긴이의 역주 세 부분으로 구성되어 있다. 장학성의 원문은 본문으로 번역하고 원주는 본문에 괄호를 친 뒤 작고 굵은 글씨로 옮겨서 구분했다. 섭영의 교주는 『문사통의교주』의 원래 순서대로 주로 처리했다. 옮긴이의 역주는 각각의 주 밑에 '*역주'라고 써서 따로 구분했다.
4. 번역은 가능한 우리말로 풀어쓰려고 노력했다. 원문에 충실하고자 노력했으나 원문이 지나치게 축약된 경우에는 의역하기도 했다. 전통 문인의 글쓰기 대부분이 그러하지만, 장학성의 문장도 축약이 심하다. 이를 그대로 옮길 경우 앞뒤 문맥을 파악하는데 어려움이 있기 때문에 적절하게 풀어 옮겼다. 필요한 경우에는 옮긴이의 역주에 이를 설명했다.
5. 인명, 지명, 서명 등은 모두 한글 음으로 표기했다. 온전한 우리말 번역을 위해 국내의 갖가지 번역서와 연구 성과를 가능한 한, 충실히 참조하고 반영하고자 노력했다. 기존의 번역이 어색하고 구태의연한 경우, 옮긴이의 관점에 따라 의역하고 현대적으로 해석하기도 했다.
6. 섭영의 교주는 장학성의 원문에 나타나는 인명과 지명, 서명 등 거의 모든 사항을 망라하고 있다. 옮긴이의 역주는 섭영의 교주를 충실히 옮기고도 충분치 않은 경우에만 달았다. 옮긴이의 역주 가운데 장학성의 본문에 대한 것은 별도로 표시했다. 별도의 표시가 없는 옮긴이의 역주는 섭영의 교주에 대한 역주이다.
7. 원어 표기가 필요한 경우에는 한글 뒤 ( ) 안에 부기하였다. 그리고 옮긴이가 의역한 경우, 곧 저자가 지나치게 축약해서 쓴 말을 풀어쓰는 경우에는 [ ] 안에 원어를 표기했다. 또한 동일한 원어 표기가 여러 차례 등장하는 경우는 독자의 편의를 위해 필요하다고 판단했기 때문이다.

교수통의(校讎通義) 권1

교수통의(校讎通義) 권2

교수통의(校讎通義) 권3

문사통의교주 전체 차례

교수통의(校讎通義)
권 1

서(敍)

첫 번째 원도(原道)

두 번째 종류(宗劉)

세 번째 호저(互著)

네 번째 별재(別裁)

다섯 번째 변혐명(辨嫌名)

여섯 번째 보정(補鄭)

일곱 번째 교수조리(校讎條理)

여덟 번째 저록잔일(著錄殘逸)

아홉 번째 장서(藏書)

서

敍

교수(校讐)의 뜻[1]은 아마 유향과 유흠 부자가 조목조목 분류하여 편집한[部次條別] 뒤부터[2] 학술을 변별해서 뚜렷하게 밝히고[辨章學術] 원류를

1 「편권」의 주9를 보라.(주에서 『문사통의』를 인용할 때는 편명만 적고 뒤에서도 이것을 그대로 따른다)

역주_ 위의 서(敍)라는 제목은 원문에 따로 없으며 그저 '敍曰'이라고 시작하고 있다. 문체의 하나인 「서」는 이런 식으로 시작하는 경우가 많아 제목으로 드러냈다.

2 『한서』 「초원왕전」의 부록은 이러하다. "유향은 자가 자정(子政)이고 본명이 갱생(更生)이다. 나이 열두 살 때 아버지 유흠[德任]은 연랑(輦郎)이 되었다. 그는 어른이 된 뒤에 행실이 바르고 스스로 삼갈 줄 안다는 것을 근거로 간대부에 발탁되었다. 선제가 이름난 유학자와 뛰어난 인재를 불러 선발할 때 유향은 지식에 통달하고 글을 잘 짓는다고 해서 함께 선발되었다. 원제 초에 종정이 되었는데 허광한, 사공, 공현[許史恭顯]을 죽이려고 일을 꾸몄다가 죄에 연좌되어 십여 년 동안 관직에서 쫓겨났다. 성제가 즉위하면서 공현 등이 책임지고 자살하자, 황제의 부름을 받아 낭중에 임명되었다. 여러 차례 상소문[封事]을 올리고 광록대부로 옮겼다. 성제는 마침 『시』와 『서』를 힘껏 공부하려고 했기 때문에 고문(古文)을 살펴보다가 유향에게 궁중의 『오경』과 비서를 교정하는 일을 이끌라고 명령했다. 중루교위 자리에 있을 때 죽었다." 유흠은 「원학 중」의 주18을 보라.

헤아려 밝히게[考鏡源流] 되었다. 도술의 정밀함과 자세함이나 순한 주장의 성공하고 실패한 까닭을 깊이 알지 못한다면 교수의 뜻을 함께하기 부족하다.[3] 목록[甲乙]을 분류하여 편집하고 경부와 사부를 기록한 사람은[4] 후세에 대대로 있었다. 그러나 대의를 미뤄 밝히거나 학술의 차이와 동일성을 조목조목 구별할 수 있는 사람, 곧 사람들이 세세한 곡절까지 밝히고 근원에 거슬러 올라가서 고대 전적의 최초 상태를 보고 싶게 만드는 사람은[5] 천 명에 열 명, 백 명에 한 명도 되지 않는다. 정초는 천년 뒤에 태어나[6] 이것을 슬퍼하고 유향과 유흠이 토론한 뜻에 대해 깨달음

---

3 '변별해서 뚜렷하게 밝힌다'는 「화주지 씨족표 서례 중」의 주3을 보라. 『시』 「대아」 "문왕유성"(文王有聲)은 이러하다. "점을 치신 것은 임금님일세." 「전」은 이러하다. "고(考)는 계(稽)와 같다." 『한서』 「위희전」(衛姬傳)은 이러하다. "경의 뜻을 깊이 말하고 성인의 방법[聖法]을 밝게 이해했다." 경(鏡)도 역시 명(明)이다. 『장자』 「천하」는 이러하다. "도술이 장차 천하에 의해 갈기갈기 찢길 것이다." 『법언』 「효지」(孝至)는 이러하다. "어떤 사람이 모든 말[群言] 가운데 가장 뛰어난 것을 물었다. 이렇게 대답했다. 모든 말 가운데 가장 뛰어난 것은 덕성스러운 말[德言]이다." 송충(宋衷)은 이렇게 말한다. "무리[群]는 하나가 아닌 것이다." 최근 사람 손덕겸이 『유향교수학찬미』(劉向校讐學纂微)를 지었는데 장이전은 서문을 써서 이렇게 말한다. "이제껏 교수한 사람은 많지만 유향[劉向氏]보다 뛰어난 사람은 없다. 위대하구나, 교수라는 학문이여! 적임자가 고금 학술을 널리 통달하고 또한 원류의 성공과 실패를 찾아서 변별하지 않으면 어떤 책이 가리키는 의도의 깊숙한 비밀을 찾거나 비밀을 아는 사람을 바로 오도록 명령할 수 없다. 한나라 성제가 알자 진농에게 남은 책을 찾으라고 시켰을 때, 유향은 홀로 그것에 따라 검토하고 교정한 뒤 종류대로 모으는 범례를 구분했다. 이제 전해지는 「서록」을 살펴보면 요점을 들고 숨은 뜻을 그려낸 한두 가지 말 가운데 흐름의 변화를 꿰뚫어 이해하는 것이나 상세하게 설명하지 않아도 자세한 것이 가끔 있다. 반고[孟堅]는 역사서를 지을 때 이것을 근거로 지극하게 예전부터 전해진 것[舊聞]을 변별해서 뚜렷하게 밝히고 문헌을 관장한 공로가 있다고 받든다. 이른바 전해진 것을 변별해서 뚜렷하게 밝힌다는 것은 아마 베끼는 벼슬아치의 차이에 대해서나 관청과 개인의 목록에 기록한 것을 비교하고 수정하는[考訂] 일에 대해서 두려워하는 것만은 아니리라. 만약 고금의 소장된 판본을 취해 문자의 잘못만 바로잡는다면 이것은 바로 일을 시작할 때 잘못된 것이지 유향의 잘못은 아니다."

4 「서교 중」의 주35를 보라.

5 분(墳)은 『삼분』을 말한다. 「서교 상」의 주3을 보라. 적(籍)은 책이다. 『후한서』 「열녀전」 "채염전"은 이러하다. "부인 집에는 전에 고대 서적[墳籍]이 많다고 들었소."

6 「신정」의 주3을 보라.

이 있었다. 그래서 역대의 왕조가 목록에 기록한 것을 가지고 그중 어(魚) 자와 노(魯) 자, 해(亥) 자와 시(豕) 자의 잘못처럼 자그마한 것을 생략하고[7] 다만 분류하여 편집하고 조목으로 나눈 뒤 비슷한 종류대로 소통시키고 성공과 실패의 까닭을 헤아려 교수했다.[8] 이것은 아마 석거각과 천록각 이래로[9] 학자들은 미처 살펴본 적이 없는 것이리라. 다만 정초가 살았던 남송 때는 고대로부터 이미 멀어진 시절이기 때문에 유향과 유흠의 이른바 『칠략』이며 『별록』 같은 책은[10] 오래전에 이미 전해지지 않았다. (『신당서』 「예문지」는 아직 보존되어 있었지만 『송서』 「예문지」는 이미 없어졌기 때문에 이 뒤로는 다시 나타나지 않는다) 오로지 반고의 『한서』 「예문지」 하나만 미뤄 헤아릴 수 있었다. 그러나 정초는 『통지』 첫머리에서 반고를 나무랐고 미뤄 헤아리고 논할 때마다 반고의 학과 관련된 것만 있으면 모두 지나치게 헐뜯고 얕잡는 말을 썼다.[11] 아마 정초의 『통지』는 통사이고

---

7 『포박자』 「하람」(遐覽)은 이러하다. "글을 여러 번 자꾸 베끼면 노(魯) 자가 어(魚)자가 되고 제(帝) 자가 호(虎) 자가 된다." 시(豕)와 해(亥)는 「화주지 여지도 서례」의 주 23을 보라.

8 정초 「통지총서」(通志總序)는 이러하다. "궁중 도서관[冊府]의 장서는 책이 없는 것을 걱정하지 않는다. 교수[讐校]를 담당하는 관청은 법도를 아직 보고 듣지 못했다. 삼관에 하는 일 없이 녹을 먹는 사람이 없게 만들고 사고에 좀 먹은 책이 없게 만들며 온갖 책들을 나날이 더욱 유통하게 만들고 싶어서 「교수략」을 지었다." 또한 「교수략」 "편차필근유례론"(編次必謹類例論)은 이러하다. "학이 전문적이지 않다면 글을 지어도 명확하지 않다. 글이 명확하지 않다면 종류대로 나누는 범례를 만들어도 분명하지 않다. 전문적인 글이 있으면 전문적인 학이 있고 전문적인 학이 있으면 대대로 지킬 수 있다. 사람이 학을 지키고 학은 글을 지키며 글은 그 종류를 지킨다. 사람에게는 죽고 사는 일이 있지만 학은 멈추지 않고 세상에 갑작스러운 사고가 있지만 글은 사라지지 않는다. 오늘날의 책을 근거로 고대의 글을 교정해보면 백분의 일도 남지 않았는데 그 까닭은 무엇인가? 병사들이 죽는 것은 군진에서 대오의 방법이 밝혀지지 않았기 때문이다. 서적이 없어지는 것은 종류대로 나누는 범례의 방법이 나뉘지 않았기 때문이다. 종류대로 나누는 범례를 나눈다면 제자백가와 구류는 각각 조리가 있게 될 것이고 비록 없어졌다지만 없어질 수 없는 것이다."

9 「서교 상」의 주16을 보라.

10 『칠략』은 「서교 상」의 주14를 보라. 『별록』은 「언공 중」의 주29를 보라.

11 「통지총서」는 「한서찬」(漢書贊)을 이렇게 비난한다. "반표 『한서』는 얻어서 볼 수 없고 볼 수 있는 것은 원제와 성제에 대한 「찬」뿐입니다. 모두 「본기」 이외에 따로

반고의 『한서』는 단대사라서[12] 두 사람의 종지가 옛날부터 다르기 때문일 것이다. 이른바 도가 다르면 서로 꾀하지 않는 법이니[13] 괴이쩍게 생각할 필요 없다. 오로지 『한서』 「예문지」는 교수에서 꼭 탐구해야 하는 것이지만 정초의 『통지』가 유향과 유흠의 드러나지 않은 뜻을 공평하게 얻을 수 없다고 한다면 옛사람의 위대한 근본 바탕을 엿보지 못하는 것도 끝내 있을 듯하다.[14] 또한 그런 논의는 지나치게 험하고 날카롭다.

들은 것을 기록했으니 사마천[太史公]의 정밀하고 심오한 곳[閫奧]까지 깊이 들어갔다고 말할 수 있습니다. 대체로 『춘추좌전』에서 '군자는 이렇게 말한다'라는 것은 모두 경의 새로운 뜻입니다. 『사기』에서 '태사공은 이렇게 말했다'라고 한 것은 모두 역사서 이외의 일이지 포폄한 것이 아닙니다. 틈틈이 포폄까지 한 것은 저소손[褚先生] 같은 무리가 그것에 뒤섞은 것일 뿐입니다. 또한 「본기」와 「열전」 가운데 이미 좋다고 하거나 나쁘다고 한 것을 실었기 때문에 거울[鑑戒]로 삼기 충분한데, 어째서 꼭 「본기」와 「열전」 가운데 뛰어난 것에 다시 포폄을 더한답니까? 이것은 바로 과거 시험지에 쓰는 제생의 글이니 어찌 저술에 베풀 수 있겠습니까! 아마 사마천과 반표의 의도가 아닐 것입니다. 하물며 칭찬하는 「찬」을 짓는다고 하면서 어찌 헐뜯는 말이 있겠습니까? 후세의 역사가들은 어떤 경우 「논」이라고 하고 어떤 경우 「서」라고 하며 어떤 경우 「전」(詮)이라고 하고 어떤 경우 「평」(評)이라고 하는데 이것은 모두 반고를 본받은 것입니다. 저는 반고를 격렬하게 논하지 않을 수 없습니다." 나는 이렇게 생각한다. 「찬」에는 밝히는 것[明]과 돕는 것[助] 두 가지 뜻이 있기 때문에 「본기」와 「열전」에 미처 갖추지 못한 사실이 있다면 「찬」에서 갖추는 것이 돕는다는 뜻이다. 「본기」와 「열전」에 남김없이 다하지 못한 포폄의 의도가 있다면 「찬」에서 남김없이 다하는 것이 밝힌다는 뜻이다. 정초는 '찬'을 찬미한다[贊美]는 뜻으로 오해했기 때문에 자신의 주장이 지나치다는 것을 깨닫지 못했을 뿐이다. 또한 「교수략」이 반고가 반박한 여러 조목에 대해서는 나중의 주에 인용한 것을 보라.

12 장학성 「석통」은 이러하다. "양나라 무제는 사마천과 반고 이후 어떤 왕조를 칼로 자르듯 잘라내어 역사서를 쓰게 되었다고 생각했다. 그래서 그는 위로 삼황부터 시작하여 아래로 양나라에 이르는 『통사』를 지어, 숱한 역사서를 남김없이 모두 받아들이려는 구상을 했다. 통한다는 책 제목을 역사서에 달게 된 것은 여기서 시작되었다. 이것을 이어 근원과 갈래가 차츰 분리되기 시작했다. 고금의 학술을 한데 모아서 묶을 때, 기전체는 으레 사마천을 기준으로 삼게 되었다. 그래서 정초는 『통지』를 지었다." 『사통』 「육가」는 이러하다. "『한서』는 서한의 시작부터 끝까지, 한나라가 일어나고 사라진 일을 탐구했다. 한 시대를 모조리 열거하여 하나의 책으로 지었다. 모든 말은 정련되어 있고 사실은 세밀하다. 그러므로 학자는 열심히 조사하고 검토하여 자신의 능력으로 바꿔야 한다. 그때부터 지금까지 이런 방법은 바뀌지 않았다."

13 『논어』 「위령공」을 보라.

14 옛사람의 위대한 근본 바탕이라는 말은 『장자』 「천하」에 뿌리를 두고 있다. 장학성 「신척」은 이러하다. "교수학[校讐之學]에서 유향과 유흠 부자가 연원과 유파를 나눈

『수서』「경적지」나 『구당서』「경적지」, 『신당서』「예문지」가 목록에 등록한 제목도 그들의 범위를 대략 다 훑었지만 유향과 유흠의 개인적 기술을 헤아리고 밝혀서 그들의 옳음과 그름, 성공과 실패가 어디에 있는지 모두 탐구할 수 없었다. 그러므로 자신이 지은 『통지』의 「예문략」, 「금석략」, 「도보략」 등 여러 군데서 모순이 많이 섞여 나오는 것은[15] 자신이 앞 시대 사람이 목록에 기록하는 일을 나무란 잘못과 그다지 큰 차이가 없다.[16] 이것은 근본을 헤아리지 않고 자그마한 끄트머리만 가지런하게 하는 사람을 본받은 것이다.[17] 또한 책을 구하는 방법과 책을 교정하는 일을 논한 것은[18] 상세하게 모두 갖추었지만 그도 책을 구하기 이전에 문자는 어떻게 다스리고 살펴야 할지, 책을 교정한 이후에 도서[圖]는 어떻게 법도대로 지킬지 끝까지 연구하지 않았다. 이것들은 모두 정초가 처리할 겨를이 없었기 때문이다. 아마 그가 섭렵한 범위가 너르고[19]

것은 옛사람의 위대한 근본 바탕을 가장 잘 헤아려 본 것이고 글자와 문장을 교정한 것은 그중 자그마한 것이다. 뛰어난 학문이 전해지지 않다가 천 년이 지난 뒤에 정초가 비로소 꿰뚫어 본 것이 있어서 특별히 「교수략」[校讐之略]을 지었다. 그러나 그도 교수의 심오함을 남김없이 밝히지 못했고 남들도 그것을 알 방법이 없었다. 교수를 논하는 세상 사람들은 오로지 인쇄된 글자와 문장 사이에서 다투어 변론할 뿐이고 거기에 연원과 유파가 더 있다는 것을 모른다."(가업당본 『장씨유서』 외편 1)

15 나는 이렇게 생각한다. 『통지』「이십략」 가운데 「예문략」은 나눈 분야가 지나치게 번거롭고 어그러져 그릇된 것이 더구나 많다. 「금석략」이 수록하고 있는 것은 때때로 「기복략」(器服略)에 중복해서 나오지만 석경이 없다. 「도보략」이 수록하고 있는 것은 때때로 경부와 사부에 수록된 도보와 서로 차이가 난다. 그리고 『지동도』(地動圖), 『서응영모도』(瑞應翎毛圖), 『문옹학당도』(文翁學堂圖) 등은 「예문략」에 모두 수록되어 있지만 「도보략」에는 들어 있지 않다. 이것이 이른바 모순이 뒤섞여 나온다는 것이다.

16 「화주지 여지도 서례」의 주9를 보라.

17 「설림」의 주53을 보라.

18 정초가 책을 찾는 방법을 논한 것은 「화주지 예문서 서례」의 주68을 보라. 『통지』「교수략」 "구서견사교서구임론"[校書久任論]은 이렇게 말한다. "사마천은 대대로 사관이었고 유향과 유흠 부자는 천록각에서 교수했으며 우세남과 안사고는 계속 이어서 비서감이 되었고 영호덕분은 세 번이나 역사서를 편찬하는 책임을 맡았으며 공영달은 평생 동안 학교의 관직을 떠나지 않았다. 만약 도서를 갖추고 문물을 일으키고자 한다면 교수의 관직을 어찌 오랫동안 맡지 않을 수 있겠는가?"

또한 전문가처럼 정통하지도 않았기 때문에 어마어마한 분량을 편집하면서 찬찬하지 못해 엉성한 곳이 없을 수 없는 것도 그런 추세이다. 오늘날 여러 사람의 주장을 알맞게 조절하여 어울리게 만들기 위해서[20] 그들을 시작부터 끝까지 연구하여 『교수통의』를 지었다. 통틀어 약간의 글로[21] 일가의 주장을 겨우 이뤘으니 학술의 연원에 대해 고쳐서 구별한 것이 있다.[22] 옳고 그름을 분간할 줄 아는 군자는 어쩌면 여기서 취할 것

19 「화주지 예문서 서례」의 주10을 보라.

20 「역교 하」의 주50을 보라.

21 나는 이렇게 생각한다. 『교수통의』는 건륭 44년에 지었는데 처음에 네 권이었다. 이태 뒤 개봉[汴] 가는 길에서 도둑맞는 바람에 잃어버렸지만 다행히 앞의 세 권은 친구가 베껴서 보관하던 책이 있어서 근거할 수 있었다.(「발유동술춘지여초」(跋酉冬戌春志餘草)) 이것이 바로 여기서 열여덟 편이라는 것이다.(가업당본 『장씨유서』는 원래 간행한 세 권을 「내편」으로 만들고 여러 가지 「논」 및 교수의 글을 따로 취하여 「외편」 한 권을 만들었다) 금육불[金君毓黻]은 이렇게 말한다. "교수학[校讐之學]은 글을 지으면서 생긴 것이다. 장학성보다 먼저 교수학을 했던 사람은 명나라 때 사람 호응린의 『경적회통』(經籍會通)과 『사부정와』(四部正譌)가 있다. 『경적회통』은 네 권이고 첫째 원류(源流), 둘째 유별(類別), 셋째 유일(遺軼), 넷째 견문(見聞)인데 글의 분량과 장절이 대략 갖춰져 있어서 『교수통의』의 예고편이기도 하다."(『중국사학사』 제8장)

22 장학성 「논수사적고요략」(論修史籍考要略)은 이러하다. "교수학[校讐之學]은 목록에 기록하는 일과 서로 표리 관계가 되기 때문에 교수의 종류대로 나누는 범례가 밝지 못하면 목록에 기록하는 일은 끝내 내력이 없어지게 된다. 오래된 범례는 스물한 가지 학파의 주장을 모두 정통 역사에 열거하지만 사실 종류대로 나누는 범례가 밝지 못하다. 사마천 『사기』는 다름 아니라 통사이다. 양나라 무제의 『통사』나 정초의 『통지』의 범례가 거기 속한다. 반고 『한서』는 하나의 왕조를 잘라서 전문으로 지은 역사서이다. 화교, 사승, 범엽, 진수 같은 여러 사람이 거기 속한다. 진수의 『삼국지』[陳志]는 나라 별로 나눈 역사서[分國之書]이다. 『십육국춘추』나 『구국지』(九國志) 같은 부류가 거기 속한다. 『남사』와 『북사』는 여러 왕조를 잘라서 취한 역사서이다. 설거정의 『구오대사』와 구양수의 『신오대사』 같은 여러 역사서가 거기 속한다. 『진서』나 『당서』는 많은 사람을 모아 관청에서 편찬한 역사서이다. 『송사』, 『요사』, 『금사』, 『원사』 같은 여러 역사서가 거기 속한다. 가법이 밝으면 조리 있는 상태에 거의 가까워지기 때문에 사학을 탐구하는 사람이 원류까지 거슬러 올라갈 수 있었다."(가업당본 『장씨유서』 권13) 최근 사람 장이전은 이렇게 말한다. "이제껏 반고의 『한서』 「예문지」[班志]를 연구한 사람은 많지만 송나라 때는 왕응린[王伯厚]과 정초[鄭漁仲] 두 사람이 있다. 왕응린은 다만 고대를 비교하는 것에 상세할 뿐이지 역사서를 도운 것은 없다. 정초도 오로지 순서대로 편집하는 일의 옳고 그름을 논했을 뿐이다. 최근 장학성에 이르러 비로소 관사가 합일하는 뜻을 깨닫게 되었고 그가 지은 『교수통의』는 사업을 넓히고 드러나지 않는 것을 밝혔기 때문에 매우 뛰어나게

이 있으리라.

주장을 안다고 뽑을 수 있다."(손덕겸 「한서예문지거례서」(漢書藝文志擧例序)) 요진종(姚振宗) 『한서예문지조리』(漢書藝文志條理)는 이러하다. "나는 이렇게 생각한다. 장학성 책의 큰 뜻은 관사가 법도대로 지키는 학설을 근거로 고대 서적과 현대 서적의 근원으로 거슬러 올라가서 자기 분류를 남김없이 따르게 만들려고 하는 것이다. 그런 범례는 거듭해서 서로 드러내고[重復互著] 글을 가다듬어 따로 내는[裁篇別出] 것이라고 부른다. 예를 들자면 '역류' 목록에서 『고오자』(古五子)는 "수술략"의 '오행류'에도 서로 드러내야만 하고 『재이맹씨경방』(災異孟氏京房)은 "수술략"의 '잡점류'(雜占類)에도 서로 드러내야만 한다. '상서류' 목록에서 유향과 허상의 『오행전기』는 '오행류'에도 서로 드러내야만 한다. '예류' 목록에서 『중용설』(中庸說)은 '유가'에도 서로 드러내야만 한다. '악류' 목록에서 『아가시』(雅歌詩)는 '시류' 목록에도 서로 드러내야만 한다. '춘추류'에서 『동중서치옥』[治獄]은 '법가'에도 서로 드러내야만 한다. 이것이 거듭해서 서로 적는 방법이다. 『상서』 「무일」, 『시』 「빈풍」, 『대대예기』 「하소정」, 『소대예기』 「월령」, 『이아』 「석초」(釋草), 『관자』 「목민」, 『여씨춘추』 「임지」 같은 여러 글을 모두 '농가'의 첫머리에 넣어야만 한다면 이것은 글을 가다듬어 따로 내는 방법이다. 또한 '유가'의 『주정』(周政)과 『주법』(周法)을 '예류'에 붙이고 『고조전』, 『효문전』, 『염철론』을 '상서류'에 붙이며 『우씨춘추』와 『여씨춘추』, 『우장천하충신』(于長天下忠臣), 유향의 『신서』와 『설원』, 『세설신어』, 『열녀전송도』(列女傳頌圖)를 '춘추류'에 붙인다면 그의 의도는 아마 목록에서 유서의 형식을 같이 쓰려고 하는 것이리라. 그에게 스스로 책을 하나 쓰게 하려면 범례를 제시하지 않으면 안된다. 만약 반고의 『한서』 「예문지」를 범례로 삼는다면 이리저리 흩어지고 부서지기 때문에 너저분하고 자질구레하며 얼토당토 않은 것이 많이 나타나게 될 것이다."

첫 번째 원도(原道)

1.1

상고시대에는 글자가 없었다. 노끈을 묶어 다스리다가 글자로 기록하는 방식으로 바꾼 뒤, 성인은 쓸모를 이렇게 밝혔다. "모든 벼슬아치가 이것을 근거로 다스리고 모든 백성이 이것을 근거로 살핀다."[1] 다스리기 위해서나 살피기 위해서 겉으로 직접 드러나지 않는 생각을 펼치고 사

---

1 「시교 상」의 주67을 보라.

역주_ 1.1이라고 아라비아숫자로 매긴 번호는 『교수통의』에 당연히 나오지 않는다. 맨 끝에 '이상은 첫 번째의 첫 번째이다'[右一之一]라는 말이 나오는데 이것이 본래 쓰는 방법이다. 아라비아숫자로 표시한 장절 구분은 오늘날 우리가 쓰는 방법과 맞지 않기 때문에 공연한 수고를 덜기 위해 오늘날 체제에 맞게 옮긴이가 보탰다. 이하에 나오는 모든 아라비아숫자로 표시된 장절 구분도 마찬가지 방식이다. 장학성이 굳이 이런 방식을 택한 이유는 『문사통의』 「광류」 편을 보라.

물의 형태와 이름을 표현한 것은 아마 어쩔 수 없이 그렇게 했을 테지만 글자로 기록하는 방식으로 바꾼다고 해서 그 쓸모가 어찌 생각을 펼치거나 형태와 이름을 표현하기 충분했겠는가. 이치는 크고 만물은 많으니 완전히 알 수는 없다. 성인은 그것을 위해 관직을 세워 나누어 지키고[2] 문자도 역시 그것을 따라 기록할 뿐이다. 이런 관직이 있으면 이런 법도가 있기 때문에 법도는 관직에 갖춰져 있다. 이런 법도가 있으면 이런 책이 있기 때문에 관직은 자신의 책을 지킨다. 이런 책이 있으면 이런 학이 있기 때문에 스승은 자신의 학을 전수한다. 이런 학이 있으면 이런 학업이 있기 때문에 제자들은 자신의 학업을 익힌다. 관직이 학과 학업을 지키는 것은 모두 같은 데서 나왔고[3] 천하는 같은 글자로 다스리는

---

2 『설문해자』는 이러하다. "관(官)은 구실아치가 임금을 섬기는 것이다." 또한 "수(守)는 지키는 벼슬아치[守官]이다. 면(宀)의 뜻은 관청[官府]이다. 촌(寸)의 뜻은 법도이다." 『주례』「천관」 소는 이러하다. "상고시대에는 구름이나 새로 벼슬을 기록하고 육관이라는 이름은 요임금과 순임금 때가 되어야 나타난다. 요임금은 중려(重黎)의 후손인 희씨와 화씨의 아들에게 예전 직책인 천지(天地)의 관직을 관장하라고 시켰다. 그때 관직 이름은 아마 직(稷)이라거나 사도(司徒)라고 했을 것이다. 그래서 천관직(天官稷)이고 지관사도(地官司徒)인 것이다. 또한 중숙(仲叔)에게 나눠 명령하여 사시(四時)의 관직을 관장하라고 시켰는데 봄의 관직은 질종(秩宗)이고 여름의 관직은 사마이며 가을의 관직은 사(士)이고 겨울의 관직은 공공(共工)이다. 공공은 동관이다. 직과 사도를 합친다면 여기서 육관의 이름이 드러난다. 하나라의 벼슬은 백스무 가지이고 공경, 대부, 원사의 숫자를 모두 열거한다. 은나라의 벼슬은 이백마흔 가지인데 주나라 때 삼백예순 가지가 되어 크게 갖춰졌다. 그러므로 벼슬아치를 세워 직책을 나눈 것을 민극(民極)이라 한다."

3 『장자』「천하」는 이러하다. "고대의 이른바 도술이라는 것은 과연 어디에 있었는가? 어디든지 없는 데가 없다고 하겠다. 그것 가운데 도수[數度]에 명백하게 있는 것은 예전의 법이나 대대로 전해지는 역사서에 여전히 많이 있다. 그것 가운데 『시』, 『서』, 『예』, 『악』에 있는 것은 제나라와 노나라의 유가[鄒魯之士]나 지위가 높고 행동이 점잖은 벼슬아치[搢紳先生] 가운데 알 만한 사람이 많다." 왕국유 「석사」는 이렇게 말한다. "사(史)의 본래 뜻은 글을 쥐고 있는 사람, 곧 문서를 관장하는 벼슬아치이다. 큰 벼슬아치[大官]나 뭇 벼슬아치[庶官] 같은 새로운 이름이 갈라져 나오고 또한 맡은 직책과 관계된 일[職事]의 새로운 이름이 갈라져 나왔다. 그러므로 이(吏)와 사(事) 두 글자는 모두 사(史)를 따라 뜻을 취한 것이다. 그리고 사, 이, 사 세 글자는 고대에 서로 통가할 수 있었다.(고대의 벼슬 이름은 사(史)에서 나온 것이 많다. 은나라와 주나라 때 왕실에 정사를 보고하는 벼슬을 경전에서는 경사(卿士)라고 했지만 모공정(毛公鼎), 소자사돈(小子師敦), 번생돈(番生敦)은 경사(卿事)라고 했으며 은허

것이기[4] 때문에 개인이 저술한 문자는 없었다. 개인이 저술한 문자가 없기 때문에 관직이 지키도록 나눠진 직책은 바로 모든 글을 분류하고 편집하는 일이다. 이밖에 목록에 기록하는 법도가 따로 있는 것은 아니다.

이상은 첫 번째의 첫 번째이다.

1.2

후세의 문자는 반드시 육예라는 근원으로 거슬러 올라가야만 한다.[5] 육예는 공자 집안[孔氏]의 책이 아니라 『주관』의 오래된 전적이다.[6]

에서 출토된 복사[殷墟卜辭]는 경사(卿史)라고 했으므로, 경사(卿士)의 본래 이름은 사(史)이다. 또한 천자와 제후의 정사를 맡은 사람을 일반적으로 어사(御事)라고 부르지만 은허에서 출토된 복사는 어사(御史)라고 부르므로, 어사(御事)도 사(史)라고 이름 지었다. 또한 고대의 육경(六卿)을 『상서』「감서」(甘誓)는 육사(六事)라고 했고 사도, 사마, 사공을 『시』「소아」는 삼사(三事)라고 했으며 『춘추좌전』「성공 2년」이나 『일주서』「대광」 편은 삼리(三吏)라고 했다. 이것은 모두 큰 벼슬아치를 구실아치[吏]처럼 부르는 것이고 그래서 바로 사(史)라고 부른다.) 이후 세 글자는 각각 전문적인 글자가 필요했기 때문에 세 글자는 소전(小篆)에서 칼로 자른 듯 분명히 구별하게 되었다. 책을 쥐고 있는 사람을 사(史)라고 하고 사람을 다스리는 사람을 이(吏)라고 하며 맡은 직책과 관련된 일을 사(事)라고 했다. 이것은 아마 진나라와 한나라 교체기 무렵에 나왔지만 『시』와 『서』의 고대 문자를 그다지 구별하지 않았기 때문이리라."(『관당집림』 권6) 그렇다면 『장자』의 이른바 사(史)는 사(士)와 같으며 모두 고대 벼슬아치의 다른 이름이다. 그러나 고대의 도술은 오로지 벼슬살이하는 경, 사, 대부에게서만 얻어 대대로 지켰다. 배우고 싶은 사람이 꼭 벼슬아치를 스승으로 삼아야 하는 것은 「곡례」의 이른바 "벼슬아치가 되려고 배우기 위해서는 스승을 섬긴다"가 이것이다. 『한서』「예문지」는 유향의 『칠략』의 설에 뿌리를 두고 어떤 제자백가의 유파라든지 어떤 벼슬에서 나왔다고 말하는 것도 고대의 학문이 관직에 있었다는 것이고 『장자』의 주장과 부합한다. 장학성은 이런 옳은 주장을 새롭게 펼치고 막힘없이 주장했다.

4 같은 글자[同文]는 「시교 상」의 주68을 보라.

5 『한서』「예문지」 주는 이러하다. "육예는 육경이다."

『역』은 태복이 관장하고 『서』는 외사가 소장하며 『예』는 종백에게 있고 『악』은 사악에게 예속되어 있으며 『시』는 태사가 이끌고 『춘추』는 국사에게 남아 있다.[7] 조술하지 창작하지 않는다는 공자 자신의 말은[8] 관직

---

6 『주관』의 오래된 전범은 「원도 상」이나 「열세 번째 한지육예」에서 모두 주공의 오래된 전범이라고 한다. 『수서』 「경적지」에 따르면 "문왕은 괘사를 짓고 주공은 효사를 지었다"라 한다. 정현 「시보서」는 이러하다. "주공이 태평성대를 이룩하고 예악을 창조하자 칭송하는 소리가 일어났다." 「서서」는 「대고」, 「가화」(嘉禾), 「강고」(康誥), 「주고」(酒誥), 「재재」, 「다사」, 「무일」, 「군석」 및 「장고포」(將姑蒲), 「다방」을 모두 주공이 지은 것이라 한다. 『춘추좌전』 「문공 18년」은 이러하다. "조상[先君]이신 주공이 『주례』를 제정했다." 『상서대전』은 이러하다. "주공이 육년 동안 왕을 대신하여 섭정하면서 예악 제도를 창조했다." 두예 「춘추좌씨전서」는 이러하다. "한선자[韓子]가 본 것(『역상』과 노나라 『춘추』)은 아마 주나라의 오래된 전적이자 예의 큰 법도일 것이다. 공자[仲尼]는 책서(策書)에 있는 기존의 글을 근거로 전례를 기록했는데, 위로는 주공이 남긴 제도를 따르고 아래로는 장차 나타날 법도를 밝혔다." 그래서 『역』, 『시』, 『서』, 『예』, 『악』, 『춘추』는 모두 주공의 오래된 전범이다.

7 「원도 중」의 주23부터 주28까지를 보라. 다만 사악은 「원도 중」에서 사성이라고 했다. 사성은 바로 교육을 관장하는 벼슬이며 사악이라고 하는 것이 옳다. 『주례』 「춘관」은 이러하다. "대사악은 악덕(樂德)으로 국자에게 충실함[中], 온화함[和], 공경[祗], 떳떳함[庸], 효성[孝], 우애[友]를 가르친다. 악어(樂語)로 국자에게 노래[興], 이야기[道], 풍자[諷], 읊기[誦], 질문[言], 대답[語]을 가르친다. 악무(樂舞)로 국자에게 운문, 대권, 대함, 대경, 대하, 대호, 대무 춤추기를 가르친다. 육률, 육동, 오성, 팔음, 육무로 크게 악을 합쳐서 하늘의 귀, 사람의 신, 땅의 시를 부르고 나라를 화합시키며 모든 백성을 어울리게 하고 손님[賓客]을 편안하게 하며 먼 나라 사람을 기쁘게 하고 움직이는 만물을 움직이게 한다." 이것이 이른바 음악이 사악에게 예속된다는 것이다.

8 『논어』 「술이」는 이러하다. "선생님이 말씀하셨다. '조술하고 창작하지 않는 것과 믿고 고대를 좋아하는 것은 내가 우리 노팽(老彭)에 견주어 보노라.'" 『논어집해』는 포함을 인용하여 이렇게 말한다. "노팽은 은나라의 훌륭한 대부이고 고대의 일을 기술하기 좋아했다. 나는 노팽처럼 다만 조술할 뿐이다." 공자진 『육경정명』은 이러하다. "공자가 태어나기도 전에 천하에 육경이 있은 지 오래되었다. 장주가 지은 『장자』[莊周] 「천운」 편은 이렇게 말한다. '공자는 「내가 육경으로 일흔 명의 임금에게 벼슬을 구했지만 아무도 나를 쓰지 않았다」라고 말한다.' 『예기』는 이렇게 말한다. '공자가 「어떤 나라에 들어가면 그 가르침을 알 수 있다」고 말한 것은 『역』, 『서』, 『시』, 『예』, 『악』, 『춘추』의 가르침이 있다는 말이다. 공자가 본 『역』, 『서』, 『시』는 후세에 그것을 알게 되었다. 그렇다면 공자가 본 『예』는 곧 한나라 때 엄중에게서 나온 쉰여섯 편일 것이다. 공자의 이른바 『춘추』가 주나라 왕실이 갈무리하고 있던 백이십 개 나라의 보배로운 책이라는 것은 옳다. 그러므로 공자가 '조술하기만 했지 창작하지 않았다'는 것이다."

이 지키지 못하게 되자 스승과 제자 간에 전수되던 학업이 그래서 갈리게 되었다는 것을[9] 알았기 때문이다. 진나라 사람은 어울려 『시』와 『서』에 대해 이야기하는 일을 금지시키며 "만약 법령을 배우고자 하는 사람이 있으면 벼슬아치를 스승으로 삼게 하십시오"[10]라고 말했다. 그들이 『시』와 『서』를 버린 것은 잘못이다. "벼슬아치를 스승으로 삼게 하라"는 그들의 말은 마치 관직이 지키는 학업과 사업을 합일시킨다는 말과 같다. 벼슬아치를 스승으로 삼으라는 진나라 사람의 주장으로부터 삼대의 전성기를 생각해보면 『예』는 종백을 스승으로 삼고 『악』은 사악을 스승으로 삼으며 『시』는 태사를 스승으로 삼고 『서』는 외사를 스승으로 삼은 것이다. 세 가지 『역』과 『춘추』도 이와 같으면 그만일 뿐이었다. 그런데 어찌 개인의 저술이 또 있겠는가?

이상은 첫 번째의 두 번째이다.

1.3

유흠의 『칠략』에서 반고는 「집략」(輯略)을 삭제하고 여섯 가지만 남겼다. 안사고는 이렇게 말한다. "「집략」은 여러 책의 요점을 모았다."[11] 아

---

9 「원도 중」은 이러하다. "진나라 이후 치학(治學)이 분리되어 합일될 수 없게 된 것은 필연이다. 관사(官司)는 특정 시대의 장고를 지키고, 경사(經師)는 일정한 계보에 의해 전수시키고 전수받는 장구(章句)를 전승한다. 이것도 어쩔 수 없는 상태의 일에서 나왔다."

10 「시교 하」의 주3을 보라.

역주_ 다음에 나오는 그들이 『시』와 『서』를 버린 것이란 말은 『사기』 「진시황본기」의 원문에 따라 『시』와 『서』에 대해 이야기하는 사람들을 기시의 형벌에 처할 것으로 읽어도 좋겠다.

11 『칠략』은 「서교 상」의 주14를 보라. 『한서』 「예문지」 안사고의 주는 이러하다. "집

마 유흠은 모든 책의 뜻을 토론했을 것이다. 이것은 도를 밝히는 가장 중요한 요점이지만 안타깝게 그 글은 전하지 않는다. 오늘날 볼 수 있는 것은 오로지 등록한 제목[部目]을 한데 모아 헤아린 뒤 유파를 조목조목 변별한 몇 마디 말뿐이다.[12] 이런 몇 마디 말을 근거해서 살펴보면 유흠은 관사가 합일되어 있는 옛사람의 도를 아마 깊이 이해하고 있었을 것이다. 그리고 애초에 개인적인 저술이 없는 이유도 아마 알고 있었을 것

(輯)과 집(集)은 같은데 여러 가지 책을 모아 묶은 것을 말한다." 『구당서』 「안주전」(顔籀傳)은 이러하다. "안주는 자가 사고(師古)이고 북제[齊] 황문랑을 지낸 안지추[之推]의 손자이다. 어렸을 때 집안에 전해지는 학업[家業]을 전하고 무덕 연간 초에 진왕부 기실이 되었다가 중서사인으로 옮겼다." 『신당서』 「유학전」은 이러하다. "태종은 성인의 시대로부터 멀기 때문에 오경이 전하고 익히면서 점점 잘못되었다고 탄식한 적이 있다. 비서성에서 안사고가 비교하여 정하도록 태종이 명령서를 내리자 세밀하게 바로잡은 것이 많았다. 태종이 정한 책을 천하에 널리 퍼뜨렸기 때문에 학자들은 그것에 의지했다. 또한 승건태자의 명령을 받아 반고 『한서』에 주를 달아 바치자 당시 사람들은 그를 반고의 충신[孟堅忠臣]이라고 불렀다. 비서감, 홍문관 학사로 옮겼다. 태종 십구 년의 요동 원정에 따라갔다가 도중에 병이 나서 죽었는데 나이가 예순다섯이다."

12 『국고논형』 「논식」(論式)은 이러하다. "안타깝구나! 유흠의 『칠략』은. 여섯 가지 「약」[錄]은 『한서』 「예문지」에 있지만 「집략」만 비어있다. 그렇지 않다면 유흠을 삼가 살피고 헤아려서 조리가 있었을 텐데." 요진종 『한서예문지조리』는 이러하다. "나는 이렇게 생각한다. '조목조목 분류하여 편집한다' 따위의 몇 마디는 다름 아니라 「집략」의 글인데 반고가 여러 편 다음에 흩어 붙여놓은 것이다. 그것을 어떻게 아는가? 『칠략』은 『별록』에 뿌리를 두었다. 순열 『한기』와 비교해보면 성제 3년 유향은 경전 교정을 맡으면서 차이와 동일성을 비교하여 모아놓고 이렇게 말했다. '명가라는 유파는 예관(禮官)에서 나왔다. 이름과 지위[名位]가 다르면 예절도 다르기[異數] 때문에 이름을 바로잡는다.' 또한 『사기색은』 「태사공자서」는 유향의 『별록』을 인용하여 이렇게 말한다. '명가라는 유파는 예관에서 나왔다. 고대에는 이름과 지위가 다르면 예절도 달랐다. 공자는 「반드시 이름을 바로 잡는다」고 말했다.' 여기 두 군데에서 인용한 것은 모두 『한서』 「예문지」 '명가' 「서록」[篇敍]과 같다. 그래서 반고가 「집략」의 글을 취해서 여기에 편집했고 『칠략』이 『별록』의 글을 취하여 「집략」에 적었다는 것을 안다. 아마 『별록』 맨 앞에 나오는 첫 편에도 역시 「집략」이 있었을 것이다. 그래서 『칠략별록』이라고 이름 지었다. 『수서』 「경적지」는 이러하다. '『칠략별록』 스무 권은 유향이 지었다.' 유흠은 요점을 삭제할 것은 삭제하고 취할 것은 취하여 「약」마다 각각 한 권을 지었기 때문에 『수서』 「경적지」는 '『칠략』 일곱 권은 유흠이 지었다'라고 했다. 그것을 사고전서에 비유한다면 『별록』은 『사고전서총목제요』이고 『칠략』은 『사고간명목록』이다."

이다. 무슨 까닭인가? 그는 육예를 서술한 뒤 제자백가까지 서술했다. 그리고 어떤 학파는 아마 고대의 어떤 관직이 관장하던 데서 나왔고 그것이 전해진 뒤 어떤 학파의 학문이 되었으며 잃어버린 뒤 어떤 학파의 폐단이 되었다고 반드시 말했다.[13] 어떤 관직이 관장하던 것이라는 그의 말은 바로 법도가 관직에 갖춰져 있으며 관직이 어떤 책의 의례를 지키고 있다는 말이다. 전해진 뒤 어떤 학파의 학문이 되었다는 그의 말은 바로 관청이 직책을 잃어버려서 스승과 제자가 전수하고 전수받는 학업의 의례가 되었다는 말이다. 잃어버린 뒤 어떤 학파의 폐단이 되었다는 그의 말은 바로 "마음이 생겨서 정사를 일으키고 정사를 하면 일을 해친다"[14]는 맹자의 말과 같을 것이다. 변별하고 구별하면 아마 주장을 아는 학자에 가까워지려고 하는 것이리라.[15] 유흠의 뜻을 근거로 고금의 역사서를 널리 찾는다면 분류와 순서를 목록에 기록하고 유파를 변별해서 뚜렷하게 밝힐 것이다. 장차 이로써 육예를 절충하고[16] 위대한 도를 분명하게 널리 밝혀 말한다면 목록에 기록할 필요 때문만이 아니라는 것도 이미 명확해졌다.

이상은 첫 번째의 세 번째이다.

---

13 「원학 중」의 주19를 보라.

14 「질성」의 주5를 보라.

15 『맹자』 「공손추 상」은 이러하다. "'선생님은 어떤 것을 잘하시는지 감히 물어도 되겠습니까?' 맹자는 이렇게 대답했다. '나는 주장을 안다.'" 주희[朱子] 주는 이러하다. "주장을 안다는 것은 마음을 다해서 본성을 알고 천하의 모든 주장에 대해 이치를 끝까지 탐구하여 옳음과 그름, 성공과 실패의 근거를 판단하지 않는 것이 없는 것이다."

16 「역교 하」의 주50을 보라. 충(衷)은 중(中)이라고 통가해서 쓴다. 『한서』 「공우전」은 이러하다. "공자[夫子]의 말이 없다면 절충할 방법이 없다."

두 번째 종류(宗劉)[1]

2.1

『칠략』이 변해서 사부 분류법이 된 것은[2] 마치 전서와 예서가 변해서 행서와 해서가 된 것처럼[3] 모두 어쩔 수 없는 추세이다. 사부(史部)는 나

---

1 장이전 「유향교수학찬미서」(劉向校讐學纂微序)는 이러하다. "장학성의 책은 여러 사람을 절충하고 내력을 끝까지 탐구하여 관사의 합일에 대한 견해가 있었다. 이것이 그의 장점이다. 그는 『교수통의』를 만들 때 특별히 「종류」 편을 지어서 학자들이 유향을 좇는다는 것을 보여주었으니 유향에게 공을 세웠다. 그러나 그의 의도도 다만 사부 분류법을 근거로 나눈 뒤 종류대로 나누는 것에 넣고 나누어 분명히 하는[便章] 뜻을 대략 붙이고자 했을 뿐이다. 유향이 학을 배운 근거에 대해서는 특별히 말하지 않아서 상세하지 않기도 하지만 또한 거기 숨겨두고 표현하지 않았기 때문에 도리어 그것의 주석[疏]이 되었다."

역주_ 주에서 **넣고**라고 옮긴 말의 원문은 人이다. 자리로 보아 동사가 들어가야 하는데 入과 헛갈리기 쉬운 人 자를 심은 식자공의 실수로 보인다.

2 「문집」의 주15를 보라.

날이 번성하기 때문에 모두 『춘추』를 연구하는 사람의 가학에 예속시킬 수 없다.[4] 이것이 사부 분류법이 『칠략』으로 돌아갈 수 없는 첫 번째 이유이다. 명가와 묵가 같은 제자백가의 지파나 별파[支別]는 후세에 다시 생기지 않았다.[5] 이것이 사부 분류법이 『칠략』으로 돌아갈 수 없는 두

---

3 허신 「설문해자서」[說文敍]는 이러하다. "주나라 선왕의 태사 주(太史籒)는 『대전』(大篆) 열다섯 편을 지었는데 고대 문자와 다른 것이 가끔 있다. 진나라 승상 이사는 『창힐편』을 지었고 중거부령(中車府令) 조고(趙高)는 『원력편』(爰歷篇)을 지었으며 태사령 호모경(胡毋敬)은 『박학편』(博學篇)을 지었는데 모두 사주의 대전을 취했지만 어떤 것은 자못 생략하고 고쳤으니 이른바 소전이다. 당시 진나라가 경[經書]을 불살라 없애고 오래된 전적을 씻어 없앴으며 구실아치를 크게 드러내고 변방의 수자리를 일으키자 관청과 감옥에서 맡은 일이 바빠졌고 처음으로 예서가 생겼다.(하두(下杜) 출신 정막(程邈)이 지은 것이다) 그래서 간단하고 쉬운 쪽으로 향하게 되었고 고대 문자도 이때부터 끊어져 버렸다." 후한 때 왕중[王次仲]이 예서[隸字]를 근거로 해서[楷法]를 처음 만들었다. 위나라 종요(鍾繇)의 「하극첩표」(賀克捷表)는 법도를 남김없이 갖춘 해서[正書]의 조상이 되었다. 후한 때 유덕승(劉德昇)이 해서[正書]를 근거로 복잡한 것을 간단하게 줄이자 약간 틈을 두고 유행하게 되었고 처음 행서가 생겼다. 『몽계필담』 권17은 이러하다. "고대 문자는 변례(變隸)부터 법도가 이미 뒤섞여 어지러워졌고 나중에 해서[楷字]로 바뀌면서 글자의 잘못이 더욱 심해져서 거의 알아볼 수 없게 되었다."

4 완효서 『칠록』 「서목」[序目]은 이러하다. "한나라 때[劉氏之世] 역사서는 대단히 적었기 때문에 『춘추』에 붙여서 나타내도 참으로 범례를 얻었다." 마단림 『문헌통고』 「경적고」 "사부총서"(史部總序)는 이러하다. "반고[班孟堅]의 『한서』 「예문지」에는 "사류"가 없고 『세본』 이하의 여러 가지 책을 "육예략" '춘추류' 뒤에 붙였다. 아마 『춘추』가 바로 고대 역사서이고 『춘추』 이후에는 진나라와 한나라의 사실뿐이며 분량이 많지 않아서 따로 사부를 세울 필요가 없기 때문일 것이다." 나는 이렇게 생각한다. 『한서』 「예문지」 "육예략"은 『국어』, 『신국어』(新國語), 『세본』, 『전국책』, 『주사』(奏事), 『초한춘추』, 『태사공』을 목록에 기록하고 있는데, 풍상이 이어서 지은 『속태사공』, 『태고이래년기』, 『한저기』(漢著記), 『한대년기』(漢大年紀)는 『춘추』를 연구하는 사람 것과 같다. 진나라 때 『중경』 이하는 경부와 사부를 나누어서 수록하고 있다.

5 『사고간명목록』은 『묵자』라는 책을 이렇게 서술하고 있다. "그의 학설은 맹자가 물리쳤기 때문에 세상에 유행하지 않았다. 그러나 그의 책은 대대로 목록에 기록할 때 제자백가[九流]의 하나로 열거되고 있다." 나는 이렇게 생각한다. 『장자』 「천하」는 묵자를 이렇게 논하고 있다. "살아 있을 때 부지런히 일한 사람이 죽었을 때 후하게 장사 지내지 않는다면 그런 도는 너무 몰인정하여 사람들을 걱정스럽게 만들고 슬프게 만든다. 그래서 그런 행동은 하기 어렵다. 아마 그런 행동을 성인의 도라고 생각할 수 없을 것이다. 천하의 마음을 거스르면 천하는 견디지 못한다. 묵자가 비록 혼자 떠맡을 수 있었는지 몰라도 천하는 어찌 하려는가!" 또한 환단(桓團)이나 공손

번째 이유이다. 문집이 불길처럼 성행하면서 제자백가와 구류의 명목을 정할 수 없게 되었다.[6] 이것이 사부 분류법이 『칠략』으로 돌아갈 수 없는 세 번째 이유이다. 초집(鈔輯)이라는 형식은 총서도 아니고 유서도 아니다.[7] 이것이 사부 분류법이 『칠략』으로 돌아갈 수 없는 네 번째 이유이다. 시와 글의 평점도 역시 별집과 비슷하지만 실제 별집이 아닌 것이 있고 총집과 비슷하지만 총집이 아닌 것도 있다.[8] 이것이 사부 분류법이 『칠략』으로 돌아갈 수 없는 다섯 번째 이유이다. 고대에는 없었지만 현대에 있거나 고대에는 있었지만 현대에는 없는 모든 책은 하늘과 땅처럼 추세가 나뉘는데 어찌 『칠략』의 완성된 방법을 고집하면서 요즘의 문장을 분류하고 편집하겠는가?[9] 그래서 가법이 분명하지 않기 때문에[10]

룡 같은 변사의 무리를 이렇게 논하고 있다. "남의 마음을 꾸며주고 남의 의지를 바꾸며 남의 입은 이길 수 있어도 남의 마음을 설득하지 못하는 것이 변사의 한계이다." 또한 혜시를 이렇게 논하고 있다. "두루 만물에 대해 주장하는데 주장이 쉬지 않는다. 많은 말이 그치지 않으면서 도리어 적다고 생각하고, 거기에 더해 더 괴이하게 만들어 남들 생각에 반대되는 것을 알맹이가 있다고 생각한다. 그리고 남을 이기는 것을 이름을 내는 일이라 생각하기 때문에 숱한 세상 사람들과 맞지 않는다." 그렇다면 묵자의 학술[墨學]이 쇠락한 것은 사실 행동으로 옮기기 어려워 남들이 견디지 못하게 만들었기 때문이지 완전히 맹자가 물리쳤기 때문에 그리 된 것이 아닌데도 순자가 오해했다. 공손룡과 혜시[惠子]는 개념의 이치[名理]로부터 궤변으로 흘렀는데 그들의 지론은 늘 많은 사람들 마음의 이치에 알맞게 맞지 않았다. 이것 때문에 명가와 묵가가 후세에 전해지지 않았겠지?

6 학설은 「문집」 및 「화주지 예문서 서례」에 상세하다.

7 고대 서적을 베껴서 그러모으는 일이 진나라 갈홍에게서 시작된 것은 다음 글을 보라. 송나라 영종 때 태학생 유정손(俞鼎孫)은 『석림연어변』(石林燕語辨) 일곱 가지를 모아서 『유학경오』(儒學警悟) 마흔 권으로 간행했는데 총서의 시작이다. 유서는 「문집」의 주18을 보라.

8 증국번 「경사백가간편서」는 이러하다. "양나라 때[梁氏] 유협이나 종영의 무리가 시와 글을 품평하고 앞 시대의 철인들을 포폄했는데 그 뒤에 어떤 사람은 붉은 먹이나 노란 먹으로 높낮이를 표시하여 구별하게 되었고 여기서 평점(評點)이라는 학문이 생겼다." 「화주지 예문서 서례」는 이러하다. "깨달음이 충분하지 않으면서 글의 껍데기에서 찾고 구절의 격식이 교묘한지 졸렬한지 지적하며 음악 곡조의 높낮이를 품평한다. 세속적인 선생과 보잘 것 없는 유학자는 모범으로 받들고 경전을 따다가 조절하며 사장을 가려서 비교할 때, 으레 붉은빛 먹과 푸른빛 먹으로 교정한다. 이것을 평선이라고 한다." 별집과 총집은 「서교 중」의 주43을 보라.

9 허신 「설문해자서」는 이러하다. "부수 부분[部居]을 나누고 구별하여 서로 뒤섞이지

저작이 나날이 몰락하고 분류와 편집이 정밀하지 않기 때문에 학술이 나날이 흩어진다. 사부 분류법의 완성된 방법을 가지고 유파를 토론한 뒤, 옛사람의 관사가 합일되었던 까닭에 대해 어슴푸레하게나마 구별하게 만든다면 문장의 병은 조금이나마 구제할 수 있다.[11] 그리고 『칠략』의 요지도 역시 옛사람에게 보탬이 되는 것이 있을 것이다.

이상은 두 번째의 첫 번째이다.

2.2

이십삼사(二十三史)[12]는 모두 『춘추』를 연구하는 사람의 가학이다. 「본기」가 주요하지만 「지」, 「표」, 「전」이 적은 것도 역시 『춘추좌전』의 범례처럼 함께 계속해서 깨달아 밝힐 뿐이다.[13] 그러므로 유흠이 『사기』[太

않게 만들었다." 이것이 목록의 순서[部次]의 뜻이다. 나는 이렇게 생각한다. 「화주지 예문서 서례」는 『칠략』을 회복하자는 설을 위주로 하지만 뜻이 편안하지 않기 때문에 이런 주장은 이미 장학성 스스로 바로잡았다.

10 「화주지 궐방열전 서례」의 주11을 보라.

11 「화주지 예문서 서례」는 이러하다. "「집」이라는 형식이 비록 번거롭지만 요컨대 「집」을 지은 사람을 먼저 평가해야만 한다. 사람의 성정에는 틀림없이 가까운 곳이 있기 마련이니 성정의 본래 뜻을 얻은 뒤, 시부가 맡겨서 깃들이는 것, 논변이 인용하여 비유하는 것, 기록과 서술이 으뜸으로 숭상하는 것에서 큰 뜻을 뽑고 중요하지 않은 부분은 생략한다면 유가, 묵가, 명가, 법가처럼 옛사람이 이른바 특정 학파의 주장이라 했던 것 가운데는 꼭 그 유파가 얻은 것이 있을 것이다. 문집의 본래 이름을 남겨서 기록하고 근원과 흐름의 유래를 논의하여 정하며 제목을 유향과 유흠이 분류해서 편집한 뒤에 붙이지만 적당한지 적당하지 않은지 구별하여 명백하게 만들어서 후학이 길을 변별하는 나루터로 삼게 한다면 치언은 붙이고 끼울 바가 없어지고 문집의 폐단은 점차 멈추게 될 것이다. 이것은 말에 알맹이가 있고 행실에 항상성이 있는 것과 거의 같을 것이고 『칠략』이라는 전문적인 분야를 근거로 육전의 없어진 규칙을 살피게 될 것이다!"

12 「답객문 상」의 주10을 보라.

公] 백서른 편을 『춘추』 다음에 편집한 것[14]과 반고의 서례가 「춘추고기」(春秋考紀) 열두 편을 지었다고 말한 것은 『춘추』를 이어서 지었다는 점을 밝힌 것이다.[15] 그밖에 의주 같은 것은 바로 『의례』의 갈라진 유파이고[16] 직관 같은 것은 바로 『주관』과 같은 부류이므로[17] 사부에 속하면서 동시에 경부에 속한다. 보첩은 역수와 통하고[18] 기전은 소설과 부합하므로[19] 사부에 속하면서 동시에 자부에 속한다. 이런 모든 종류가 바로 사부의 「서록」에 대해 뜻을 펼쳐 밝히면 육예가 빈 그릇이 아니게 만들 수 있고 제자백가가 자신의 으뜸이 되는 종지를 얻게 만들 수 있다. 그러면 『춘추』를 연구하는 사람의 가학은 지금도 없어지지 않았다고 말해도 괜찮다.

---

13 「경해 하」의 주33을 보라.

14 「영청현지 문징 서례」의 주49를 보라.

15 「영청현지 은택기 서례」의 주17을 보라.

16 『수서』「경적지」 사부 "의주류"의 「서록」[儀注序]은 이러하다. "의주(儀注)가 일어난 지는 오래되었다. 임금과 신하며 아비와 자식부터 온 가족[六親]과 모든 혈족[九族]까지 각각 위아래의 구별이나 친함과 버성김의 구별이 있다. 윗사람을 생전에 잘 모시고 사후에 정중히 장사지내는 일, 남의 죽음에 조의를 표하고 위로하는 일, 기쁘고 즐거운 것을 축하하는 일에는 몸가짐[進止威儀]의 방법이 있다. 요임금과 순임금 때까지는 그것을 세 가지로 나누었고 주나라 때는 이어서 다섯 가지로 만들었다. 『주관』 종백이 길례, 흉례, 빈례, 군례, 가례를 관장하여 왕을 돕고 나라[邦國]를 안정시키며 모든 백성과 친한 것이나 태사가 문서를 쥐고 정사를 돕는 것 같은 부류가 이것이다."

17 『수서』「경적지」 사부 "직관류"의 「서록」[職官序]은 이러하다. "고대의 벼슬살이한 사람은 거느리는 신하 이름을 죽간에 적고 각자 나눈 관직이 있어서 계속 거느리고 다스렸다. 『주관』 총재는 나라의 육전을 세우고 어사는 정사에 종사하는 사람의 숫자를 헤아리는 일을 관장한다. 그렇다면 총재는 육경의 부하를 거느려서 정사를 다스리는 것이고 어사는 관직 이름과 숫자, 앞뒤 순서를 관장하는 것이다. 이제 『한서』「백관공경표」가 많은 관직의 일을 열거하고 자리에 있는 순서를 기록한 것은 아마도 역시 고대의 제도일 것이다."

18 『한서』「예문지」 "수술략"에는 '역보류'[曆譜] 열여덟 가지가 있다.

19 『수서』「경적지」 사부 "기전류"의 「서록」[記傳序]은 이러하다. "위나라 문제는 『열이』(列異)를 지어서 귀신[鬼物]이나 기괴한 일을 기록했고 혜강은 『고사전』을 지어서 성인과 현인의 기풍을 서술했다. 그런 사실의 부류를 근거로 계속 이어서 지은 사람도 대단히 많고 표면적인 이름도 도리어 넓어졌지만 또한 거짓되고 미덥지 않으며 괴상망측한 이야기를 섞어 근원을 헤아리기 때문에 아마도 역시 사관이 중요하게 여기지 않은 일일 것이다."

이상은 두 번째의 두 번째이다.

2.3

명가라는 유파는 후세에 전해지지 않았다. 이름을 변별하고 사물을 바로잡는 의도를 얻은 것은[20] 안사고의 『광류정속』[顔氏匡謬]이나 구광정의 『겸명서』[丘氏兼明] 같은 부류인데[21] 경해 안에 명가가 있는 셈이다. 묵가라는 유파는 한나라 때부터 전해지지 않았다. 검소함을 높이고 두루 사랑하는 의도를 얻은 것은[22] 노자가 아낌을 소중하게 여기는 일[老氏貴嗇][23]이나 불교가 널리 제도하는 일[釋氏普度][24] 같은 부류인데 두 종교 안

---

20 『주역』 「계사전 하」는 이러하다. "사물을 열어 이름[名]에 부합하도록 하고 사물을 변별하여 말[言]을 바로잡는데 판단하는 말[辭]을 결정하면 갖춰진다." 『주역정의』는 이러하다. "사물을 열어 이름을 부여한다는 것은 효와 괘의 뜻을 열고 풀이하여 각각 형상하는 이름에 맞게 만든다는 말이다. 마치 「건」 괘가 용에 부합하고 「곤」 괘가 말에 부합하는 것과 같다. 사물을 변별하여 주장을 바로잡는다는 것은 천하의 사물을 구별하여 각각 종류대로 바르게 말한다는 말이다. 만약 양적인 사물[健物]을 변별하면 그것이 용이라고 바르게 말하고 만약 음적인 사물[順物]을 변별하면 그것이 말이라고 바르게 말한다." 노승 「묵변주서」(墨辯注敍)는 이러하다. "이름은 동일성과 차이를 구별하고 옳고 그름을 밝히는 근거이자 사람이 마땅히 지키고 행해야 할 도덕적 의리의 문이고 정치적 교화의 기준이 되는 법[準繩]이다."(『진서』 「은일전」)

21 「석통」의 주19를 아울러 보라.

22 『사기』 「맹자순경열전」은 이러하다. "아마 묵적은 송나라 대부인 듯하다. 지키고 막는 일을 잘하고 절약해서 쓰도록 한다." 또한 「태사공자서」는 이러하다. "묵가[墨者]는 검소하지만 따르기 어렵다." 『맹자』 「진심 상」은 이러하다. "묵자는 두루 사랑하기 때문에 이마를 갈기 시작해서 발꿈치까지 없어져도 천하를 이롭게 한다면 그렇게 한다." 『장자』 「천하」는 이러하다. "묵자는 남을 널리 아끼고 이익을 함께하며 싸우는 것을 잘못이라고 비판한다. 그의 도는 화내지 않는다."

23 『노자』 제51장은 이러하다. "사람을 다스리고 하늘을 섬기는 데 아끼는 것 만한 것이 없다." 소철은 이렇게 말한다. "아낀다[嗇]는 것은 가지지만 쓰지 않는 것이다."
역주_ 『노자』의 말은 51장이 아니라 59장에 나온다.

에 묵가가 있는 셈이다. 창작과 조술의 종지를 토론하면 그런 유파를 모를 수 없다.

이상은 두 번째의 세 번째이다.

2.4

한나라, 위나라, 육조시대 때의 저술에는 대략 전문적인 학파의 의도가 있다. 당나라와 송나라 때 시집과 문집은 안개가 피어오르는 바다처럼 넓다. 오늘날 세속에서 당나라와 송나라 때 대가의 문집을 두고 한유는 유가, 유종원은 명가, 소순은 병가, 소식은 종횡가, 왕안석은 법가라고 논한다. 이것은 모두 평생 얻은 것이 문자로 나타난 것이고 뜻이 곁가지로 벗어나지 않은 것이며 바로 옛사람이 스스로 제자백가의 하나가 되는 근거이다.[25] 그런 형식을 이미 문집이라고 한 바에야 본래 제자백

24 산스크리트어 보리살인(菩提薩埵)은 간단하게 보살(菩薩)이라고 부른다. 보리는 깨닫다[覺]라는 뜻이다. 살인은 중생(衆生)이라는 뜻이다. 본성을 스스로 깨달을 수 있는 동시에 중생을 널리 제도할 수 있다는 말이다. 『무량수경』(無量壽經)은 이러하다. "오로지 나머지 아미타불(阿彌陀佛)이라는 네 글자는 중생을 널리 제도한다는 뜻이다."

25 유사배 「논문잡기」는 이러하다. "옛사람의 학술은 각자 전문성이 있었다. 그래서 문장으로 표현하더라도 마찬가지로 뜻이 옆으로 새지 않았다. 일가의 주장을 완성했다는 점은 제자백가와 같다. 시험 삼아 당나라와 송나라 때 글을 근거로 그것을 말해보겠다. 한유와 이고의 글은 옳은 것을 바로잡고 도를 밝혀서 이단을 물리친다. 구양수와 증공이 그들을 이어 문학으로 도를 실었으니[以文載道] 유가의 글이다. 유종원의 글은 사물의 실정을 잘 말하고 이것을 근거로 그려내는 말을 표현한다. 사람을 알고 세상을 논할 때 다시 근원을 찾아 논의를 세우고 심각하게 사실을 조사했으니 명가의 글이다. 소순의 글은 병법을 논하는 일을 가장 좋아한다. 꾀가 깊고 생각이 먼 장래까지 내다보며 물리치고 우뚝한 것이 웅장하고 기이하니 병가의 글이다. 소식의 글은 싱싱한 꽃처럼 뛰어난 말로 패합의 말이 줄줄이 이어진다. 오고가고 쥐락펴락하는 그의 글은 한결같은 의도로 말하려고 한 것이다. 그리고 같은 말이

가로 분류하고 편집해서 억지로 늘어놓을 수는 없다. 집부의 목록을 근거로 그들의 요지를 미뤄 논한 뒤, 이른바 말에 알맹이가 있고 행실에 항상성이 있다는 옛사람의 말을 보고[26] 「서록」 다음에 편집한다면 모든 알맹이 없는 화려한 말이나 거칠고 엉성한 문집도 역시 이것을 근거로 다스릴 수 있다. 그러면 학술을 변별해서 뚜렷하게 밝히는 어떤 측면에 거의 다가가게 된다.

이상은 두 번째의 네 번째이다.

2.5

유서는 본래 제자백가의 하나라고 부를 수 없기 때문에 수나라와 당나라 이후 순서대로 편집한 것은 모두 잘못이다.[27] 그래서 유서의 형식도 역시 두 가지이다. 『문헌통고』의 부류처럼 시작부터 끝까지 이어지는 것은[28] 마땅히 사부의 "고사류" 다음에 붙여야만 한다. 『예문유취』의 부류처럼 시작부터 끝까지 이어지지 않는 것은[29] 마땅히 집부의 "총집류"

나 사물을 모아 비교하고 가치를 판단하는 그의 글은 공중제비를 돌며 기이하게 바꿨으니 종횡가의 글이다. 왕안석의 글은 법률 제도를 많이 말하고 시대의 변화에 따라 알맞게 만들지만 문사가 기이하고 가파르며 헤아려 밝혀서 깊이 들어가니 법가의 글이다. 영원히 썩지 않을 주장을 세운다는 것은 이것을 말하겠지!" 이것은 장학성의 학설에서 새로운 뜻을 끌어내 비교적 뚜렷하고 분명하게 말한 것이다.

26 「질성」의 주9를 보라.

27 『수서』 「경적지」는 『황람』과 『유원』(類苑) 같은 책들을 "잡가류"에 넣고 있다. 『신당서』와 『구당서』의 「예문지」는 그래서 자록(子錄)에 따로 유서라는 분야를 열었다.

28 「신정」의 주18을 보라.

29 『구당서』 「경적지」 병부 "유사류"[類事]는 이러하다. "『예문유취』 백 권은 구양순(歐陽詢) 등이 지었다." 『직재서록해제』는 이러하다. "나는 이렇게 생각한다. 『신당서』 「예문지」는 영호덕분이나 조굉지(趙宏智) 등이 함께 편찬했다. 거기 수록된 시, 문,

다음에 붙여야만 한다. 결국 자부와 서로 뒤섞어서는 안 되지만 혹시 비슷한 것을 택한다면 그런 주장을 "잡가류" 다음에 붙이는 것은 괜찮다.

이상은 두 번째의 다섯 번째이다.

2.6

초서(鈔書)는 갈홍[葛稚川]에게서 비롯되었다.[30] 형식이 아직 잡스럽지 않았기 때문에 후세인은 분별해서 알아보기 쉬웠다. 당나라 이후 역사가는 전문적 학파의 탁월하고 독특한 판단력[別識]이 없었기 때문에 앞 시대 사람의 역사서를 베껴서 그러모아놓고 스스로 이름난 사람이라며 제멋대로 굴었다. 그러므로 『송사』「예문지」가 사부에 "사초류"라는 조목을 창조한 것도[31] 역시 어쩔 수 없다. 이후 학술은 나날이 떳떳하지 못하고 간단해져서 경을 연구하는 것이든 역사를 학업으로 하는 것이든 막론하고 모두 간단하고 쉽게 베껴서 그러모으는 솜씨만 있게 되었다. 시작할 때는 일시적인 기억에 편리하도록 하려는 데 지나지 않았고 애초에 죽간에 기록해서 오래토록 남기려는 의도가 있었던 것은 아니다.[32] 나중에 아비가 전수해주고 아들이 전수받으며 스승이 전하고 제자가 익

부, 송 같은 것에는 오늘날 세상에 없는 문집이 많다." 『사고간명목록』 "유서류"는 이러하다. "그중에는 소미도(蘇味道), 이교(李嶠), 송지문(宋之問), 심전기(沈佺期)의 시가 있는데 모두 후세인이 잘못 뒤섞어 넣은 것이다. 모두 마흔여덟 가지 분야인데 사실은 앞에 두고 시와 글은 뒤에 열거하여 여러 가지 유서 가운데 형식[體例]이 가장 좋다."

30 갈홍의 『사초』는 「문집」의 주32를 보라.

31 『송사』「예문지」 사부 "사초류"는 일흔네 부 천삼백스물네 권을 목록에 기록하고 있다.

32 「화주지 예문서 서례」의 주28을 보라.

히게 되자 유파는 넓어졌지만 동시에 교묘한 방법도 지나치게 많아졌다. 그런 책은 이미 몽땅 가져다 불쏘시개로 써버리지도 못할 지경이지만[33] 인쇄 재료로 쓰는 비싼 나무판에 억지로 편집하고 있다. 최근 유행하며 전해지는 온전하지 않은 판본의 『설부』에 이르러 폐단은 극에 이르렀다.[34] 『설부』라는 책에는 경부의 책도 있고 사부의 책도 있으며 『설부』의 글은 어떤 경우 '묵가'의 글이고 어떤 경우 '유가'의 글이다. 만약 그런 분류와 순서를 되돌린다면 책 제목이 온전하지 못하게 된다. 만약 각자 단행본을 만든다면 뜻과 종류를 붙이기 어려워진다. 이와 같은 모든 것은 서초(書鈔)라는 명목을 각자 세워 "사초류" 다음에 붙여야만 마땅하리라.

이상은 두 번째의 여섯 번째이다.

2.7

평점이라는 책도 역시 종영의 『시품』[35]과 유협의 『문심조룡』[36]에서 그 근원이 시작되었다. 그러나 그것은 품평[評]은 있지만 강조[點]는 없다. 또한 탁월하고 독특한 판단력[心裁]을 스스로 내놓고 도의 오묘함[道妙]을 깨우쳤다. 그리고 또한 시와 글을 떠나서 따로 독립적인 책을 지었으니 믿음직하구나, 그것이 일가의 주장을 이룰 수 있었음이여. 학자가 고루한 것을 근거로 간단한 것을 취하면서부터 옛사람의 시와 글을 마주하

33 「화주지 예문서 서례」의 주31을 보라.
34 「편권」의 주16을 보라.
35 「문리」의 주37을 보라.
36 「문덕」의 주3을 보라.

여 가득 넘치게 강조점을 찍어 표시하고 비평했는데 이것은 거의 남의 마음을 미뤄 헤아리거나 외워서 익히기 편리한 것에 가깝다. 그러나 후세인이 이어서 일어났지만 보고 들은 것에 얽매였기 때문에 스스로 탁월하고 독특한 판단력을 갖추고 옛사람의 전체나 지은이의 정밀함과 세밀함을 깊이 들여다본 뒤 서로 익혀서 기풍을 완성하는 데는 이를 수 없었다. 본래 책이 아직 있다는 것을 그들은 거의 잊었으니 보잘 것 없는 무리의 폐단은 여기서 극에 이르게 되었다. 그러나 그런 책이 모두 갖춰져 있어도 역시 다 없애지 못한다. 또한 『사기』 백서른 편처럼 정사가 목록에 이미 올라 있는데도 명나라의 모곤이나 귀유광 무리는 게다가 강조점을 찍어 표시하고 비평했다.[37] 이들이 중요하게 여긴 것은 『사기』 백서른 편에 있는 것이 아니라 강조점을 찍어 표시하고 품평하는 일이기 때문에 "정사류"로 어찌 다시 되돌아갈 수 있겠는가? 사방득 『단궁』[38], 소순 『맹자』[39], 손광 『모시』[40]가 경부로 어찌 다시 돌아갈 수 있겠

37 『명사』 「문원전」은 이러하다. "모곤은 자가 순보, 호가 녹문이이며 귀안 출신이다. 가정 17년 진사가 되었고 광서 병비첨사(兵備僉事) 관직을 역임하고 대명(大名) 병비부사(兵備副使)로 옮겼다가 꺼리는 사람에게 찍혀서 벼슬자리가 떨어졌다. 아흔 살인 만력 29년에 죽었다. 모곤은 고문을 잘했는데 그가 고른 『당송팔대가문초』(唐宋八大家文鈔)가 중국에 성행했다." 모곤에게는 『사기평초』(史記評鈔)가 있다. 귀장의 『평점사기』(評點史記)는 「문리」의 주2 및 주3을 보라.

38 『송사』 「사방득전」(謝枋得傳)은 이러하다."사방득은 자가 군직(君直)이고 신주(信州) 익양(弋陽) 출신이다. 보우 연간에 진사 을과에 합격했다. 덕우 연간 초에 원나라 군대가 동쪽으로 내려왔을 때 사방득은 신주 지주[知信州]였는데 군대를 이끌고 그들을 막았지만 졌다. 성과 이름을 달리 고치고 건녕 당석산(唐石山)으로 들어갔다. 전쟁이 끝나자 건양(建陽) 저자거리에서 점을 쳐서 먹고 살았다. 천하가 안정된 뒤에는 복건[閩中]에 살게 되었다. 지원 25년 복건행성(福建行省) 참정 위천우(魏天祐)는 당시 인재를 찾는 일을 급하게 생각하는 것을 보고 사방득을 천거한 일을 자기 공으로 삼고자 했기 때문에 그를 억지로 북쪽으로 보냈다. 이듬해 4월 서울에 도착했지만 음식을 먹지 않고 죽었다." 옛 제목에는 『비점단궁』(批點檀弓) 두 권이 송나라 사방득(謝枋得)이 지었다고 한다.

39 『송사』 「문원전」은 이러하다. "소순은 자가 명윤이며 미주 미산 출신이다. 나이 스물일곱에 비로소 마음과 뜻을 떨쳐 일으켜 학문을 했다. 지화 연간부터 가우 연간에 자신의 아들 소식, 소철과 함께 서울에 도착했다. 한림학사 구양수에게 자신이 지은 글 스물두 편을 바치고 출판되자 사대부들이 다투어 그것을 전했다. 비서성 교서랑

는가? 이와 같은 모든 것은 모두 글을 논하는 보잘 것 없는 무리이자 품평[品藻]의 못난 사람[41]이기 때문에 경에 통달하고 역사서를 익히려는 의도가 어찌 다시 있겠는가? 책을 편집하는 일이 여기에 이르면 경부와 사부의 분류와 순서나 자부와 집부의 치우침과 온전함을 다시 물을 필요도 없다. 편장을 간략하게 만들어 문학 작품과 역사서의 비평[文史評] 다음에 붙인다면 거의 유파를 논하고 변별하는 의례를 잃지 않을 뿐이다.

이상은 두 번째의 일곱 번째이다.

2.8

사부 분류법이 『칠략』으로 돌아갈 수 없는 이유는 위에서 말한 것을 벗어나지 않는다. 그렇다면 사부 분류법과 『칠략』의 추세도 역시 두 가

에 제수되었다가 바로 요벽과 함께 예서를 편찬하여 『태상인혁례』 백 권을 지었다. 책이 완성되자 바로 바쳤는데 아직 평가가 나오기도 전에 죽었다. 광록시 승(光祿寺丞)에 추증했다. 『문집』 스무 권이 있다." 옛 제목에는 『소비맹자』(蘇批孟子) 두 권이 송나라 소순이 평했다고 한다.

40 손광(孫鑛)은 자가 문융(文融), 호가 월봉(月峰)이다. 만력 연간에 회시에서 일등을 하고 문선낭중(文選郎中)이 되었으며 여러 관직을 거쳐 병부 시랑으로 승진하고 우부도어사[右都御史]를 겸했다. 고양겸(顧養謙)을 대신하여 조선(朝鮮)을 경영하고 다스리다가 돌아와 남경 병부상서[南兵部尙書]로 옮겼다. 당시 채광사(採鑛使)가 빗나간 행동을 하는데 요사스러운 사람이 대중을 떠들썩하게 만들어 어지럽히자 손광은 엄한 법률로 그들을 다스리기를 요청했지만 탄핵을 받고 사직을 요청했다. 저서에 『손월봉평경』(孫月峰評經)이 있다.

41 『법언』「중려」(重黎)는 이러하다. "어떤 사람이 『주관』에 대해 묻자 일을 보는 벼슬아치를 세우는 일[立事]이라고 대답했다. 『춘추좌전』에 대해 묻자 품평[品藻]이라고 대답했다." 진림 「위조홍여위문제서」는 이러하다. "그것을 더럽히는 놈은 본디 왕실 동물원[園囿]의 온갖 잡새나 구실아치 마구간[外廐]의 굼뜬 말[下乘]이라고 생각한다." 하승(下乘)은 굼뜬 말[駑馬]이다.

지가 동시에 따로 성립할 수 없는 것이다. 『칠략』이라는 고대의 법도는 결국 회복할 수 없다. 그리고 사부 분류법의 근본 바탕과 내용[體質]도 고칠 수 없다면 유파를 변별해서 뚜렷하게 밝히는 의례를 사부 분류법에 붙여서 시작부터 끝까지 이어지는 문자를 꼭 보는 것도 역시 책을 다루는 중요한 방법이다. 그러나 정초는 도리어 『숭문서목』의 「서록」을 삭제해 버리는 바람에[42] 보는 사람이 마치 목록에 순서를 매긴 장부와 기거주를 보는 것처럼 만들었고 더구나 거기에서 유파를 토론하는 의례를

---

42 정초는 「신정」의 주3을 보라. 『통지』 「교수략」 "범석무의론"(泛釋無義論)은 이러하다. "『숭문총목』은 새로운 의도를 내서 모든 책 다음에 꼭 그것에 대한 설을 지었다. 표시한 종류를 근거로 스스로 드러냈는데 어찌 꼭 그것에 의해 설을 다시 지어야 하는가? 그것에 의해 설을 짓는 것도 이미 번거로운데 무엇 하러 하나하나 이야기하겠는가? 혹시 나중 것이 앞의 책과 다르지 않은데도 억지로 그것에 의해 설을 지으면 사람을 게으르게 만든다." 『숭문총목』은 「편권」의 주20을 보라. 『직재서록해제』의 교주는 이러하다. "나는 이렇게 생각한다. 조공무 『군재독서지』는 이치에 맞지 않고 그릇된 것을 펴내면서 바로잡은 뒤 순서대로 편집했는데 모두 마흔여섯 가지 종류이고 삼만육백예순아홉 권을 헤아린다. 『문헌통고』는 『숭문총목』이 예순네 권이라고 한다. 여기서 한 권이라고 말한 것은 어쩌면 정초[鄭漁仲]의 말에 근거해서 여러 유학자를 비율대로 몫몫이 나눴기 때문이리라. 모든 책 다음에 꼭 새로운 의도를 내고 설을 지었지만 번잡하고 어지러우며 쓸모없다고 꺼렸기 때문에 소흥 연간에 잇따라 서석(序釋)을 없애고 그저 목록만 보존하게 되었다." 그러나 전대흔은 이렇게 말한다. "주이존[朱錫鬯]은 이 책에 발문을 쓰면서 정초[鄭漁仲]의 말을 근거로 소흥 연간에 잇따라 그 주석(注釋)을 없앴다고 했다. 오늘날 『속송회요』(續宋會要)에 수록된 소흥 12년 섣달, 권발견우이군(權發遣盱眙軍) 벼슬에 있는 상자견(向子堅)의 말을 헤아려 보면 이러하다. '『신당서』 「예문지」 및 『숭문총목』에 빠져 있는 책은 아래에 '빠졌다'[闕]는 글자를 주로 달아서 주(州)와 군(軍)에 그것을 주고 조응하여 찾아보게 하는 일을 저희 지방[本省]에 내려 보내주시기를 빕니다.' 그래서 오늘날 전해지는 것은 다름 아니라 소흥 연간에 여러 주와 군이 찾아볼 책을 널리 퍼뜨려 내려 보낸 것이고 목록만 있고 풀이가 없는 것은 검색할 때 편리하게 하려는 것일 뿐이다. 어찌 정초의 말을 근거로 그것을 삭제할 의도가 있었겠는가? 또한 정초는 추천으로 관직에 들어왔고 소흥 연간 말 아직 국가의 편찬 기구[館閣]에 오르지 못했으며 곧 죄지은 일 때문에 죽임을 당했다. 이름과 지위가 낮았기 때문에 미처 당시 세상을 뒤흔들 수 없었다. 만약 소흥 12년이라면 정초[漁仲]는 복건[閩中]의 일개 평민일 뿐이니 누가 그의 주장을 다시 전했다는 말인가? 주이존[朱氏]은 일시적으로 추측하여 헤아린 것이지 오랜 세월 연구하고 애오라지 변별하고 바로잡아 후세에 나타나게 될 의혹을 미처 풀지는 못했다."(『십가재양신록』 권14) 이에 의거하면 「서록」을 삭제한 것이 본디 정초의 이야기와 관련되지 않았다는 것을 알겠다.

알지 못하게 만들었으니 어찌 괜찮겠는가?

이상은 두 번째의 여덟 번째이다.

세 번째 호저(互著)

3.1

옛사람은 목록에 기록할 때 단순히 목록의 분류와 순서에 의해 헤아리지 않았다. 만약 목록의 분류와 순서로만 헤아린다면 장고를 담당하는 벼슬아치[掌故令史] 한 명이면 충분했을 것이다.[1] 무엇 때문에 아비와 아들이 사업을 대대로 잇고 황제 두 명이 재위하는 세월을 넘겨 겨우 사업을 마쳤겠는가?[2] 아마 유파를 분류해서 편집하고 위대한 도를 분명하게

1 장고는 「서교 상」의 주13을 보라. 위나라 문제 『전론』 「논문」은 이러하다. "부의[武仲]는 글짓기를 잘했기 때문에 난대 영사가 되었는데 붓을 내려놓고 쉴 수 없었다." 한나라 때 난대 상서에게는 모두 영사가 있었는데 문서를 주관하여 낭(郎)의 직책을 돕는다.

2 「교수통의서」(校讐通義敍)의 주2와 「원학 중」의 주18을 보라. 『상서』 「필명」의 「전」은 이러하다. "십이 년을 기(紀)라고 한다." 나는 이렇게 생각한다. 성제 하평(河平) 3

널리 밝히며 구류와 제자백가[百氏]의 학을 편집하여 열거하는 일은 끈으로 구슬을 꿰어 엮는 것처럼 조금도 빠지거나 없어지지 않도록 하는 것이다. 그리고 사람들이 분류를 근거로 해서 책을 찾고 책을 근거로 학을 탐구하기 바란다. 서로 통하는 지극한 이치가 있고 두 가지 쓸모가 있는 책이라면 아울러 거두지 않거나 함께 수록하지 않은 적이 없으니 거듭 나타나는 것을 처음부터 꺼리지 않았다. 그것은 목록의 분류와 순서 다음에 호주(互注)만 보태 조사와 검색에 편리하게 했을 뿐이다. 옛사람은 가학을 가장 중요하게 생각했다.[3] 어떤 학파의 책을 편집하고 열거하면 이런 학파를 섭렵하는 학자 가운데 근원을 끝까지 파고들지 못하거나 끝에 도달하지 못하는 학자는 없다. 결국 유파를 구별하는 것은[4] 이른바 저작의 표준이고 숱한 주장의 절충이다.[5] 만약 거듭 나타나는 것을 꺼려서 수록하지 않는다면 어떤 책은 본래 두 가지 쓸모가 있지만 겨우 한번만 기록해 올리게 되고 그 책의 근본 바탕에 대해 온전하지 못한 것이 생기게 된다. 어떤 학파에게 이런 책이 있지만 빠트리고 수록하지 않는다면 어떤 학파의 학에 대해서도 역시 갖추지 못한 것이 생기게 된다.

이상은 세 번째의 첫 번째이다.

년에 유향은 궁중에 소장된 책을 교정하는 일을 이끌라는 황제의 명령서를 받았는데 수화(綏和) 원년에 죽을 때 이미 열아홉 해나 지났다. 이듬해 애제가 즉위하고 유흠에게 아버지의 사업을 마치도록 명령하자 건평(建平) 4년까지 스물네 해 동안 함께 조사했는데 그때 사업을 마쳤는지 아닌지는 모른다.

3 「사주」의 주12를 보라.

4 원위(源委)는 본래 원위(原委)라고 했다. 뿌리[本]가 원(原)이고 끄트머리[末]가 위(委)이다. 『예기』 「학기」는 이러하다. "한쪽이 근원이고 다른 쪽이 끝이다."

5 표준은 바른 규칙이다. 한유 「백이송」(伯夷頌)은 이러하다. "성인은 영원한[萬世] 표준이다." 절충은 「역교 하」의 주50을 보라.

3.2

유흠의 『칠략』이 사라지자 그 의례는 반고의 『한서』 「예문지」에만 나나게 되었다.(반고가 스스로 단 자주이지 안사고의 주가 아니다) 『칠략』에는 "병서략" '병권모가'에 『이윤』, 『태공』, 『관자』, 『순경자』(『한서』는 『손경자』라고 한다), 『갈관자』, 『소자』, 『괴통』, 『육가』, 『회남왕』(淮南王) 아홉 가지 책이 있는데[6] "제자략" '유가'에도 『순경자』와 『육가』 두 가지 책이 있고[7] '도가'에도 『이윤』, 『태공』, 『관자』, 『갈관자』 네 가지 책이 있으며[8] '종횡가'에도 『소자』와 『괴통』 두 가지 책이 있고[9] '잡가'에도 『회남왕』 한 가지 책이 있다.[10] "병서략" '병기교가'[技巧家]에 『묵자』가 있지만 '묵가'에도 『묵자』라는 책이 있다.[11] 이밖에 거듭 나타나 서로 볼 수 있는 것은 안타깝게도 목록에 기록하는 일에 다 나타나지 않으니 어쩌면 흩

---

6 『한서』 「예문지」 "병서략" '권모가'의 반고의 자주는 이러하다. "『이윤』, 『태공』, 『관자』, 『손경자』, 『갈관자』, 『소자』, 『괴통』, 『육가』, 『회남왕』 이백아흔다섯을 생략했는데 중복되기[種] 때문이다."(유봉세는 종(種)을 중(重)이라고 써야만 한다고 말한다)

역주_ 주의 내용은 이미 「화주지 예문서 서례」의 주53에 나온다. 주에서 '이백아흔다섯'이라고 한 것을 「화주지 예문서 서례」는 '이백쉰아홉 편'이라고 한다. 「화주지 예문서 서례」는 유봉세의 교정에 의거해서 고친 것이고 여기서는 원문을 살려서 썼다.

7 『한서』 「예문지」 "제자략" '유가'는 이러하다. "『손경자』는 서른세 편이다." 또한 "『육가』는 스물세 편이다."

8 『한서』 「예문지」 "제자략" '도가'는 이러하다. "『이윤』은 쉰한 편이다." 또한 이러하다. "『태공』은 이백서른일곱 편인데 「모」(謀)가 여든한 편, 「언」(言)이 일흔한 편, 「병」(兵)이 여든다섯 편이다." 또한 이러하다. "『완자』(筦子)는 여든여섯 편이다." 또한 이러하다. "『갈관자』는 한 편이다."

9 『한서』 「예문지」 "제자략" '종횡가'는 이러하다. "『소자』는 서른한 편이고 『괴자』 다섯 편이다."

10 『한서』 「예문지」 "제자략" '잡가'는 이러하다. "『회남내』는 스물한 편이고 『회남외』는 서른세 편이다."

11 『한서』 「예문지」 "병서략" '병기교가' 열세 가지[技巧十三家] 다음에 반고의 자주는 이러하다. "『묵자』는 생략한다. 중복되기 때문이다." 또한 "제자략" '묵가'는 이러하다. "『묵자』는 일흔한 편이다."

어져 사라지는 바람에 전해지지 않은 글이 있을 것이다. 그래서 같은 책이 두 번 수록된 이런 열 가지 경우를 제대로 본다면 옛사람이 유파를 분명하게 널리 밝히고 오로지 가학을 중요하게 생각했으며 거듭 목록에 기록하는 일을 피하지 않았다는 점은 분명하다. 반고가 분류와 순서를 하나로 합치고 생략하면서부터 가법이 있는지도 후세인은 모르게 되었고 목록에 기록하는 일도 오로지 목록의 분류와 순서의 필요 때문에 시작했을 뿐인 것처럼 되었다. 반고의 마음에 제대로 된 순서[倫次]가 없기 때문에[12] 유흠의 가법을 분명하게 널리 밝힐 수 없었고[13] 예전의 「교수략」으로 옛사람을 약삭빠르게 꾸짖으면서도 스스로 쓰는 데는 젬병이었다고 정초는 나무랄 수 있었다. 이것은 창을 맞닥뜨려 방패가 뚫리는 것처럼 모순인데도[14] 정초는 자신을 해명하는 아무 말도 다시 하지 않았다.

이상은 세 번째의 두 번째이다.

3.3

목록에 기록하는 일을 처음 세운 것은 「금석략」과 「도보략」 두 가지이고 「예문략」과 함께 나란히 늘어놓아 세 가지가 된 것은 정초에게서 비롯되었다.[15] 세 가지 「약」을 가지고 논하자면 「예문략」의 경부에는 『삼자석경』, 『일자석경』, 『금자석경』(今字石經), 『역전석경』(易篆石經), 정현

12 뒤의 「열한 번째 정초오교한지」의 주1을 보라.

13 유흠 『칠략』이 유파를 변별해서 뚜렷하게 밝히고 가법을 명백하게 밝혔기 때문에 서로 통하는 이치와 다른 쓸모가 있는 책을 아울러 수록하고 서로 주를 달아서 조사와 검색에 편리하다. 정초 「교수략」은 이런 것까지 보지 못했다.

14 「화주지 전지열전 서례 하」의 주31을 보라.

15 『통지』에는 「예문략」 여덟 권, 「도보략」 한 권, 「금석략」 한 권이 있다.

의 『상서』 같은 종류가 모두 약간 있지만[16] 「금석략」에는 석경이 없으니 어찌 「금석략」 하나만 보여주고 석경이 없다고 할 수 있겠는가? 경부와 사부 안에 수록된 여러 가지 도보는 「도보략」과 서로 차이가 나고 제대로 된 순서가 전혀 없다. 어마어마한 분량의 거대한 체계가 모순을 피하지 못하는 것은 도리어 그렇다고 치자. 「예문략」 "전기류" '상이'(祥異) 조목의 『지동도』(地動圖)나 『서응영모도』(瑞應翎毛圖) 같은 부류나 '명사'(名士) 조목의 『문옹학당도』(文翁學堂圖)와 '충렬' 조목의 『충렬도』(忠烈圖) 따위 같은 부류는 모두 「예문략」에선 상세하게 수록하고 「도보략」에는 넣지 않았는데,[17] 이것은 무슨 이야기인가? 거듭해서 호주를 다는 방법을 모른다면 두 갈래로 끌어당기는 곳을 만날 경우 모순이 뒤섞이는 것을 스스로 깨닫지 못하고 온갖 폐단이 무더기로 생길 것이다. 옛사람을 뒤좇기 바랄 수 없는 것뿐 아니라 곧 잘못을 적게 저지르려고만 해도 이미 어렵겠다.

이상은 세 번째의 세 번째이다.

---

16 『통지』 「예문략」 "경부" '역류'는 이러하다. "석경(石經) 『주역』은 열 권이다. 오늘날 문자로 된 석경[今字石經] 『역전』(易篆)은 세 권이다. 한 가지 글씨체로 된 석경[一字石經] 『주역』은 한 권이다." '상서류'는 이러하다. "오늘날 문자로 된 석경에서 정현 『상서』는 여덟 권이다. 오늘날 문자로 된 석경 『상서』 판본은 다섯 권이다. 한 가지 글씨체로 된 석경 『상서』는 여섯 권이다. 세 가지 글씨체로 된 석경[三字石經] 『상서』는 아홉 권이다." '시류'는 이러하다. "한 가지 글씨체로 된 석경 『노시』는 여섯 권이다. 오늘날 문자로 된 석경 『모시』는 세 권이다." '춘추류'는 이러하다. "한 가지 글씨체로 된 석경 『춘추』는 한 권이다. 세 가지 글씨체로 된 석경 『춘추』는 세 권이다. 세 가지 글씨체로 된 석경 『좌전고전서』(左傳古篆書)는 열두 권이다. 오늘날 문자로 된 석경 『좌전경』(左傳經)은 열 권이다. 한 가지 글씨체로 된 석경 『춘추공양전』은 아홉 권이다." '예류'는 이러하다. "한 가지 글씨체로 된 석경 『의례』는 아홉 권이다. 오늘날 문자로 된 석경 『의례』는 네 권이다."

17 『통지』 「예문략」 "사부" '전기류' 상이(祥異) 조목에는 『지동도』 한 권과 『서응영모도』 한 권이 있고 명사(名士) 조목에는 『익주문옹학당도』(益州文翁學堂圖) 한 권이 있으며 충렬(忠烈) 조목에는 『충렬도』(忠烈圖) 한 권이 있다.

3.4

만약 책이 뒤섞이기 쉽다는 점을 가지고 말한다면 경부의 "역가"(易家)는 자부의 "오행가"나 "음양가"와 서로 차이가 있고 경부의 "악가"(樂家)는 집부의 "악부"나 자부의 "예술가"와 서로 차이가 있으며 "소학가"의 '서법'(書法)은 "금석"의 '법첩'과 서로 차이가 나고 사부의 "직관"은 "고사"와 서로 차이가 나며 "보첩"은 "전기"와 서로 차이가 나고 "고사"는 집부의 "조고"(詔誥)나 "주의"(奏議)와 서로 차이가 나며 집부의 "사곡"(詞曲)은 사부의 "소설"과 서로 차이가 나고 자부의 "유가"는 경부의 "경해"와 서로 차이가 나며 사부의 "식화"는 자부의 "농가"와 서로 차이가 난다. 이것은 정초의 이른바 "전기류", "잡가류", "소설류", "잡사류", "고사류" 다섯 가지나 "시화류"와 "문사류"[文史] 두 가지와 같을 뿐만 아니라 서로 어지러워지기 쉬울 뿐이다.[18] 만약 책이 서로 도움을 주는 점을 가지고 논한다면 『이아』는 "본초"(本草)의 책과 서로 도와야 쓸모 있게 되고 "지리"에 대한 책과 "병가"의 책은 서로 도와야 쓸모 있게 되며 "보첩"은 "율력"[曆律]에 대한 책과 서로 도와야 쓸모 있게 된다. 이것은 이른바 성명(性命)에 관한 책은 도가에게 구하고 소학에 관한 책은 불교[釋家]에서 구하며 『주역』은 점치는 데 갈무리 돼있고 「홍범」은 오행에 갈무리 돼있다는 정초의 말과 같은 것은 아니다.[19] 책이 뒤섞이기 쉬운 것

---

18 『통지』 「교수략」 "편차지와론"(編次之謁論)은 이러하다. "고금의 편서(編書) 가운데 나눌 수 없는 것은 다섯 가지가 있는데 첫째 전기, 둘째 잡가, 셋째 소설, 넷째 잡사, 다섯째 고사이다. 이런 다섯 가지 종류의 책은 모두 서로 어지럽히기 충분하다. 또한 문사(文史)와 시화 같은 것도 역시 분에 넘칠 수 있다."

19 『통지』 「교수략」 "구서지도론"(求書之道論)은 이러하다. "성명과 도덕에 관한 모든 책은 도가에서 찾을 수 있고 소학과 문자에 관한 모든 책은 불교[釋氏]에서 찾을 수 있다. 『소리자』(素履子), 『현진자』(玄眞子), 『관윤자』[尹子], 『육자』 같은 종류는 모두 도가에 있다. 『창힐편』, 『용감수감』(龍龕手鑑), 곽이(郭迻)의 『음결도』(音訣圖), 『자모』(字母) 같은 종류는 모두 불교에 있다. 『주역』 같은 책은 점쟁이[卜筮家]에게 소장된

은 거듭해서 호주를 다는 방법 때문이 아니라 후세 학자들의 모순을 피하지 못하기 때문이다. 책이 서로 돕는 것도 거듭해서 호주를 다는 방법 때문이 아니라 옛사람의 시작부터 끝까지 이어지는 것을 탐구할 근거가 없기 때문이다. 한 귀퉁이를 들어도 세 귀퉁이가 뒤집어지지 않는 것은[20] 그런 부류가 아마도 넓기 때문일 것이다.

이상은 세 번째의 네 번째이다.

3.5

부류를 구별하여 책을 서술하는 것은 사람을 늘어놓고 「전」을 짓는 것처럼 뜻과 종류에 중점이 있지 명목을 중요하게 여기지 않는다. 반고와 사마천의 「열전」 가법은 어떤 사람의 사실에 대해 두 가지 상반되는 측면이 있다면 상세한 것과 간단한 것을 모두 수록했다. 예를 들어 자공은 「중니제자열전」이 제대로 된 「열전」[正傳]이지만 「화식열전」에도 들어가 있는 것은 서로 나타내는 것이다.[21] 「유림전」의 동중서, 왕길, 위현

것이 많다. 「홍범」 같은 책은 오행가(五行家)에게 소장된 것이 많다. 또한 형숙(邢璹)의 『주역약례정의』(周易略例正義) 같은 것은 오늘날 도장에 있다. 경방 『주역비복례』(周易飛伏例) 같은 것은 점쟁이에게 있다. 이것이 종류를 넓혀서 찾는 것[旁類以求]이다."

20 『논어』 「술이」는 이러하다. "한 귀퉁이를 들어도 세 귀퉁이가 뒤집어지지 않으면 다시 말해주지 않는다."

21 『사기』 「중니제자열전」은 이러하다. "단목사는 위나라 출신이고 자는 자공이며 공자보다 서른한 살 아래이다. 전상이 제나라에서 난리를 피우려고 할 때 고씨, 국씨, 포씨, 안씨[高國鮑晏]를 꺼렸기 때문에 그들의 부대를 옮겨서 노나라를 치려고 했다. 자공이 가겠다고 요청해서 일단 나가자 노나라를 보존하고 제나라를 혼란에 빠트렸으며 오나라를 망하게 하고 진나라를 강하게 만들었으며 월나라가 패권을 거머쥐게 만들었다. 노나라와 위나라의 재상이 된 적이 있었는데 집안에 엄청난 재물을 쌓았

은 이미 경사에 대한 글에 편집되었지만 따로 한 사람만 쓰는 「열전」[專傳]이 있다.[22] 아마 사실과 뜻으로 글의 제목을 달 때 사람 이름이 그 사이에 헤어졌다 모였다 하지만 그 뜻을 깨달아 밝히는 일을 취할 따름이리라. 모든 책을 분류하고 편집할 때도 목록 다음에 역시 그 부류에 빠진 것이 있도록 만들면 안 된다. 그러므로 상세함과 간단함을 서로 수록하면 가학을 거슬러 올라가 보려는 후세인이 얻으려고 해도 얻을 수 없게 만들게 되고, 이것을 목록에 기록하는 일의 뜻이라고 생각하게 만들 따름이다. 「열전」에서 서로 상세하게 하는 뜻이 드러나지 않고 목록을 적는 일에도 역시 호주라는 조목이 다시는 나타나지 않은 때부터 『원사』가 한 사람을 두 편의 「전」에 세우고[23] 여러 역사서의 「예문지」가 같

고 제나라에서 죽었다." 또한 「화식열전」은 이러하다. "자공은 공자[仲尼]에게 배운 다음에 물러나서 위나라에서 벼슬살이하다가 조나라[曹]와 노나라 사이에서 물건을 사고 내다팔았다. 공자 제자 가운데 자공[賜]이 가장 넉넉했다. 원헌은 술지게미와 쌀겨조차 마다하지 않는 지경이고 막다른 골목에 숨어 살았다. 자공은 말 네 마리가 끄는 마차를 타고 비단 뭉치 따위의 선물을 들고 제후들을 찾아다녔다. 그가 도착하는 곳마다 뜰 양쪽에 내려서서 자공과 대등한 예를 행하지 않는 임금이 없었다. 공자의 이름이 천하에 널리 드날리게 만든 것은 자공이 앞뒤로 모시고 도왔기 때문이다. 이것이 세력을 얻으면 더욱 드러난다고 말하는 것이겠지!"

22 『한서』 「유림전」은 이러하다. "호모생은 자가 자도이고 제나라 출신인데 『춘추공양전』[公羊春秋]을 연구하여 경제 때 박사가 되었고 동중서와 학업이 같은 사람[同業]이다. 동중서는 글을 지어 그의 덕을 칭찬했다. 나이가 들어 제나라에 돌아가 가르쳤는데 제나라에서 『춘추』를 말하는 사람은 그를 으뜸으로 섬겼다. 공손홍도 역시 그에게서 전수받은 것이 자못 많았다. 그리고 동중서[董生]는 강도 상이 되었는데 그의 「열전」은 따로 있다.[自有傳]" 또한 이렇게도 말한다. "조자(趙子)는 하내 출신인데 연나라 한생(韓生)을 섬기고 같은 하내군의 채의(蔡誼)에게 전수했다. 채의는 같은 군의 이자공(食子公)과 왕길에게 전수했다. 왕길은 창읍왕 중위가 되었는데 그의 「열전」은 따로 있다. 왕길은 치천(淄川) 출신 장손순(長孫順)에게 전수했다. 장손순은 박사가 되었다. 이때부터 『한시』에 왕길, 이자공, 장손순의 학이 생겼다." 또한 이렇게도 말한다. "위현은 『시』를 연구할 때 박사 대강공(大江公) 및 허생(許生)을 섬겼다. 또한 『예』를 연구하고 벼슬이 승상까지 이르렀다. 아들 위현성[玄成]에게 전수하고 회양 중위 자격으로 석거각에서 논의했으며 나중에 역시 승상까지 이르렀다. 위현성 및 조카[兄子] 위상[賞]은 『시』를 애제에게 전수하고 벼슬이 대사마 거기장군까지 이르렀으며 그의 「열전」은 따로 있다. 이때부터 『노시』에 위씨학(韋氏學)이 생겼다." 「동중서전」은 권56에 있고 「왕길전」은 권72에 있으며 「위현전」은 권73에 있는데 이것이 이른바 전문적인 「열전」이 따로 있다[別有專傳]는 것이다.

은 책을 두 번씩 나오게 만드는[24] 지경에 이르자 폐단이 활짝 열리게 되었다.

이상은 세 번째의 다섯 번째이다.

23 『일지록』 권26은 이러하다. "『원사』 「열전」 8권에는 속불태(速不台)가 있고 9권에는 설불태(雪不台)가 있으니 같은 사람에게 두 가지 「전」을 지었다. 18권에는 완자도(完者都)가 있고 19권에는 완자발도(完者拔都)가 있는 것도 역시 같은 사람에게 두 가지 「전」을 지은 것이다. 아마 글들이 같은 사람 손에서 나오지 않았기 때문일 것이다." 또한 『십가재양신록』 권7은 이러하다. "『송사』에서 정사맹은 이미 「열전」 제90권에 나타나지만 「순리전」에 또 정사맹이 있고 두 편은 한 글자도 다르지 않다. 또한 「이광전」(李光傳) 끄트머리에 정사맹의 아들 정맹전[孟傳]의 사실이 백쉰 단어 정도 붙어 있고 또한 정맹전을 위해 「열전」을 따로 세웠다. 이희정(李熙靜)은 이미 「열전」 제116권에 나타나지만 제212권 「충의부전」(忠義附傳)에 또 이희정(李熙靖)이 있다. 정(靖)과 정(靜)은 음이 같고 사실 같은 사람이다." 그러면 같은 사람에게 두 가지 「전」이 있는 것은 또한 『원사』만 그런 것이 아니다.

24 예를 들어, 『신당서』 「예문지」 사부 "고사류"는 갈홍 『서경잡기』 두 권을 수록하고 있지만 '지리류'는 거듭해서 다시 수록하고 있다.

네 번째 별재(別裁)

4.1

『관자』는 도가의 주장인데, 유흠은 그중에서 「제자직」 편을 잘라 "소학류"에 넣었다.[1] 공자의 제자들이 기록한 『예기』 백서른한 편은 『예경』에 딸린 것인데 유흠은 그중에서 「공자삼조기」 편을 잘라 "논어류"에 넣었다.[2] 옛사람은 아마 글을 지을 때 기존의 이야기를 가려 취한 뒤

---

1 「화주지 예문서 서례」의 주52를 보라. 나는 이렇게 생각한다. 『한서』 「예문지」는 「제자직」을 '효경류'에 넣어 두었는데 여기서 '소학류'에 넣었다고 말한 것은 잘못이다.

2 『한서』 「예문지」 "육예략" '예류'는 이러하다. "『기』는 백서른한 편이다." 반고의 자주는 이러하다. "공자 제자의 제자[七十子後學者]가 기록한 것이다." 또한 '논어류'는 이러하다. "『공자삼조』(孔子三朝)는 일곱 편이다." 『별록』은 이렇게 말한다. "공자는 노나라 애공을 만나 정사를 묻고 잇달아 세 번 조회에 참석하고[比三朝] 물러나와 이 「기」를 지었기 때문에 『삼조』라고 부른다. 모두 일곱 편인데 모두 『대대예기』에 넣었다." (『사기색은』 「오제본기」에서 인용) 심흠한은 이렇게 말한다. "오늘날 『대대예기』

고사를 이어 쓰는 경우가 있었던 모양이다.(「제자직」이 꼭 관자 스스로 지은 것도 아니고 「월령」이 꼭 여불위가 스스로 지은 것도 아니다. 이들이 이른바 기존의 이야기를 가려 취한 것이다) 그들이 가린 책은 따로 본래 뜻이 있지만 시간이 벌써 오래 지났기 때문에 어디서 나왔는지 모르는 경우가 있다. 또한 지은 글이 책 전체에서 따로 하나의 부류가 되는 경우도 있다. 아울러 그런 편장을 얻어 마름질하고 분류와 순서를 편집한 뒤[3] 분야를 따로 내서 저술의 원류를 변별한다. 책 전체에서 글이 순서대로 모두 있다면 바꾸지 않고 본래 부류에 붙이는 것도 역시 두 가지가 서로 방해하지 않게 하는 것이다. 아마 보조적인 것과 주요한 것[賓主], 중요한 것과 가벼운 것 사이에 저울질해야 서로 나타낼 필요 없는 것을 알게 될 테고 비로소 글을 편집하여 따로 나타내는 방법이 생길 것이다.

이상은 네 번째의 첫 번째이다.

4.2

『하소정』은 『대대예기』보다 앞서지만 『대대예기』가 그것을 수록하자[4] “시령류”이기 때문에 『예』에 넣었을 것이다. 『소이아』는 『공총자』와 다른 책이지만 『공총자』가 그것을 합치자[5] “소학류”이기 때문에 자부에

의 「천승」(千乘), 「사대」(四代), 「우대덕」(虞戴德), 「고지」(誥志), 「소변」(小辯), 「용병」(用兵), 「소한」(少閒)에 대해 『별록』은 이렇게 말한다. ‘공자가 애공을 세 번 만나고 『삼조례』(三朝禮)를 지었는데 오늘날 『대대예기』에 있다.’ 옳다.”(『한서소증』 권24)

3 『신서』 「자사」(刺奢)는 이러하다. “저고리가 헤져도 깁지 않고 신이 뚫어져도 밑창을 깔지 않는다.” 보저(補苴)는 미봉(彌縫)과 같다. 한유 「진학해」는 이러하다. “헤진 곳을 기워 틈을 막고 드러나지 않고 오묘한 곳을 펼쳐 밝힌다.”

4 『하소정』은 「화주지 예문서 서례」의 주59를 보라. 『대대기』는 「전기」의 주3을 보라.

5 『한서』 「예문지」 “육예략” ‘효경류’는 이러하다. “『소이아』는 한 편이다.” 「화주지

넣었다. 그러나 『수서』는 『소이아』를 따로 분리해서 “논어류”에 붙였고[6] 『문헌통고』는 『하소정』을 따로 내서 “시령류”에 넣었으며[7] 『공총자』나 『대대예기』도 또한 아울러 수록하지 않은 적이 없다. 그러나 이것은 다만 후세인들이 요행히 우연하게 맞춘 것이고 『소이아』나 『하소정』 편은 간혹 따로 나와서 세상에 돌아다니는 판본이 있다. 그러므로 이것도 역시 그것을 좇아 따로 수록할 뿐이다. 학문의 유파에 대해 참으로 식견을 가진 것은 아니고 그것에 의해 마름질 당한 것이다. 그렇지 않다면 어떻게 본래 글 다음에 자주(子注)를 표시하지 않고 글 제목이 어디서 왔는지 분명하게 널리 밝히겠는가?

이상은 네 번째의 두 번째이다.

예문서 서례」의 주58을 보라. 『공총자』는 『중흥서목』에 처음으로 나타난다. 『직재서록해제』「유가류」는 이러하다. “『공총자』 일곱 권은 공자[孔氏]의 자손이 자기 조상의 세계와 언행을 뒤섞어 적은 책이다. 『소이아』 한 편도 여기서 나왔다. 『중흥서목』은 ‘한나라 때 공부가 지었는데 일명 『반우』(盤盂)이다’라고 한다. 나는 이렇게 생각한다. 공자[夫子]의 팔대손 공부[鮒]가 위나라 재상 공순[順]의 아들이며 ‘진섭의 박사가 되었다가 진섭 아래에서 죽었다’라는 「공광전」(孔光傳)의 말은 그가 본디 한나라 사람이 되지 못했다는 말이다. 그리고 그 책은 공부의 죽음을 기록하고 있다. 「연총자」(連叢子)라고 부르는 일곱 번째 권에도 또한 태상 공장[臧] 이후 여러 세대를 기록하고 연광 3년 공계언[季彦]의 죽음까지 이르는데 또한 어찌 공부가 지었다고 생각할 수 있는가? 나는 이렇게 생각한다. 「유림전」에 실려 있는 박사는 공갑(孔甲)이라고도 한다. 안사고의 주는 이렇게 말한다. ‘장차 이름을 부(鮒)라고 하고 자를 갑(甲)이라고 했다.’ 이제 이 책을 비교해보니 자어(子魚)의 이름을 부(鮒)라고 부르며 진나라[陳] 출신이고 자부(子鮒)라고 하는 경우도 있고 공갑(孔甲)이라고 부르는 경우도 있다. 그러면 안사고[顔監]는 미처 이 책을 본 적이 없는 것 아니겠는가? 「예문지」에는 『공갑반우』(孔甲盤盂) 스물여섯 편이 있다. 반고의 주석[本注]은 ‘황제의 사(史)인데 어떤 사람은 하나라 임금[夏帝] 공갑이라고 한다. 모두 틀린 듯하다’라고 한다. 그 책은 아마 전분(田蚡)이 배운 것이고 처음에는 공부와 상관없는 것이다. 『중흥서목』은 일명 『반우』라고 한다고도 했지만 무엇을 근거로 한 것인지 모른다. 어찌 『한서』「예문지」가 공갑이라고 말한 사람이 바로 진나라 임금의 박사인 공갑이라고 하겠는가?” 『사고전서총목제요』는 세 권이라고 적고 있다.

6 『수서』「경적지」 경부 “논어류”는 이러하다. “『소이아』는 한 권인데 이궤가 대략 풀이했다.”

7 『문헌통고』「경적고」 “사부” ‘시령류’는 이러하다. “『하소정』은 한 권이다.”

다섯 번째 변혐명(辨嫌名)

5.1

분류와 순서에는 거듭해야만 하는 것도 있고 거듭해서는 안 되는 것도 있다. 『한서』「예문지」 이후에 이미 호주의 범례가 없어진 것은 목록에 기록하는 일이 거듭되다가 대부분 뜻이나 종류와 상관없고 완전히 순서대로 편집하는 일이 잘못되었기 때문일 뿐이다. 글 순서가 잘못되어 나타나는 폐단은 두 가지이다.[1] 첫째, 분야가 비슷하다고 의심해서 같은 책을 두 번 넣는 것이다.[2] 둘째, 같은 책인데 이름이 달라서 두 사람의 책으로 오인한 것이다.[3] 같은 책을 두 번 넣는 폐단을 피하고자 한다면

---

1 왕병은 『교기』는 이러하다. "이것은 앞의 글을 이어서 말하고 있기 때문에 검본을 따라서 순서대로 편집해야만 한다."(가업당본 『장씨유서』 부록)

2 「세 번째 호저」의 주23을 보라.

먼저 장편을 지어야만 한다.[4] 글을 짓는 사람과 책의 표제를 가지고 운모[韻]에 따라 편집하고 운모 다음에 어떤 책의 시작부터 끝까지 이어지는 내용을 상세하게 주석으로 단다. 부류를 분별할 때에는 운모에 따라 밝혀야만 한다. 비록 많은 사람이 함께 일하고 엄청나게 많은 책이 옳고 그름 분별없이 남을 따르더라도 비슷하다고 의심하는 책이 거듭되는 잘못을 결코 저지르지 않게 만들 수 있다. 같은 책인데 이름이 달라서 두 사람 것으로 오인하는 폐단은 문헌[載籍]을 깊이 탐구하고 역사서의 전기를 상세하게 비교해야만 한다. 아울러 목록에 기록하는 사람들을 대대로 탐구하여 그들이 같거나 다르다고 달리 말하는 까닭을 탐구해서 책에 그것을 적어야만 한다. 그런 뒤라야 옛사람에게 공을 세우고 후세의 학자에게 빛을 비출 수 있다.

이상은 다섯 번째의 첫 번째이다.

5.2

『태사공』 백서른 편의 지금 이름은 『사기』이다.[5] 『전국책』 서른세 편의 처음 이름은 『단장어』(短長語)이다.[6] 『노자』를 『도덕경』이라 부르고

---

3 『통지』 「예문략」에는 『반소집』(班昭集)도 있고 『조대가집』(曹大家集)도 있다.

4 이도 「진속자치통감장편표」(進續資治通鑑長編表)는 이러하다. "저는 이렇게 들었습니다. 사마광이 『자치통감』을 지을 때, 먼저 자기에게 딸린 동료에게 신기한 소문을 주워 모아 연월일에 따라 총목을 지으라고 시키고 총목이 완성된 다음에 비로소 장편을 편찬했습니다." 장편은 먼저 사료를 수집하고 순서에 따라 늘어놓아 찬술의 바탕으로 삼는 것이다.

5 『태사공서』는 「석통」의 주21을 보라. 『수서』 「경적지」에서 비로소 『사기』라고 부르기 시작했는데 『태사공기』(太史公記)를 줄여 부른 것일 뿐이다.

6 유향 「상전국책서」[戰國策序]는 이러하다. "『전국책』[國策]은 국사(國事)라고 부르기

『장자』를 『남화진경』이라 부르며[7] 『굴원부』를 『초사』라고 부르는 것은[8] 아마 옛사람들이 부르는 이름은 소박했지만 후세인들이 화려한 이름을 넣었기 때문이리라. 한나라 이후부터 이름은 다르지만 내용이 같은 책을 문인들이 계속 이상야릇한 이름을 지어 부른 일이[9] 아마 적지 않았을 것이다. 『백호통덕론』에서 '덕론' 두 글자를 삭제하고[10] 『풍속통의』에서 '의' 자를 삭제했으며[11] 『세설신어』에서 '신어' 두 글자를 삭제하고[12] 『회남홍렬해』에서 '홍렬해'를 삭제한 뒤 다만 『회남자』라고 부르며[13] 『여씨춘추』에는 「십이기」, 「팔람」, 「육론」이 있는데 『여씨춘추』라고 부르지 않고 다만 『여람』이라고만 부른다.[14] 아마 책 이름은 본디 온전하지만 인용하는 사람이 간략함을 좇았기 때문이리라. 이것도 역시 후학들이 의심하게 만들고 오해하도록 만들기 충분한 것이다. 정초는 교수에

도 하고 단장(短長)이라 부르기도 하며 사어(事語)라고 부르기도 하고 장서(長書)라고 부르기도 하며 수서(修書)라고 부르기도 합니다. 제[臣向]는 전국시대 유사(遊士)가 자기를 기용한 나라를 도우려고 교묘하게 일을 꾸민 것이기 때문에 『전국책』이라고 해야 마땅하다고 생각합니다. 거기 있는 사실은 『춘추』 이후를 이어 초나라와 한나라가 일어날 때까지 이백사십오 년 동안의 일인데 모두 결정해서 기록했으며[殺青] 바로잡아 다시 고쳐 베낄만한 글 서른세 편을 얻었습니다."

7 「경해 중」의 주8 및 주10을 보라.

8 「문집」의 주23을 보라.

9 「번칭」의 주28을 보라.

10 「석통」의 주14를 보라.

11 「석통」의 주15를 보라.

12 『수서』「경적지」 자부 "소설류"는 이러하다. "『세설신어』 여덟 권은 송나라 때 임천왕(臨川王) 유의경이 지었다." 『사고전서총목제요』는 이러하다. "황백사(黃伯思)의 『동관여론』(東觀餘論)은 『세설신어』라는 이름이 유향에게서 비롯되었지만 책은 이미 없어졌기 때문에 유의경이 모은 것을 『세설신서』(世說新書)라고 이름 지었다고 한다. 단성식의 『유양잡조』는 왕돈(王敦)이 권력을 잡은[操豆] 일을 인용하면서 『세설신서』를 지은 적이 있다고 했으니 증명할 수 있다. 누가 『신어』라고 고쳤는지 모르지만 아마 근세에 전해지는 것은 그러나 계속 이어진지 이미 오래되었기 때문에 올바른 것을 회복할 할 수 없었을 것이다."

13 「언공 상」의 주40을 보라.

14 『여씨춘추』는 「언공 상」의 주39를 보라. 『한서』 「사마천전」은 이러하다. "여불위가 촉으로 좌천된 뒤에 세상에 『여씨춘추』[呂覽]가 전해졌다." 소림은 이렇게 말한다. "『여씨춘추』의 글 제목은 「팔람」과 「육론」이다."

정통했지만 「예문략」에 『반소집』(班昭集)도 있고 다시 『조대가집』(曹大家集)도 있다.[15] 이것은 같은 사람을 다른 사람으로 오해한 것이다. 조공무는 비교해서 증명하는 일[考據]을 잘했지만 『군재독서지』에서[16] 장군방(張君房)의 『진신좌설』[脞說]이라고 하고서 장당영(張唐英)이라고 적었다.[17] 다

---

15 앞의 주3을 보라.

16 『송사』「예문지」 "전기류"는 이러하다. "조공무 『군재독서지』는 스무 권이다." 또한 "목록류"는 이러하다. "조공무 『군재독서지』는 네 권이다." 『사고전서총목제요』 "목록류"는 이러하다. "『군재독서지』 네 권은 조공무가 지었다. 『군재독서후지』[後志] 두 권도 역시 조공무가 지은 것이고 조희변(趙希弁)이 거듭 엮었다. 『군재독서부지』[附志] 한 권은 조희변이 이어서 모은 것이다. 조공무는 자가 자지(子止)이고 거야(鉅野) 출신이며 조충지[沖之]의 아들이다. 벼슬은 부문각 직학사, 임안부 소윤에 이르렀다. 처음에 남양 출신 헌맹(憲孟) 정도(井度)는 사천 전운사였고 집안에 장서가 많았는데 몽땅 줘버렸다. 조공무는 몸소 교수[讐校]하고 큰 줄거리를 풀어서 이 책을 지었다. 당시 영주(榮州)의 행정 책임자였기 때문에 『군재독서지』라고 이름 지었다. 나중에 책은 흩어져 사라지고 『군재독서지』만 홀로 보존되었다. 순우 연간의 기유년에 원주(袁州)의 행정 책임자 파양 출신 여안조(黎安朝)는 조희변에게 자기 집에 소장한 도서 목록에 의거하고 참조하여 교정한 뒤 거듭되는 것을 삭제하고 아직 없는 것을 모으도록 시켰다. 그리고 『군재독서부지』 한 권을 더해서 거듭 판각했는데 이것이 원본(袁本)이다. 당시 구주(衢州)의 행정 책임자 남충(南充) 출신 유균(游鈞)도 역시 조공무의 문인인 요응적(姚應績)이 엮은 촉본(蜀本)을 취해 간행한 뒤 전했는데 이것이 구본(衢本)이다. 당시 두 가지 책이 세상에 함께 돌아다녔다. 오로지 구본만 스무 권까지 나눴고 도서 목록을 대단히 많이 증가시켰다. 첫 번째 권[卷首]에는 조공무의 「자서」 한 편이 있는데 글도 역시 서로 상세하거나 간단하다. 조희변은 구본을 근거로 더한 것은 바로 조공무가 늘그막에 이어서 모은 책이지 정도의 예전 책을 얻은 것이 아니기 때문에 『군재독서후지』 두 권으로 따로 뽑아냈다. 또한 원본과 구본의 차이와 동일성을 근거로 『군재독서지고이』[攷異] 한 권을 따로 지어 엮어 끄트머리에 붙였다. 아마 『군재독서지』[原志] 네 권은 정도의 책이고 『군재독서후지』 두 권은 조공무[晁氏]의 책이기 때문에 모두 남쪽으로 건너가기 전까지 수록하고 그쳤을 것이다. 『군재독서부지』 한 권은 조희변 집안의 책이기 때문에 경원 연간 이후까지 아울러 언급하고 있을 것이다."

17 『군재독서지』「소설류」는 이러하다. "『진신좌설』(搢紳脞說) 스무 권은 송나라[皇朝] 군방(君房) 장당영(張唐英)이 지었다." 『직재서록해제』는 이러하다. "나는 이렇게 생각한다. 군방은 상부 연간과 천희 연간 이전 사람이다. 양억[楊大年]이 「한망령」(閑忙令)을 고치면서 '자미원이 장군방을 잃었네'라고 말한 사람이 다름 아니라 그 사람이다. 어사에 속한 벼슬아치[御使屬]가 되었다가 다른 사람의 죄를 묻고 처벌하는 일에 연좌되어 녹봉이 깎인 적이 있었다. 그래서 『운급칠첨』[七籤]을 엮어서 편집하고 저작좌랑이 되었다. 「운급칠첨서」[七籤序]에서 자신을 '군방'이라고 말한 것은 아마 자기 이름이지 자가 아닐 것이다. 장당영은 자가 차공(次功)이고 희풍(熙豊) 연

른 사람인데 같은 사람이라고 오해한 것이다. 이렇게 되면 사람 이름[名字號]이 한결같지 않고 역시 차이가 나고 오해하는 실마리를 열게 된다. 그래서 책을 교정하고 목록에 기록할 때 같은 책에 이름이 여러 개 있으면 꼭 책의 권과 질 다음에 번번이 주를 달고 서로 이름을 붙여야만 한다. 같은 사람이지만 이름[字號]이 많은 사람도 역시 성명 다음에 이름을 번번이 주로 달아야 이름이 다르게 나타나는 일을 꺼리는 폐단이 거의 없어지게 될 것이다.

이상은 다섯 번째의 두 번째이다.

간 사람인데 승상 천각(天覺) 장상영[商英]의 형이다. 『명신전』(名臣傳)과 『촉도올』(蜀檮杌)을 지은 사람은 군방과 결국 상관없다. 조공무가 왜 한 사람으로 합쳤는지 모르겠다." 노문초 『군서습보』가 변별한 것과 꼭 같다.

역주_ 閑忙令은 중화서국 표점본에 아무 표시도 없어 자칫 오해하기 쉽다. 양억이 지은 타령조의 시 제목이라서 옮긴이가 책 표시를 했다. 御使屬은 원문에 御使와 屬으로 갈라 屬이 뒤 구절에 이어지는 것으로 되어있다. 잘못된 표점을 여기서 바로잡아 옮겼다.

여섯 번째 보정(補鄭)

6.1

정초가 책을 논할 때 이름은 없어졌지만 내용은 없어지지 않은 것이 있다고 했는데[1] 그 견해는 대단히 뛰어나다. 그러나 의견을 너무 쉽게

1 『통지』「교수략」 "서유명망실불망론"(書有名亡實不亡論)은 이러하다. "책에는 없어진 것, 비록 없어졌지만 없어지지 않은 것, 찾지 않을 수 없는 것, 찾을 수 없는 것이 있다. 『문언약례』(文言略例)는 비록 없어졌지만 『주역』은 모두 있다. 한나라, 위나라, 오나라, 진나라 『고취곡』(鼓吹曲)은 비록 없어졌지만 『악부』는 모두 있다. 『삼례목록』(三禮目錄)은 비록 없어졌지만 세 가지 『예』에서 취할 수 있다. 『십삼대사목』[十三代史目錄]은 비록 없어졌지만 열세 가지 역사서[十三代史]에서 취할 수 있다. 상보정 『문선저작인명목』[文選著作人名目錄]은 비록 없어졌지만 『문선』에서 취할 수 있다. 손옥여(孫玉汝) 『당열성실록』(唐列聖實錄)은 비록 없어졌지만 당나라 실록에서 취할 수 있다. 『개원례목록』(開元禮目錄)은 비록 없어졌지만 『개원례』에서 취할 수 있다. 이와 같은 모든 부류는 이름이 비록 없어졌지만 알맹이는 없어지지 않은 것이다."

말한 것도 있다. 예를 들어 "정현의 『삼례목록』(三禮目錄)이 비록 사라졌지만 세 가지 『예』에서 그것을 취할 수 있다"라고 말한다. 이제 『삼례정의』(三禮正義)를 살펴보면 그중 정현의 『삼례목록』을 인용한 곳에는 유향의 글 순서와 다른 것이 많다.[2] 이것은 당시 틀림없이 이야기가 있었겠지만 현재는 볼 수 없게 된 것이다. 어찌 그것을 세 가지 『예』에서 가질 수 있다고 말할 수 있겠는가? 또한 "『십삼대사목』은 비록 사라졌지만 열세 개 왕조의 역사서에서 그것을 취할 수 있다"라고 말한다.[3] 「예문략」에 수록된 『십삼대사목』을 비교해보면 당나라 종간과 은중무(殷仲茂) 두 사람이 있다.[4] 종간의 책은 모두 열 권이고 은중무의 책은 세 권뿐인데 상세하고 간략함이 이처럼 다르니 그중에도 틀림없이 무슨 이야기가 있을 것이다. 열세 개 왕조의 역사서에서 그것을 취할 수 있다고만 어찌 말할 수 있겠는가? 나머지 논한 것에도 여기서 벗어나지 않는 것이 많다.

역주_ 상보정은 원문에 상정보(常鼎寶)라고 되어 있다. 식자공이 실수로 뒤바꾼 것이리라.

2 나는 이렇게 생각한다. 공영달 『예기정의』는 각각 편들 다음에 정현[鄭康成]의 『목록』을 인용하고 있는데 모두 "이것은 『별록』에서 어디어디에 속한다"라는 말이 있다. 이것은 유향이 본래 종류를 나눈 것이고 정현은 그것을 인용했을 뿐이다. 「첫 번째 곡례 상」과 「두 번째 곡례 하」 같은 것은 정현의 『목록』을 인용하여 이렇게 말한다. "「곡례」라는 이름을 지은 까닭은 다섯 가지 예[五禮]의 일을 이 글이 기록하고 있기 때문이다. 이것은 『별록』에서 '제도'에 속한다." 「세 번째 단궁 상」과 「네 번째 단궁 하」 같은 것은 정현의 『목록』을 인용하여 이렇게 말한다. "「단궁」이라는 이름을 지은 까닭은 어떤 사람이 예에 대해 잘 알고 있는 일을 이 글이 기록한 탓에 성명을 적어서 드러냈기 때문이다. 이것은 『별록』에서 '통론'에 속한다." 그래서 정현의 『목록』과 유향의 글 순서는 다르다. 가공언 『주례정의』가 각 편 다음에 정현의 『목록』은 인용했지만 『별록』은 언급하지 않은 것은 그들의 차이를 알 근거가 없었기 때문이다. 가공언 『의례정의』가 각 편 다음에 정현의 『목록』을 인용하고 아울러 『별록』을 언급한 것은 글 순서가 꼭 같다. 이것은 『예기정의』, 『주례정의』, 『의례정의』[三禮正義]가 인용한 정현[鄭氏] 『목록』에 유향의 글 순서와 다른 것이 많다는 말이지만 이야기가 분명하지 않다.

3 『통지』 「예문략」 3은 『십삼대사선』(十三代史選)이 쉰 권이라고 하는데 주는 이러하다. "『사기』, 『전한서』와 『후한서』, 『삼국지』, 『진서』[晉], 『송서』, 『남제서』, 『양서』, 『진서』[陳], 『위서』[後魏], 『북제서』, 『주서』[後周], 『수서』 같은 열세 왕조의 역사서[十三家史]를 편집했다."

4 『통지』 「예문략」 "목록류"는 이러하다. "『십삼대사목』 열 권은 당나라 종간이 지었다." 또한 이러하다. "『십삼대사목』 세 권은 은중무(殷仲茂)가 지었다."

만약 고대에서 그것을 찾아도 얻지 못한다면 어쩔 수 없지만 현재 있는 책에서 널리 찾는다면 괜찮을 것이다. 고대 서적이 비록 사라졌지만 사실 사라지지 않았다는 말을 어찌 그리 쉽게 할 수 있는가?[5]

이상은 여섯 번째의 첫 번째이다.

6.2

만약 고대에서 찾아도 얻지 못한다면 어쩔 수 없지만 현재 있는 책에서 널리 찾을 때는 채집하거나 보충하여 한 군데로 모으는 완성된 방법도 있기 때문에 정초가 논한 것만 있는 것은 아니다. 역학에서 왕필 『주역주』만 전하고 『상서』에서 공안국 『상서전』만 보존되었기 때문에 왕응린은 예전에 『주역정씨주』[鄭氏周易]와 『상서정씨주』[鄭氏尙書]를 지었다. 또한 『시』의 네 학파 가운데 오로지 『모시』[毛傳]만 사라지지 않았기 때문에 세 학파의 『시』에 대한 이야기 가운데 숱한 책에 나타나는 것을 가려서 『삼가시고』를 지었다.[6] 그 뒤 고대를 좋아하는 선비들은 그가 완성한 방법을 좇아 사라진 글을 한 데 모으고 거의 두루 찾아 모았다. 지금 나는 이렇게 생각한다. 위서[緯候之書]는 『모시』나 『예기』의 주소 및 『후한서』의 주에 자주 나타난다.[7] 한나라 때부터 위나라 때의 잡사는 『삼국

5 동방삭의 「비유선생론」을 보라.

6 왕응린은 「박약 중」의 주6을 보라. 왕응린은 『주역정씨주』와 『삼가시고』를 각각 한 권씩 집록하여 『옥해』에 붙여서 판각했다. 손성연 「상서금고문주소서」(尙書今古文注疏序)는 이러하다. "정현의 주석은 송나라 때 와서 흩어져 일부가 빠져 없어졌는데 왕응린 및 최근의 여러 유학자들이 그것을 모아서 보존했다."

7 섭장청은 이렇게 말한다. "『모시정의』 「대아」 "권아", 『예기정의』 「예운」, 『후한서』 「광무본기」[光武紀] 같은 데서 『상서중후』(尙書中候)를 인용하고 『시경정의』 「시보서」나 『후한서』 「조포전」의 주 같은 데서 『상서위선기검』(尙書緯璇璣鈐)을 인용하

지』의 주에 자주 나타난다.[8] 지우 『문장유별집』 및 『문장지』는 『문선』 주에 자주 나타난다.[9] 남조 때의 시문집은 『북당서초』와 『예문유취』에

며 『예기정의』 「월령」이나 『후한서』 「풍연전」(馮衍傳)의 주 같은 데서 『상서위고령요』(尙書緯考靈曜)를 인용하고 『모시정의』 「노송」 "비궁" 같은 데서 『상서위형덕방』(尙書緯刑德放)을 인용하는 것이 이것이다." 『직재서록해제』 「시류」는 이러하다. "『모시정의』 마흔 권은 당나라 공영달과 왕덕소(王德韶) 등이 지었다. 오로지 모씨와 정현의 학만 기술하고 있고 또한 정현의 「모시보」[鄭譜]를 첫 권에 갖췄는데 아마도 역시 유작(劉焯)이나 유현(劉炫)의 풀이를 늘이거나 줄여서 지었을 것이다." 또한 「예류」는 이러하다. "『예기정의』 일흔 권은 당나라 공영달 등이 지었다." 『후한서』의 주는 「사주」의 주29를 보라.

8 『이십이사차기』 권6은 이러하다. "배송지가 인용한 책은 모두 백쉰 가지가 넘는데 사승 『후한서』, 사마표 『속한서』, 『구주춘추』(九州春秋), 『전략서전』(戰略序傳), 장번(張璠) 『한기』(漢記), 원위(袁暐) 『헌제춘추』(獻帝春秋), 손사광(孫思光) 『헌제춘추』, 원굉 『후한기』[漢紀], 습착치 『한진춘추』, 공연 『한위상서』[漢魏春秋], 화교 『한서』, 『영제기』(靈帝紀), 『헌제기』(獻帝紀), 『헌제기거주』(獻帝起居注), 『산양공재기』(山陽公載記), 『삼보결록』, 『헌제전』(獻帝傳), 『한서지리지』(漢書地理志), 『속한서군국지』(續漢書郡國志), 채옹 『명당론』(明堂論), 『한말명사록』(漢末名士錄), 『선현행장』(先賢行狀), 『여남선현전』, 『진류기구전』, 『영릉선현전』(零陵先賢傳), 『초국선현전』(楚國先賢傳) 등이 있다. (이하 생략) 여기서 인용한 모든 책은 이름을 주석으로 달았으니 널리 가려 모았다는 것을 알만 하다." 따로 「언공 중」의 주32에 상세하다.

역주_ 『한위상서』의 원문은 漢魏春秋이다. 앞서 「서교 중」에 나온 적이 있는 공연의 책 이름은 『한위상서』이지 『한위춘추』가 아니다. 아마 조익이 착각한 듯하다. 「서교 중」의 주15를 참조하라.

9 나는 이렇게 생각한다. 『문선』에 있는 장형[張平子] 「남도부」의 주는 지우를 인용하여 이렇게 말한다. "남양군의 행정 중심지[郡治]는 완(宛)이고 서울 남쪽에 있기 때문에 남도(南都)라고 한다." 반표[班叔皮] 「북정부」(北征賦)의 주는 『문장유별론』[流別論]을 인용하여 이렇게 말한다. "갱시(更始) 연간에 반표는 양주(涼州)로 피난하려고 장안을 출발했는데 안정에 이르러 「북정부」(北征賦)를 지었다." 반소[曹大家] 「동정부」(東征賦)의 주는 『문장유별론』[流別論]을 인용하여 이렇게 말한다. "낙양을 떠나 진류에 이르기까지 거쳤던 곳을 서술했다." 목현허(木玄虛) 「해부」(海賦)의 주는 『문장지』를 인용하여 이렇게 말한다. "광주(廣州) 출신 목현허 「해부」는 글이 대단히 뛰어나고 아름답기 때문에 이전 시대의 좋은 것을 잇기 충분하다." 장형[張平子] 「사현부」의 주는 지우 『문장유별론』[流別]을 인용하며 제목에 "장형의 주[衡注]"라고 말한다. 응정[應吉甫] 「화림원집시」(華林園集詩)의 주는 『문장지』를 인용하여 이렇게 말한다. "응정(應貞)은 자가 길보(吉甫)인데 어렸을 적에 재주가 있다고 소문이 났으며 이야기를 잘했다. 진나라 무제가 무군장군(撫軍將軍)일 때 응정은 참군이었고 진나라[晉室]가 임금 자리를 이은 뒤 태자 중서자, 산기상시로 옮겼다가 죽었다." 응거 「백일시」의 주는 『문장지』를 인용하여 이렇게 말한다. "응거[璩]는 여남 출신이다." 반니[潘正叔] 「증육기출위오왕낭중령시」(贈陸機出爲吳王郎中令詩)의 주는

서 고른 것이 많이 보인다.[10] 당나라 사람의 문헌[載籍]은 『태평어람』과 『문원영화』에서 고른 것이 많이 보인다.[11] 한 귀퉁이를 들어도 세 귀퉁

『문장지』를 인용하여 이렇게 말한다. "반니(潘尼)는 자가 정숙(正叔)이고 어렸을 적 뛰어난 재주가 있었다. 처음에 주벽(州辟)에 응시했다가 나중에 아버지가 늙으셨기 때문에 돌아가서 모셨고, 아버지가 돌아가자 비로소 나와서 벼슬살이 했고 관직은 태상에서 마쳤다." 무습[繆熙伯] 「만가시」(挽歌詩)의 주는 『문장지』를 인용하여 이렇게 말한다. "무습은 자가 희백이다." 반욱[潘元茂] 「책위공구석문」(冊魏公九錫文)의 주는 『문장지』를 인용하여 이렇게 말한다. "반욱(潘勗)은 자가 원무이고 헌제 때 상서랑이 되고 동해 상으로 옮기게 되었는데 아직 출발하기 전에 상서 좌승에 임명되었고 병으로 죽었다. 『위석』(魏錫)은 반욱이 지은 것이다." 번흠[繁休伯] 「여위문제전」(與魏文帝牋)의 주는 『문장지』를 인용하여 이렇게 말한다. "번흠(繁欽)은 자가 휴백이고 영천(潁川) 출신인데 어렸을 적 글과 변론으로 유명했다. 예주 종사(豫州從事)로 있다가 조금 지나 승상 주부로 옮겼고 병으로 죽었다." 진림[陳孔璋] 「답동아왕전」(答東阿王牋)의 주는 『문장지』를 인용하여 이렇게 말한다. "진림은 자가 공장이고 광릉 출신이다. 기주로 피란을 갔다가 원소가 그를 불러 비밀스런 일을 맡도록 시켰다. 원소가 죽자 위나라 태조는 군모 좨주(軍謀祭酒)로 불렀는데 기실을 맡고 있다가 병으로 죽었다." 『문장유별집』 및 『문장지』는 「시교 상」의 주37을 보라. 『문선주』는 「화주문징서례」의 주14를 보라.

10 예를 들어 곽박 『이아도찬』(爾雅圖贊)이 『예문유취』에 흩어져 인용된 것이나 포조(鮑照) 「하청송」(河清頌)이 『북당서초』 158에 나타나는 것이 이것이다. 『구당서』 「경적지」 병부 "유사류"는 이러하다. "『북당서초』 백일흔세 권은 우세남이 지었다." 『직재서록해제』는 백예순 권이라고 했는데 현재 판본과 같다. 『사고간명목록』은 이러하다. "북당은 수나라 비서성의 뒤뜰에 있는 집[後堂]이고 당나라 때가 되기 전에 지은 것 같다. 모두 팔백한 가지 종류이고 글자나 문장을 따서 기록한 것이 많지만 주석에 남김없이 드러내지 않았기 때문에 구양순의 글이 처음부터 끝까지 완전히 갖춰진 것에 미치지 못한다. 또한 원본을 진우모(陳禹謨)가 지었다고 고쳤어도 예전 것은 아니지만 인용하고 탐구한 것 가운데 고대 서적이 많기 때문에 고증을 연구하는 사람들[考證家]은 오히려 끌어다가 근거로 삼는다." 『예문유취』는 「두 번째 종류」의 주29를 보라.

11 『직재서록해제』 「유서류」는 이러하다. "『태평어람』 천 권은 한림학사 이방, 호몽 등이 지었다. 태평흥국 2년에 황제의 명령을 받아 8년에 책을 완성했다." 『사고간명목록』은 이러하다. "모두 쉰여덟 분야이고 고른 책이 천육백아흔 가지인데 널리 찾아서 모았기 때문에 이제껏 고증[考據]이 모인 곳[淵藪]이다." 『문원영화』는 「전기」의 주34를 보라. 『사고간명목록』은 이러하다. "이 책은 양나라 말기에 시작해서 아래로 당나라까지 이른다고 핑계대고 있지만 남북조시대 글은 십 분의 일이 조금 안 되고 당나라 때 글은 십 분의 구보다 많은데도 전부 수록해 넣은 경우가 잦다. 당나라 때 사람의 여러 시문집은 세상에 전해지는 것이 나날이 드물어졌어도 의지해서 헤아려 볼 수 있는 것은 이렇게 편집한 것이 있는 덕분일 따름이다."

이가 뒤집어지지 않으면 부류를 채워서 찾는다. 고대의 사라진 글 가운데 고를 만한 것은 많다.[12]

이상은 여섯 번째의 두 번째이다.

6.3

정초는 책을 논할 때 앞 왕조 때는 부족했지만 후세에 충족시킨 것이 있다고 한다. 『신당서』 「예문지」가 얻은 오래된 책들은 『양서』의 권과 질을 남김없이 실었고 수나라 때보다 많아졌다고 그는 생각한다.[13] 왕검의 『칠지』와 완효서의 『칠록』을 살펴서 그것을 찾은 당나라 때 사람들의 공로라고 말한다면[14] 이것은 옳다. 다만 권과 질의 많고 적음을 근거로 고대 서적이 온전한지 빠졌는지 정한다면 아마 다 믿을 수 없을 것이

12 나는 이렇게 생각한다. 건륭 38년 주균은 사고전서관[四庫書館]을 열 것을 요청하는 상주문을 바쳤다. 『영락대전』에서 모은 사라진 책은 경부 예순여섯 가지, 사부 마흔한 가지, 자부 백세 가지, 집부 백일흔다섯 가지를 헤아리는데 모두 삼백여든다섯 가지, 사천구백스물여섯 권이다. 장학성은 주균을 따라 공부하고 있었기 때문에 신바람이 나서 이렇게 말했지만 본디 당시 유행이 좇았던 것이다.

13 『통지』 「교수략」 "궐서비어후세론"(闕書備於後世論)은 이러하다. "고대의 서적에는 이전 왕조에서 부족했지만 후세에 충분한 것이 있다. 『신당서』 「예문지」가 얻은 예전 책을 살펴보면 양나라 때 책의 분량[卷帙]은 남김없이 수록했고 수나라 때 것보다 많다. 아마 수나라 때 양나라 책을 이미 많이 잃어버렸고 분량이 온전하지 못한 책도 많았기 때문일 것이다. 당나라 때 사람들은 왕검 『칠지』와 완효서 『칠록』을 근거로 도서를 찾아 방문했기 때문에 책 분량이 수나라 때보다도 많고 양나라 때보다도 더 많아졌다. 예를 들어 『도잠집』(陶潛集)은 양나라 때 다섯 권이다가 수나라 때 아홉 권이 되고 당나라 때 바로 스무 권이 되었다. 여러 가지 책 가운데 이런 것이 대단히 많은데 이전 왕조에서 책이 없어졌다고 후세 왕조에서 갖출 수 없다고 누가 말하는가?"

14 『수서』 「경적지」는 이러하다. "『금서칠지』는 일흔 권이고 왕검이 지었다." 『칠록』은 「시교 상」의 주22를 보라.

다. 또한 응소의 『풍속통의』를 예로 들자면 응소가 「자서」(自序)에서 열 권에 그친다고 했고 『수서』도 역시 그런데 『신당서』 「예문지」에 이르자 서른 권이 있다고 한다.[15] 이것은 또한 주를 달아 풀이하는 사람[疏解]이 글의 순서를 분리한 일이 있지 않았다면 『신당서』 「예문지」가 어찌 세 배나 많은 책을 얻었겠는가? 그러면 오늘날 세상에 전하는 『풍속통의』는 바로 온전하지 못한 책에 속하게 되는데[16] 어찌 권과 질의 많고 적음으로 책이 온전한지 온전하지 않은지 갑자기 정할 수 있는가?

이상은 여섯 번째의 세 번째이다.

---

15 「석통」의 주15를 보라.

16 그의 「성씨」(姓氏) 편은 송나라 때부터 이미 사라졌지만 『영락대전』에 흩어져서 나타나는데 후세인이 한 편으로 모으고 끄트머리에 붙여 수록했다.

일곱 번째 교수조리(校讐條理)

7.1

책을 찾으러 벼슬아치를 보낸다든지 책을 교정하는 자리는 한 사람에게 오래 맡긴다고 논한 정초의 이야기는[1] 참으로 교수의 중요한 뜻을 얻

1 『통지』「교수략」"구서견사교서구임론"(求書遣使校書久任論)은 이러하다. "책을 찾는 벼슬아치는 임무를 줘서 보내지 않을 수 없다. 책을 교정하는 책임은 전문적이지 않을 수 없다. 한나라가 협서율을 없애고 책을 바칠 길을 연 지 오래되었다. 성제 때 이르러 알자 진농을 보내 천하에 남은 책을 찾으라고 해서 드디어 『칠략』에 기록된 장서가 생기게 되었다. 수나라 개황 연간에 우승유[奇章公]가 사신들을 나눠 보내 다른 판본 찾는 일을 요청하자 나중에 가칙전(嘉則殿)의 장서는 삼십칠만 권이 되었다. 안녹산의 사변 때문에 한 조각도 남아나지 않게 되자 묘발(苗發) 등에게 장강과 회수 유역에 사신을 보내 찾으라고 명령하여 문종 임금 때 이르자 드디어 창고 열두 개를 채울 정도 분량의 책이 생겼다. 당나라 말기에도 오히려 감찰어사를 여러 도(道)에 보내 남은 책을 조사해서 찾도록 했다. 옛사람이 책을 찾는 일을 넓히고자 할 때면 꼭 벼슬아치를 찾으러 보내고 그런 뒤에 산림과 수택(藪澤)에 남긴 것이 없

었다. 그러나 책을 찾는 일은 일시적이며 찾는 방법에도 역시 좋거나 좋지 않은 것이 있다. 그저 벼슬아치를 보내기만 한다면 미처 보지 못한 기이한 책이나 궁중에 소장한 책을 잃어버리는 일은 틀림없이 없을 것이다. 책을 찾는 일은 일시적이지만 책을 다스리는 일은 평소에 한다. 책을 찾는 일의 요점은 다름 아니라 정초의 이른바 여덟 가지 방법인데[2] 그는 남김없이 논했다. 책을 다스리는 방법은 정초가 미처 논하지 못했다. 고대에는 글자를 통일시키는 일을 다스린다고 불렀다. 한나라 제도는 구실아치와 민간인이 문서를 올렸을 때 글자에 혹시 잘못이 있으면 즉시 위에 보고되어 탄핵 당했다.[3] 채옹은 석경을 올바르게 정하면서 사방의 백성이 뇌물을 먹이고 난대에 소장된 책을 개인적인 글자에 부합하도록 고치는 지경이라고 생각했다.[4] 이것은 당시 군국에서 전수받아 익히는 책 가운데 궁중에 소장된 책과 부합하지 않는 것이 있다는 말이다. 그러나 이것은 소학의 글자꼴만 가지고 말한 것이다. 만약 전해들은 것을 기재하면서 『시』와 『서』에 뒤섞어 기록하면 참과 거짓이 얽히고 뒤섞여 두 가지가 어지럽게 될 듯하다. 또한 서사(書肆)와 설령(說鈴)은 큰 것을 기억하기도 하고 작은 것을 기억하기도 한다.[5] 가요와 풍속은 올바

도록 만들 수 있었다는 것을 알겠다. 사마천은 대대로 사관이었고 유향과 유흠 부자는 천록각에서 교수했으며 우세남과 안사고는 계속 이어서 비서감이 되었고 영호덕분은 세 명의 황제를 거치며 역사서를 편찬하는 책임을 맡았으며 공영달은 평생 학교의 관직을 떠나지 않았는데 만약 도서를 갖추고 문물을 일으키고자 한다면 교수의 관직을 어찌 오랫동안 맡지 않을 수가 있겠는가?"

2 「화주지 예문서 서례」의 주68을 보라.

3 글자를 통일시키는 일은 「시교 상」의 주68을 보라. 위에 보고되어 탄핵한다는 「설림」의 주49를 보라.

4 「화주지 예문서 서례」의 주67을 보라.

5 『법언』 「오자」는 이러하다. "책을 좋아하면서 공자에게서 그것을 요약하지 않으면 서점이나 마찬가지이다. 이야기를 좋아하면서 공자에게서 그것을 요약하지 않으면 설령이나 마찬가지이다." 이궤 주는 이러하다. "영(鈴)은 작은 소리를 비긴다. 자그마한 이야기[小說]가 위대한 노래[大雅]에 부합하지 않는 것 같다." 최표 『고금주』는 이러하다. "사(肆)는 사고파는 물건을 진열하기 때문이다." 큰 것을 기억하기도 하고 작은 것을 기억하기도 하는 것은 『논어』 「자장」을 보라.

르기도 하고 치우치기도 한다. 그것은 세속을 벗어난 산림의 야위고 파리한 사람이라거나 전문적인 학파라고 이름붙이는 경우도 있지만[6] 얄팍하고 치우친 장기이거나 소설처럼 자질구레한 이야기이다.[7] 그것이 드러나거나 드러나지 않는 것, 나타났다가 사라지는 것은 대체로 모을 수 있는 것을 일시적으로 내놓으라고 요구한다고 되는 것도 아니고 역시 일시적으로 토론해서 정밀하고 상세하게 만든다고 되는 것도 아니다. 이와 같은 모든 것은 주와 현의 학교에 있는 사유에게 평소 책임과 부담을 지워 학생들이 익히도록 지도하거나[8] 탐구하고 올바르게 바로잡아 목록[錄籍]에 기록하게 해야만 한다. 이것은 대략 집집마다 해당하는 판도가 관청에 있는 것과 같다. 모자에 붓을 꽂고 죽간을 쥔 선비들이 과연 도의 요점을 깨달아 밝혀서 스스로 불후의 업적을 이룰 수 있으려면[9] 관청에 맡겨서 말을 듣기 바란다. 이와 같다면 책은 관청에서 관장해야 흩어지거나 잃어버리지 않게 된다. 이것이 첫 번째 편리함이다. 일에 조사와 검색이 있으면 기이하고 올바르지 않아 적합하지 않은 이야기나 음탕하고 치우친 말이라도[10] 숨길 수 없고 금지된 조례들을 막을 수 있다. 이것이

6 『장자』「각의」(刻意)는 이러하다. "의지를 깎은 듯 날카롭게 하고 실천을 숭상하는 것, 세상에서 멀어져 풍속을 달리하는 것, 고담준론을 하고 세상을 못마땅하게 여기고 헐뜯는 것은 자기가 높은 데 있는 것처럼 여기는 것일 뿐이다. 이것은 산골짜기에 숨어사는 사람, 세상을 비난하는 사람, 지칠 대로 지쳐 바싹 마른 채 깊은 연못에 몸을 던지는 사람이 좋아하는 것이다." 전문적인 학파라고 이름붙이는 것은 「원도 하」의 주5를 보라.

7 『한서』「예문지」 주는 이러하다. "패(稗)는 음이 제패(稊稗)의 패이다. 패관은 작은 벼슬아치이다." 『상서전』「고요모」는 이러하다. "총좌(叢脞)는 자잘하게 부서지고 큰 줄거리가 없는 것이다." 좌설은 총담(叢談)과 같다.

8 「시교 상」의 주70을 보라. 이것은 주와 현의 학관과 서원의 산장을 가리킨다.

9 모자에 붓을 꽂고 죽간을 쥐는 것은 「원도 하」의 주16을 보라. 『노자』는 이러하다. "옛날 시작을 알 수 있는 것을 도기(道紀)라 한다." 또한 이러하다. "자기 스승을 소중하게 여기지 않고 자기 바탕을 아끼지 않는다면 비록 안다 하더라도 크게 헷갈리지 않으니 이것을 요묘(要妙)라고 한다." 『춘추좌전』「양공 24년」은 이러하다. "죽어도 썩지 않는다는 말이 옛사람에게 있다."

10 기사(奇衺)는 「시교 상」의 주4를 보라. 『맹자』「공손추 상」은 이러하다. "너스레에 가려진 것을 알고 음탕한 말에 빠져 있는 것을 알며 못된 말에 떠난 것을 안다." 주

두 번째 편리함이다. 책을 찾을 때 목록에 따라 조사한다면 찾으러 직접 방문해야 하는 수고가 없다. 이것이 세 번째 편리함이다. 궁중에 소장된 책[中書]이 충분하지 않으면 궁중 바깥[外府]에서 그것을 조사하고[11] 궁중 바깥에 소장된 책[外書]이 그릇되고 잘못되었으면 궁중에 소장된 책으로 바로잡는다면 서로에게 공로가 되고 글을 통일한 성대함을 칭찬할 것이다. 이것이 네 번째 편리함이다. 이것은 책을 다스리는 요점이니 책을 찾기 전에 논해야만 하는 것이다.(책은 관청에서 관장하기 때문에 개인이 마음대로 저술을 숨기도록 허락하지 않는 것이 가장 고대에 부합한다. 그러나 수천 년 동안 그것을 행하지 않은 것은 하루아침에 그렇게 하는 것도 본래 쉽지 않기 때문이다. 학관(學官)에서는 통달한 사람을 얻기 어렵기 때문에 국가의 편찬 기구[館閣]에서 교수한다 해도 꼭 남김없이 옳다고 할 수 없다. 유향과 유흠 같은 유파는 그런 사람을 얻지 못하면 지장이 생겨서 시행하기 어렵고 심하면 거짓을 마음에 품고 떠들썩하게 들고 일어나 쓸데없이 일을 많이 만드는 경향이 점점 생긴다. 그러면 이익이 되지 않을 뿐 아니라 손해를 본다. 방법은 본디 할 만한 사람을 기다렸다 시행하는 것이기 때문에 일시적으로 시행하기 어렵다고 그런 이야기를 보존하지 않을 수는 없다)

이상은 일곱 번째의 첫 번째이다.

7.2

책을 교정할 때는 부본을 광범위하게 쌓아야만 한다.[12] 유향은 궁중에

희[朱子] 주는 이러하다. "피(詖)는 치우침이다. 음(淫)은 행실이 좋지 못함이다. 사(邪)는 마음이 간사하고 치우침이다."

11 『한서』「유림전」은 이러하다. "궁중에 소장된 책으로 그것을 교정했다는 말은 옳지 않다." 안사고 주는 이러하다. "중서(中書)는 천자가 소장한 책이다." 외부(外府)는 관청 곳간[府庫]의 바깥에 있는 것이다.

소장된 비서[中祕]를 교수할 때 이른바 궁중에 소장된 책[中書]도 있었고 이른바 궁중 바깥에 소장된 책[外書]도 있었으며 이른바 태상에 소장된 책[太常書]도 있었고 이른바 태사에 소장된 책[太史書]도 있었으며 유향 자신이 소장한 책[臣向書]도 있었고 어떤 신하가 소장한 책[臣某書]도 있었다.[13] 궁중에 소장된 책과 태상에 소장된 책이나 태사에 소장된 책은 관직이 지키는 책이지 같은 책이 아니다. 궁중 바깥에 소장된 책과 유향 자신이 소장한 책이나 어떤 신하가 소장한 책은 집안에 소장된 책이지 같은 책이 아니다. 여러 가지 책을 널리 찾아서 어떤 책을 대조해서 바로잡으려면 본디 부본을 광범위하게 쌓아두어야만 필요할 때 물을 수 있다. 태상은 박사를 거느리는데[14] 오늘날의 국자감이다. 태사는 도서[圖]를 관장하는데[15] 오늘날의 한림원이다. 관직이 지키는 책[官書]이 궁중에 소장된 비서만 가리키는 것은 아니다.

이상은 일곱 번째의 두 번째이다.

---

12 『수서』「경적지」는 이러하다. "양제가 즉위하자 궁중의 왕실 도서관[祕閣]에 소장된 책의 부본을 쉰 벌만 베끼기로 한정했다."

13 예를 들어 「관자서록」(管子書錄)은 이렇게 말한다. "교수한 책 가운데 『관자』의 책이 삼백여든아홉 편이고 태중대부 복규(卜圭)의 책이 스물일곱 편이며 저 부참의 책[臣富參書]이 마흔 편이고 사성교위(射聲校尉) 부립[立]의 책이 열한 편이며 태사의 책[大史書]이 아흔여섯 편입니다." 「안자서록」(晏子書錄)은 이렇게 말한다. "교정한 책 가운데 『안자』가 열한 편이고 저 유향이 삼가 장사 위(長社尉) 부참[臣參]과 함께 태사의 책 다섯 편을 교수했는데 저 유향의 책[臣向書]이 한 편이고 부참의 책이 열세 편입니다." 「관윤자서록」(關尹子書錄)은 이렇게 말한다. "교정한 책 가운데 궁중에 소장된 책에서 『관윤자』가 아홉 편이고 저 유향이 태상의 책 일곱 편을 교수했는데 저 유향의 판본[臣向本]은 아홉 편입니다." 「열자서록」(列子書錄)은 이렇게 말한다. "교정한 궁중에 소장된 책 『열자』 다섯 편은 저 유향이 삼가 장사 위 부참과 함께 태상의 책 세 편과 태사의 책 네 편을 교수했는데 저 유향의 책이 여섯 편이고 저 부참의 책이 두 편입니다."

14 『한서』「백관공경표」는 이러하다. "봉상은 진나라 관직이며 종묘의 예의(禮儀)를 관장한다. 경제 중 6년에 태상으로 이름을 바꿨다. 박사 및 제릉현(諸陵縣)은 모두 거기 속한다."

15 『사기』「태사공자서」[史記自序]는 이러하다. "한나라가 일어나고 백 년 동안, 세상에 알려지지 않은 천하의 진기한 이야기와 고대의 사실 가운데 마침내 태사공에게 모이지 않은 것은 없었다."

7.3

옛날에 책을 교수하는 사람은 죽을 때까지 관직을 지키고 아비와 아들이 학업을 전했기 때문에 정밀하고 상세하게 토론할 수 있었고 고대 서적[墳典]에 업적이 있었다.[16] 그러나 교수의 방법은 마음과 정신으로 이해하고 깨닫는 것이기 때문에 전할 수 없다. 지금과 가까운 시대에 책을 교정할 때는 전문적인 관직을 세우지 않고 많은 사람이 참여하기 때문에 규정된 인원이나 과정에 제한되어 분류와 순서에 선을 긋게 되었다. 이것은 아마도 어쩔 수 없는 추세 때문이리라. 책을 교정하는 사람이 전문적인 벼슬아치도 아니고 한 사람이 아니라 여러 사람이라면 교수 방법을 세우지 않을 수 없다. 전적은 많고도 많지만 견문은 한정이 있기 때문에 학식이 너르고 성품이 우아한 사람들도 모두 끝까지 남김없이 탐구할 수 없는데 하물며 그보다 못한 사람들이야 어떻겠느냐고 나는 생각한다. 교수할 때는 먼저 사고에 소장한 책[17]과 궁중에 소장된 책이

16 「서교 상」의 주3을 보라.

17 청나라 건륭 38년에 남은 책을 찾으라는 명령을 내렸다. 안휘 학정 주균의 상주문은 이렇게 말한다. "『영락대전』 안에는 고대 서적이 많은데 세상 사람들이 미처 보지 못한 것입니다. 나눠서 바로잡고 다시 고쳐 베낀 뒤 목록에 기록하는 일에 대비할 것을 요청합니다." 대학사 우민중은 상주문을 올리고 황제의 허락을 얻어 사고전서관(四庫全書館)을 열었다. 기윤과 육석웅(陸錫熊)이 총찬관(總纂官)이 되고 육비지(陸費墀)가 총교관(總校官)이 되었다. 당시 사고전서관의 사업에 참여한 사람은 약 삼백여 명인데 예를 들어 교감영락대전찬수관(校勘永樂大典纂修官)에는 대진이나 소진함이 있었고 교판각성유서찬수관(校辦各省遺書纂修官)에는 요내나 주균이 있었으며 전례분교관(篆隷分校官)에는 왕념손이 있고 총목협감관(總目協勘官)에는 임대춘이 있었으니 모두 중국 안에서 대단한 학문을 쌓은 선비들이다. 기윤이 편찬 기구[書局]를 맡아 십여 년을 거치면서 책을 하나하나 바칠 때마다 바로 제요를 지어 첫머리에 두었다. 건륭 47년 사고전서가 완성되어 몽땅 헤아리니, 책을 보존한 것[存書]이 삼천사백쉰일곱 부(部), 칠만구천일흔 권이고 목록에만 보존한 것[存目]이 육천칠백예순여섯 부, 구만삼천오백쉰여섯 권이다. 일곱 벌을 나누어 베끼고 일곱 채의 건물[七閣]을 지어 갈무리해 두었다. 문연각은 문화전(文華殿) 뒤에 있고 문원각(文源閣)은 원명원(圓明園)에 있으며 문진각은 열하(熱河)의 피서산장(避暑山莊)에 있고

나 바깥에서 소장한 책을 남김없이 취해서 그중에서 인명과 지명, 벼슬아치의 등급과 도서 목록 따위의 연구할 만한 모든 이름이나 헤아릴 수 있는 숫자를 선택한다. 그리고 『패문운부』의 범례를 대략 본떠[18] 모두 운자에 따라 편집해서 해당하는 운자 다음에 놓고 원서의 출처 및 앞뒤의 글 순서를 주에서 밝혀서 한 번 나타나고 두 번 나타나다가 수백 번, 수천 번 나타나도록 모두 상세하게 주를 달아서 그것을 교수하는 관청에 소장해 모든 책의 총류(總類)로 만들어야 한다고 생각한다. 책을 교정하면서 어쩌다가 비슷하다고 의심스러운 곳이 있을 때 이름을 근거로 편집한 운자를 찾고 운자를 근거로 본래 책을 검색해서 뒤섞인 것을 비교해서 헤아리면 바로 지극히 옳은 것을 얻을 수 있다. 이렇게 하면 아는 것이 넓고 깊은 유학자가 죽을 때까지 평생의 힘을 쏟아 부어도 남김없이 탐구할 수 없는 것을 오늘날에는 중간 정도의 재능을 가진 사람이 교감해도 편안하게 앉은자리에서 거둬들이게 될 테니 교수의 좋은 방법이 아니겠는가?

이상은 일곱 번째의 세 번째이다.

문소각(文溯閣)은 봉천(奉天)의 행궁(行宮)에 있는데 이것이 황제 궁궐 안에 있는 네 곳의 도서관[內廷四閣]이다. 또한 강소와 절강은 인물과 문물이 모이는 곳이기 때문에 특별히 양주의 대관당(大觀堂)에 문회각(文匯閣)을 짓고 진강의 금산사(金山寺)에 문종각(文宗閣)을 지었으며 항주의 성인사(聖因寺)에 문란각(文瀾閣)을 지었는데 이것이 강소와 절강에 있는 세 곳의 도서관[江浙三閣]이다. 이것이 청나라 때 사고전서의 소장 상황이다.

18 『사고간명목록』 "유서류"는 이러하다. "『패문운부』(佩文韻府) 사백마흔세 권은 강희 60년 황제의 명령을 받들어 지었다. 『운부군옥』(韻府群玉)과 『오거운서』(五車韻瑞)가 이미 수록한 것을 앞에 열거하고 전적을 널리 거두며, 미처 갖추지 못한 것을 보충해 뒤에 열거하고 아울러 경부, 사부, 자부, 집부 순서로 편집했다. 그러나 예전에 있었던 것은 열에 두셋도 되지 않고 새로 증가한 것이 열에 일고여덟도 넘는다. 『운해경원』(韻海鏡源) 이래로 이처럼 시와 글[詞林]을 한데 아우른 책이 있었던 적은 없다."

7.4

옛사람이 교수할 때는 책에 그릇되거나 잘못된 것이 있으면 글을 고쳐 정한 뒤 꼭 그 다음에 원문을 주로 달았다. 두 가지 이야기가 다 통할 수 있다면 역시 두 가지 이야기를 모두 보존했다. 글의 순서를 삭제한 것도 역시 뺀 제목을 꼭 보존해서 후세인이 채택할 때 대비했지 자기가 꼭 옳다고 마음대로 하지 않았다. 반고는 유흠의 『칠략』을 합치거나 생략할 때 결국 목록에 기록하면서 서로 나타나도록 하는 방법이 후세에 전해지지 않도록 만들었다. 그래도 다행히 합치거나 생략한 이야기를 본문 다음에 주석으로 달았기 때문에 오늘날 좇아서 비교해 바로잡을 수 있을 것 같다. 예전에 그런 범례를 스스로 쓰면서 유흠의 원문을 돌아보지 않았는데 오늘날 비록 유흠의 오래된 방법을 되돌리고자 해도 그럴 수 없다.

이상은 일곱 번째의 네 번째이다.

7.5

『칠략』은 "병서략", "방기략", "수술략"을 삼부작으로 하여 "제자략" 이외에 열거했다. 제자백가는 주장을 세워 도를 밝혔고 병서, 방기, 수술은 모두 법도를 지켜 기술[藝]을 전했는데 허튼 이치와 실제 일의 의례는 분야가 다르기 때문이다. 사부 분류법에 오면서 이들은 모두 자부[子類]에 열거했다. 남송 때 정인(鄭寅)의 『칠록』(七錄)[19]은 오히려 「예」(藝)와 「방기」를 세 분야로 만들었는데 아마 『칠략』이 남긴 방법일 테다. 그래서 그 책을 자부에 열거하는 것은 괜찮다. 책을 교정하는 사람은 제자백가와 같은 사업을 해서는 안 된다. 태사령[太史] 윤함이 수술을 교정하고 시의 이주국이 방기를 교정하며 보병 교위(步兵校尉) 임굉이 병서를 교정한 범례처럼[20] 반드시 전문가로 유명한 사람들을 취해야 폐단을 없앨 수 있다. 그렇지 않으면 문학을 전공하는 선비는 그것을 다만 문자와 언어에서만 구할 것이고 학술과 학업을 그르치는 일은 어쩌면 그것 때문에 누를 끼치게 될 것이다.

이상은 일곱 번째의 다섯 번째이다.

---

19 『직재서록해제』「목록류」는 이러하다. "『정씨서목』(鄭氏書目) 일곱 권은 보전(莆田) 출신인 자경 정인[鄭寅子敬]이 소장하고 있는 책을 일곱 가지 「녹」[七錄]으로 지었다. 일곱 가지 「녹」은 「경록」[經], 「사록」[史], 「자록」[子], 「예록」[藝], 「방기록」[方技], 「문록」[文], 「유록」[類]이다. 정인은 지추밀원(知樞密院) 벼슬을 지낸 정교[僑]의 아들인데 사물을 널리 알아서 잘 기억하고 전고를 많이 알았기 때문에 단평 연간 초에 도사(都司)로 부름을 받아 법을 집행하는 데 올바름을 지키고 장주(漳州) 지주가 되어 나갔다가 죽었다." 그래서 「예문」과 「방기문」[藝方技]은 다른 분야가 되었다.

20 「서교 상」의 주14를 보라.

여덟 번째 저록잔일(著錄殘逸)

목록에 기록하는 모든 책은 당시 흘리고 수록하지 않는 것도 있고 목록에 기록할 때 모자라거나 잃어버려 온전하지 않은 것도 있다. 『한서』 「예문지」의 주 가운데 권의 순서와 등록한 제목이 「예문지」 자체와 부합하지 않는 것이 있다. 안사고는 이미 "세월이 오래되어 상세하게 알 길이 없다"고 말했다.[1] 오늘날 소하의 율령, 숙손통의 조의, 장패의 『상서』, 윤갱시의 『춘추』 같은 부류를 보니 모두 「본기」와 「열전」에 뚜렷이 드러나 있어 「예문지」 자체에 거두지 않았다.[2] 이것은 당시 흘리고 수록

---

1 『한서』 「예문지」는 이러하다. "이제 요점을 편집해서 문헌[篇籍]을 갖춘다." 안사고 주는 이러하다. "「예문지」의 「약」마다 세세하게 나눈 것, 학파 및 글의 숫자에 줄거리와 다른 것이 있는 까닭은 옮겨서 적을 때 빼먹거나 잘못된 것이 있고 연대가 오래된 것이기 때문에 상세하게 알 도리가 없다."

2 『한서』 「형법지」는 이러하다. "한나라가 일어나고 고조가 처음 관중에 들어왔을 때, 약법삼장(約法三章)은 이렇게 말한다. '남을 죽인 사람은 사형, 남을 다치게 하거나 도둑질한 사람은 죄의 경중에 따라 알맞게 벌준다.' 번거롭고 까다로운 것을 덜어주거나 면제하자 모든 백성이 크게 기뻐했다. 그 뒤 이민족[四夷]이 미처 한나라에 붙

하지 않은 것이 아니라 틀림없이 「예문지」 자체에 모자라거나 잃어버려 온전하지 않은 것이 있었기 때문이다.[3] 『구당서』 「경적지」의 집부에는

지 않고 전쟁이 아직 끝나지 않았기 때문에 약법삼장[三章之法]은 간사한 것을 막기 충분하지 않았다. 그래서 상국 소하가 진나라 법을 거두고 시의적절한 것을 취해 『구장률』[律九章]을 만들었다." 또한 「예악지」는 이러하다. "율령은 이관(理官)에게 기록하여 소장한다." 『진서』 「형법지」는 이러하다. "위나라 문후는 이회를 스승으로 삼아 『법경』 여섯 편을 지었고 상앙[商君]이 그것을 전수받아 진나라 재상이 되었다. 한나라가 진나라 제도를 잇고 소하가 법률을 정하면서 「사율」(事律), 「흥율」[興], 「구율」과 「호율」[廐戶] 세 편을 더해 모두 아홉 편이다. 숙손통은 법률이 미치지 못하는 『방장』(傍章) 열여덟 편을 더했다. 장탕 『월관률』(越官律) 스물일곱 편과 조우(趙禹) 『조율』(朝律) 여섯 편까지 합쳐서 예순 편이다." 『한서』 「숙손통전」은 이러하다. "혜제[孝惠]가 즉위하면서 숙손통을 봉상으로 옮기고 묘의법(廟儀法)을 정하자 한나라의 여러 가지 의법이 약간 정해지는 상태가 되었다." 『후한서』 「조포전」은 이러하다. "소황문(小黃門)에게 반고가 바친 숙손통의 『한의』 열세 편을 가지고 있으라고 시켰다." 『주례』 「능인」(淩人)의 소는 이러하다. "예기(禮器)에 대한 제도는 숙손통이 서한[前漢] 때 만들었다." 『한서』 「유림전」은 이러하다. "세상에 전해지는 『상서』 백두 편[百兩篇]은 동래 출신 장패에게서 나왔는데 모두 스물아홉 편을 나누고 쪼개 수십 편을 만들고 또한 『춘추좌전』[左氏傳]과 『서서』(書敍)를 골라서 처음과 끝을 맞췄는데 모두 백두 편이다." 또한 이러하다. "하구(瑕丘) 출신 강공(江公)은 『춘추곡량전』[穀梁春秋] 및 『시』를 노나라 신공에게서 전수받았다. 무제 때 공양학[公羊]이 크게 일어나자 곡량학[穀梁]은 가라앉아 드러나지 않게 되고 오로지 노나라 영광(榮廣)과 호성공(皓星公) 두 사람만 전수받았을 뿐이다. 패 출신 채천추(蔡千秋)는 영광을 따라 전수받고 또 호성공도 섬겼기 때문에 학을 하는 태도가 가장 도타웠다. 여남 출신 윤갱시와 옹군(翁君)은 채천추를 섬겼다. 감로 원년 궁중에서 크게 논의하면서 공양학과 곡량학의 동일성과 차이를 정리할 당시, 공양학을 배운 박사 엄팽조와 곡량학을 배운 의랑 윤갱시 등 열한 사람이 서른 가지 남짓한 사실을 논의했는데 곡량학을 따른 사람이 많았다. 이때부터 곡량학이 크게 성행했다. 윤갱시는 또한 『춘추좌전』[左氏傳]도 전수받았는데 변화가 이치에 맞는 것을 취해서 장구를 지었다." 『경전석문』 「서록」은 이러하다. "한나라 윤갱시 『곡량장구』(穀梁章句)는 열다섯 권이다." 주수창(周壽昌)은 이렇게 말한다. "『춘추』 「은공 9년」은 '협(俠)이 죽었다'고 한다. 『춘추곡량전』은 이렇게 말한다. '협은 소협(所俠)이다.' 공영달[孔氏]의 소는 이렇게 말한다. '서막은 윤갱시를 인용하여 소(所)가 협의 성씨[氏]라고 한다.' 그래서 윤갱시의 책이 진나라 때까지 여전히 보존되었는데 반고는 미처 기록하지 못했다."

역주_ 주에 등장하는 법률 이름은 책에 기록된 형태이지만 중화서국 표점본은 책 표시를 하지 않았다. 여기 책 표시를 한 사람은 옮긴이이다.

3 요진종 『한서예문지조리』는 이러하다. "나는 이렇게 생각한다. 『한서』 「예문지」가 수록하지 않은 책 가운데 전기에 나타나서 헤아릴 수 있는 것이 삼백여 부나 된다. 내가 이미 『한서예문지습보』[拾補] 여섯 권을 따로 모아두었으니 상세한 것은 『한

한유, 유종원, 이고, 손초(孫樵)의 글이 없고[4] 또한 두보, 이백, 왕유, 백거이의 시도 없다.[5] 이것도 역시 당시 흘리고 수록하지 않은 것이 아니라 틀림없이 「경적지」 자체에 모자라거나 잃어버려 온전하지 않은 것이 있었기 때문이다. 교수하는 사람[校讎家]이 마땅히 재적을 하나하나 헤아려야 하는 까닭은 「예문지」의 간략함을 보충해야 하기 때문이다.

서예문지습보』에서 보라."

4 『신당서』 「예문지」 "별집류"는 이러하다. "『한유집』(韓愈集)은 마흔 권이다. 『유종원집』(柳宗元集)은 서른 권이다. 『이고집』(李翶集)은 열 권이다. 손초(孫樵) 『경위집』(經緯集)은 세 권이다." 그러나 『구당서』 「경적지」에는 수록되지 않았다. 한유는 「박약 상」의 주13을 보라. 유종원은 「위장길보사마찬대명현지서」의 주32를 보라. 이고는 「화주지 전부서 서례」의 주14를 보라. 손초는 자가 가지(可之)이며 다른 자가 은지(隱之)이다. 광명 연간 초에 황소가 장안을 공격하자 희종(僖宗)은 봉상(鳳翔)으로 갔다. 손초는 피난지[行在]에 와서 직방 원외랑(職方員外郎)에 제수되었고 황제의 명령서는 그에게 양웅과 사마상여 같은 문장이 있다고 칭찬했다.

5 『신당서』 「예문지」 "별집류"는 이러하다. "『이백초당집』(李白草堂集)은 스무 권이다. 『두보집』(杜甫集)은 예순 권이다. 『왕유집』(王維集)은 열 권이다. 『백씨장경집』은 일흔 권이다." 그러나 『구당서』 「경적지」는 수록하지 않았다. 이백과 두보는 「고문십폐」의 주41을 보라. 왕유는 자가 마힐(摩詰)이고 하동 출신이다. 개원 9년에 진사가 되었고 우습유 감찰어사와 좌보궐(左補闕)을 역임했다. 천보 연간 말에 급사중이 되었다. 안녹산이 장안[西京]을 함락하자 현종은 궁을 나와 피난했는데 왕유가 임금을 모시고 좇으려 했으나 미처 그러지 못했다. 안녹산 군대[賊]에게 잡혀서 낙양으로 모셔졌고 억지로 안녹산의 벼슬[僞署]을 받았다. 안녹산이 응벽지(凝碧池)에서 큰 잔치를 베풀 때 이원(梨園)의 여러 악공을 남김없이 불러와 음악을 연주하라고 시켰다. 왕유는 이 소식을 듣고 시를 지어 슬퍼했다. 안녹산의 난이 평정되자 옥에 갇히게 되었는데, 어떤 사람이 그때 지은 시를 알리자 숙종이 그를 가엾게 여겨서 태자중윤에 제수했다. 여러 관직을 역임하고 급사중으로 옮겼다가 상서우승으로 바뀠다. 늘그막에 송지문(宋之問)의 남전(藍田) 별장을 얻고 망구(輞口)에 있을 때 배적(裴迪)과 배를 띄워 오가면서 거문고를 뜯고 시를 읊으면서 종일 노래하곤 했다. 전원생활을 하면서 지은 시를 모은 적이 있는데 『망천집』(輞川集)이라고 불렀다. 건원 2년 칠월에 죽었다.(『구당서』 권190 「문원전 하」) 백거이는 「경해 하」의 주12를 보라.

아홉 번째 장서(藏書)

공자가 주나라 왕실에 자신의 글을 소장시키려 했다. 자로는 주나라 왕실에서 책을 지키고 소장하는 벼슬아치 노담과 일을 꾀할 만하다고 생각했다.[1] 이 이야기는 비록 『장자』에서 나왔지만 책을 소장하는 방법은 고대부터 있었다. 사마천은 석실과 금궤의 책을 뽑아 『사기』 백서른 편을 완성한 뒤 "그것을 명산에 숨기고 부본은 서울에 두었다"고 말했다.[2] 그러면 책을 소장하는 일은 고대부터 이미 있었고 불교와 도교[佛老]

1 「경해 상」의 주23을 보라.

2 『사기』 「태사공자서」는 이러하다. "열두 편의 「본기」, 열 편의 「표」, 여덟 편의 「서」, 서른 편의 「세가」, 일흔 편의 「열전」을 지어 모두 백서른 편, 오십이만육천오백 자이다. 『태사공서』의 서략(序略)을 지어서 남겨진 것을 모으고 육예[藝]를 보충했다. 일가의 주장을 이뤄 육경이 각각 달리 전수된 것을 남김없이 맞추고 제자백가의 잡스러운 말을 고루 정리했다. 명산에 숨기고 부본은 서울에 두었다가 후세의 성인과 군자를 기다린다." 『사기색은』은 이러하다. "정본은 서부(書府)에 소장하고 부본은 서울에 남긴다는 말이다. 『목천자전』은 이러하다. '천자가 북쪽으로 원정을 떠났다가 군옥산[群玉之山]에 이르렀다. 황하는 평평하고 험하지 않으며 사방이 먹줄을 팅

만 이른바 대장경[佛藏]이니 도장(道藏)을 가지고 있는 것이 아니다.[3] 정초는 성명(性命)에 대한 책이 자주 도장에서 나오고 소설책이 자주 대장경[釋藏]에서 나온다고 한다.[4] 유교의 책은 흩어지고 잃어버려 학자들조차 이미 오랫동안 전승을 잃어버린 지경이지만 그것을 도리어 불교와 도교[二氏]에서 얻을 수 있는 것은 불교와 도교에 장서가 있고 그것을 영구히 보관하기 때문이다. 도장은 반드시 도교 사원[洞天]에 있고[5] 대장경은 반드시 절[叢刹]에 있다.[6] 그러면 이산(尼山)과 사수 사이에서[7] 우혈에 갈무리한 오래된 전적을 꾀하는 사람이 있다면[8] 도리어 궁중에 소장된 비서가 미치지 못하는 것을 보충할 수도 있으리라!

긴 듯 반듯하니 선왕이 말한 책부(策府)이다.' 곽박은 이렇게 말한다. '고대의 제왕이 문서를 소장하는 곳[藏策之府]이다.' 여기서 명산에 숨긴다는 말은 이것이다."

3 도교 경전[道藏]은 정통 연간과 만력 연간의 두 가지 판각본이 있는데 수록한 책에는 고대 제자백가의 책[子書]이 많다. 비록 명나라 때 판각했지만 사실은 송나라에 근원을 두고 있다. 그러므로 청나라 건륭 연간이나 가경 연간의 학자들 가운데는 그것에 의거하여 내용이 통속적인 책[俗本]을 비교해서 바로잡은 사람이 많았다. 불교 경전[佛藏]은 경(經), 율(律), 논(論)이 각각 하나이기 때문에 삼장(三藏)이라고 한다. 송나라, 원나라, 명나라 모두 판각본이 있고 엄청나게 엮은 거대한 분량이며 찾아 모은 것이 상세하게 갖춰져 있다.

4 「세 번째 호저」의 주19를 보라. 나는 이렇게 생각한다. 소설을 『통지』 「교수략」은 소학이라고 했기 때문에 「호저」의 인용은 잘못되지 않았다.

5 「수지십의」의 주17을 보라.

6 『문선』 왕좌(王屮) 『두타사비』(頭陀寺碑)는 이러하다. "열찰(列刹)이 서로 바라보네." 주는 이러하다. "열찰은 탑[佛塔]이다." 당나라 이후에는 절[寺]을 뭉뚱그려 찰(刹)이라고 부른다. 총찰(叢刹)은 총림(叢林)이다. 『조정사원』(祖庭事苑)은 이러하다. "비유하자면 큰 나무들이 빽빽하게 들어선[叢叢] 것 같기 때문에 스님들이 모이는 곳을 총림이라 한다."

7 이산(尼山)은 산동성 곡부현 동남쪽 육십 리에 있다. 사수는 「영청현지 수도도 서례」의 주9를 보라.

8 「기여대동원논수지」의 주14를 보라.

교수통의(校讎通義)

권 2

열 번째 보교한예문지(補校漢藝文志)

열한 번째 정초오교한지(鄭樵誤校漢志)

열두 번째 초횡오교한지(焦竑誤校漢志)

열 번째 보교한예문지(補校漢藝文志)

10.1

교수에 관한 정초의 여러 가지 논의는 『한서』 「예문지」에 비해 더욱 꼼꼼하지 못하고 간단하다. 아마 정초는 반고의 학업을 취하지 않았기 때문일 것이다. 그러나 정초가 반고와 유흠의 차이를 역시 깊이 헤아린 적도 없으면서 반고가 양웅을 하나의 학파로 이어서 넣고 비슷한 부류를 나누지 않은 것만 나무랐을 뿐이다.[1] 유흠이 남긴 방법을 정초는 본디 토론한 적이 없다. 그러나 반고의 성공과 실패를 정초가 논한 것도 역시 공평하지 못하다. 유흠의 『칠략』과 반고의 『한서』 「예문지」는 오랜 세월 동안 목록에 기록하는 일의 근원이었지만 정초가 지은 「교수

---

1 뒤의 「열한 번째 정초오교한지」의 주1을 보라.

략」은 이처럼 마음에 들지 않고 데면데면함을 피하지 못한다. 아마 처음 만든 사람은 업적을 이루기 어렵기 때문이리라. 만약 여러 사람이 목록에 기록한 것을 비교해서 바로잡고자 하면 본래 유흠의 『칠략』과 반고의 『한서』「예문지」를 시초로 삼아야만 한다.[2]

이상은 열 번째의 첫 번째이다.

10.2

정초는 소하의 율령과 장창의 장정을 유흠의 『칠략』과 반고의 『한서』「예문지」가 거두지 않은 것은 유흠과 반고의 잘못이라고 생각했다.[3] 이것은 유흠의 잘못이지 반고의 잘못이 아니다. 유향은 책을 교정할 때 "육예략", "제자략", "시부략" 세 가지를 자기가 거느렸다. 이것은 아마 궁중에 소장된 비서에서 나왔을 것이다. "병서략", "수술략", "방기략"은 모두 전문적인 관직에게 나누어 거느리게 했다.[4] "병서략", "수술략",

---

2 「경해 중」의 주13을 보라.

3 『통지』「교수략」 "망서출어후세론"(亡書出於後世論)은 이러하다. "고대의 서적 가운데는 당시 나오지 않고 후대에 나온 것이 있다. 나는 이렇게 생각한다. 소하 『율령』과 장창 『장정』은 한나라의 위대한 법전[大典]이다. 유흠 『칠략』과 반고 『한서』「예문지」는 전부 수록하지 않았다. 나는 이렇게 생각한다. 진나라 때의 고사(故事)는 다름 아니라 한나라 때의 장정(章程)이다. 『한조박의』(漢朝駁議) 서른 권, 『한명신주의』(漢名臣奏議) 서른 권은 모두 장정에 관한 책이고 수나라나 당나라 때까지도 여전히 있었는데 어찌 한나라 때 빠졌겠는가? 형통(刑統)의 책은 소하 『율령』에 뿌리를 두고 대대로 내용을 보태고 고쳤기 때문에 전고[故典]를 잃지 않았는데 어찌 당시에 빠트렸겠는가? 하물며 병가라는 부류에도 임굉이 엮은 한신 「군법」 세 편과 「광무」(廣武) 한 편이 있는데, 한신 「군법」은 여전히 있는 판에 소하 『율령』이나 장창 『장정』이 없겠는가? 이것은 유흠과 반고의 잘못이다."

4 「서교 상」의 주14를 보라.

"방기략" 삼부작은 궁중에 소장된 비서에서 남김없이 나온 것이 아니고 각각 전문적인 관직이 맡아서 지키는 책을 각각 보존하고 있었기 때문에 유흠이 분류하고 기록할 이유가 없었다. 오로지 신불해와 한비자의 주장을 "제자략"에 편집하고 『동중서치옥』[仲舒治獄]을 『춘추』에 붙였다.[5] 율령이 법률을 맡은 벼슬아치[理官]에게 소장되어 있고 장정이 장고에게 보존되어 있다는 것을 모른 바람에[6] 당시 전문적인 관직이 맡아서 지키는 것에 책임을 지워 글의 순서를 교정하도록 하지 않았다. 이것은 『칠략』의 유감이다. 반고는 유흠의 『칠략』이 남긴 방법을 삼가 지키고 그저 유흠 뒤에 나온 사람이라서 간간이 한두 가지만 보충해서 엮었다.[7] 나머지 유흠이 기록하지 않은 것이 동한 때 남김없이 꼭 보존되란 법도 없는데 『한서』「예문지」가 잃어버리고 수록하지 않은 것을 어찌 헐뜯을 수 있겠는가?

이상은 열 번째의 두 번째이다.

---

5 『한서』「예문지」 "제자략" '법가'는 『신자』 여섯 편, 『한자』 쉰다섯 편이라 기록하고 있다. "육예략" '춘추류'는 『동중서치옥』(董仲舒治獄) 열여섯 편이라 기록하고 있다.

6 『한서』「예문지」는 이러하다. "법가라는 유파는 아마 이관에서 나왔을 것이다." 『예기』「월령」의 주는 이러하다. "이(理)는 옥사를 다스리는 벼슬아치이다." 『한서』「유흠전」은 이러하다. "문제[孝文皇帝] 때 이르러 비로소 장고 조조(朝錯)에게 복생을 따라 『상서』를 전수받도록 시켰다." 『한서주』는 이기(李奇)를 인용하여 이렇게 말한다. "장고는 벼슬 이름이다."

7 『한서』「예문지」 "육예략"은 '상서류'에 유향 『계의』(稽疑) 한 편을 넣고 '소학류'에 양웅 『창힐훈찬』(倉頡訓纂) 한 편과 두림 『창힐훈찬』 한 편을 넣었다. "제자략" '유가'에 『양웅소서』(揚雄所序) 서른여덟 편을 넣고 "시부략"에 『양웅부』(揚雄賦) 여덟 편을 넣었다.

10.3

『한서』「예문지」가 학술의 원류를 가장 중요하게 생각하는 것은 사마천의 「서전」(敍傳) 및 『장자』「천하」 편, 『순자』「비십이자」[非十子]의 의도에서 얻은 것이 있는 듯하다.[8](『한시외전』은 『순자』「비십자」라고 인용하고 있는데 자사와 맹자의 글을 나무라는 일이 결코 없다)[9] 이렇게 서술하고 목록에 기록하는 일은 그래서 도를 밝히는 요점과 관련되지만 후세에 등록한 제목만 헤아리는 사람이 도달할 수 있는 것은 아니다. 그러나 방법을 세워서 처음으로 만드는 것이 엉성함을 피하지 못하는 것도 역시 추세일 뿐이다. 만약 『봉선군사』(封禪群祀)를 '예류'[禮經]에 넣고 『태사공서』를 '춘추류'에 넣은 것을[10] 의주나 정사 같은 전문 분야를 후세에 따로 세운 것과 비교한다면 근본을 알만 하다. 시부는 글의 분량이 대단히 많지만 '시류'[詩]에 넣지 않고 따로 "시부략"을 만들었다. 그래서 범례를 서술할 때 까닭을 깨달아 밝힌 것이 여전히 적은 것도 역시 흠이다.[11] "제자략"

---

8 「태사공자서」의 「논육가요지」[論六家]는 「원도 중」의 주39를 보라. 『장자』「천하」와 『순자』「비십이자」는 「영청현지 전지열전 서례」의 주3을 보라.

9 한영은 「언공 상」의 주61을 보라. 나는 이렇게 생각한다. 『동숙독서기』 12는 이러하다. "『순자』「비십이자」는 사실 자사와 맹자만 전문적으로 공격한다. 황진[黃東發]은 이렇게 말한다. '자사와 맹자 두 선생님을 물리치고 없애서 스스로 공자의 전승을 잇고자 했다.'(『일초』 권55) 그러므로 『순자』「비십이자」는 타효와 위모이고 진중과 사추이며 묵적과 송견이고 신도와 전병이며 혜시와 등석인데, 자사와 맹자에 대해서만 자사와 맹가의 죄라고 말한 것이다." 자주는 이렇게 말한다. "『한시외전』은 「비십이자」 편을 취하지만 자사와 맹자를 나무라는 말은 삭제했다. 『곤학기문』은 드디어 '자사와 맹자를 나무라는 것은 한비자나 이사의 무리이고 자기 스승의 설에 가탁하여 성인과 현인을 헐뜯었다'라고 말하게 되었다. 이것은 순자를 덮고 지켜주는 것일 뿐이다." 그러면 열 명이라고 말한 『한시외전』은 의도를 가지고 그것을 삭제한 셈이 되는데, 꼭 근거할 수 없다.

10 「영청현지 문징 서례」의 주49를 보라.

11 완효서 『칠록』「서목」은 이러하다. "『칠략』「시부략」이 「육예략」의 『시』 목록을 따르지 않은 까닭은 아마 「시부략」의 책이 이미 많아서 따로 「약」을 지었기 때문일 것이다." 나머지는 「열다섯 번째 한지시부」의 주2를 보라.

이 옛사람의 관직이 지킨 근본을 헤아린 것은 마땅한 일이다. "육예략"은 각각 전문적인 관직이 있지만[12] 함께 깨달아 밝히지 않았는데 어찌 박사의 학업이 그르친 것이라고 하겠는가?[13]

이상은 열 번째의 세 번째이다.

10.4

형체를 이루기 이전을 도라고 하며 형체를 이룬 뒤를 기라고 한다. 좋은 것과 법을 갖춰서 올리고[14](좋기만 하거나 법이기만 한 것은 모두 한쪽에 치우친 것이다)[15] 내력을 아울러 갖추면 분류와 순서가 계속 이어져 질서와 줄기가 생긴다.[16] 책을 찾는 사람이 기를 근거로 도를 밝히고 치우친 것을 모아서 온전함을 얻도록 만든다면[17] 임굉이 병서를 교정한 일이나 이주

---

12 「원도」는 이러하다. "『주관』의 태복이 『주역』을 관장하고 『서』는 외사가 관장하며 『예』는 종백에게서 기원했고 음악은 사성이 관장하며 『시』는 태사가 거느리고 『춘추』는 국사가 기록한 것이다." 그래서 육예에는 각각 전문적인 벼슬아치가 있다.

13 『한서』 「백관공경표」는 이러하다. "박사는 진나라 관직인데 고금에 통달하는 일을 관장한다. 녹봉은 육백 석 대우이다." 또한 「유림전」은 이러하다. "무제가 오경박사를 세우고 제자원을 두었으며 과목을 설치하고 사책을 내려 관직과 녹봉으로 권유한 때부터 원시 연간까지 백여 년 남짓 학업을 전한 사람이 점차 많아지고 덜 중요한 것도 새끼를 쳐서 늘어나게 되었다. 한 가지 경에 대한 설이 백여만 단어에 이르고 큰 경사 한 명에게 모인 사람이 천여 명에 이른 까닭은 이것이 아마 이익과 녹봉의 길이기 때문일 것이다."

14 『주역』 「계사전 상」을 보라.

15 『맹자』 「이루 상」은 이러하다. "그저 좋기만 해서는 정사를 하기에 충분하지 않고 그저 법만 따져서는 스스로 시행할 수 없다."

16 『시』 「소아」 "정월"은 이러하다. "이런 말을 부르짖으니 도에 맞고 이치에 닿네." 「전」은 이러하다. "윤(倫)은 도(道)이다. 척(脊)은 이(理)이다."

17 장학성이 학을 논하는 요지는 기를 근거로 도를 밝히고 학은 사실을 떠나지 않는다는 것이다. 치우친 것을 모아서 온전한 것을 얻으면 학업은 꼭 전문성과 정밀함을

국이 방기를 교정한 일과 거의 비슷해질 것이다. 나머지 네 가지 「약」은 옳다고 칭찬할 수 없다. 그러므로 유흠의 『칠략』이나 반고의 『한서』 「예문지」는 남에게 핑계거리를 줄 수밖에 없다.[18] "병서략"에 있는 손자나 오기의 여러 가지 책과 "방기략"에 있는 궁중 안팎의 여러 가지 의학서는[19] 다름 아니라 "제자략"에 있는 어떤 학파의 주장과 같으니 이른바 형체를 이루기 이전의 도이다. "병서략"에 있는 '병형세가', '병음양가', '병기교가' 세 조목[20]과 "방기략"에 있는 '경방가', '방중가', '신선가' 세

소중하게 여기게 되고 도는 꼭 온전한 분량에 도달한다.

18 『상서』 「중훼지고」는 이러하다. "후세에 나를 구실로 삼을까 나는 두렵다." 『통지』 「교수략」 "편서불명분류론"(編書不明分類論)은 이러하다. "『칠략』에서 오로지 「병가략」[兵家一略]만 임굉이 교정한 것인데 "권모가"[權謀], "형세가"[形勢], "음양가"[陰陽], "기교가"[技巧] 네 가지로 나눴다. 또 「도」 마흔세 권이 있어서 책과 참조하게 했다. 종류대로 나눈 범례만 살펴보아도 병가[兵]를 알 수 있는데 하물며 그 책을 보겠는가! 그 다음은 윤함이 수술을 교정하고 이주국이 방기를 교정한 것도 역시 조리가 있다. 오로지 유향과 유흠 부자가 교정한 경전과 여러 가지 시부만 쓸데없이 뒤섞어서 명확하지 않은 까닭은 말[語言]은 남김없이 채록했지만 도보를 보존하지 않았기 때문이다. 유흠은 장구의 유학자이기 때문에 마음속에 원래 제대로 된 종류가 없는데도 반고는 그런 잘못을 몰랐다. 그래서 후세에 없어진 책은 많아도 학자들은 유파를 모른다." 요진종 『한서예문지조리』는 이러하다. "나는 이렇게 생각한다. 여기서 쓸데없이 뒤섞어서 명백하지 않다고 생각하는 것은 정신을 온통 쏟아 세밀하게 읽으려고 하지 않기 때문이다. 또한 "육예략"과 "제자략"이 도보를 보존하지 않은 것도 아니다. 분명하게 드러나는 것에는 『역』을 연구하는 사람에게 『신수도』(神輸圖) 한 편이 있고 『논어』를 연구하는 사람에게 『공자도인도법』(孔子徒人圖法) 두 권이 있으며 '유가'에 『열녀전송도』가 있는 것 같다. 또한 예를 연구하는 사람의 명당음양에 있는 『명당도』(明堂圖)와 『명당대도』(明堂大圖)는 『수서』 「우홍전」을 보라. '도가'의 『이윤』이라는 책에는 『주도』(主圖)가 있어서 그 형태를 그렸다. 『칠략』과 『별록』을 보면 도보 같은 부류가 아니겠는가?"

19 『한서』 「예문지」 "병서략" '병권모가'[兵權謀]에는 『오손자병법』 여든두 편, 『제손자』(齊孫子) 여든아홉 편, 『오기』 마흔여덟 편이 있다. "방기략"의 '의경류'는 『황제내경』 열여덟 권, 『황제외경』[外經] 서른일곱 권, 『편작내경』(扁鵲內經) 아홉 권, 『편작외경』[外經] 열두 권, 『백씨내경』(白氏內經) 서른여덟 권, 『백씨외경』[外經] 서른여섯 권, 『백씨방경』[旁經] 스물다섯 권을 수록하고 있다.

20 『한서』 「예문지」 "병서략"은 '병형세가' 열한 사람[兵形勢十一家], '병음양가' 열여섯 사람[兵陰陽十六家], '병기교가' 열세 사람을 목록에 기록하고 있다. "방기략"은 '경방류' 열한 가지, '방중류'[房中] 여덟 가지, '신선류'[神僊] 열 가지를 목록에 기록하고 있다.

조목[21]은 모두 방법[法術]이나 명물과 도수[名數]를 적은 것이기 때문에 이른바 형체를 이룬 뒤의 기이다. 임굉과 이주국 두 사람은 앞뒤 순서에 따라 분류하고 편집해서 근본 바탕과 쓰임새가 있다. 그래서 그들의 학을 모르는 사람들도 그들이 분류해서 기록한 것을 보면 역시 명백하게 거느리는 요점을 살필 수 있게 해준다. 이것이 전문적인 관직이 책을 지킨 명확한 효과이다. 부류를 채워서 찾는다면 후세의 의주는 '예류'[禮經]에 붙여서 분류하고 순서를 매겨야만 하고 『사기』는 '춘추류'에 붙여서 분류하고 순서를 매겨야만 한다. 설령 분량이 대단히 많기 때문에 분야를 따로 내더라도 역시 서례를 뚜렷하게 밝혀야만 학을 이은 선비가 원류를 헤아릴 수 있게 만들어 거의 유감이 없게 된다. 그러나 유흠과 반고가 이어서 쓴 것이 정밀하지 못했고 후세의 목록에 기록하는 일도 그런 의도를 탐색한 적이 없다. 이것은 분류해서 기록하는 일이 어긋나는 경우가 많은 까닭이다.

이상은 열 번째의 네 번째이다.

10.5

어떤 사람이 이렇게 물었다. "「병서략」과 「방기략」의 분류와 순서는 이미 전문적인 관직이라야 정통할 수 있습니다. 「술수략」도 역시 전문적인 관직이 거느리지만 「병서략」과 「방기략」만 못하다고 하는데 어찌 태사 윤함의 학술이 임굉이나 이주국에 미치지 못하겠습니까?"

나는 이렇게 대답했다. "이것은 유흠이 잘못한 것이다. 「술수략」은 일

---

21 「두 번째 종류」의 주14를 보라.

곱 조목으로 나누어 거느리는데 '천문가', '역보가', '음양가', '오행가', '시귀가', '잡점가', '형법가'가 이것이다.[22] 도와 기가 합일하는 것을 근거로 그것을 찾는다면 '음양가', '시귀가', '잡점가' 세 조목은 '역류'[易經]에 붙여서 분류하고 편집해야만 하고 '역보가'는 '춘추류'[春秋]에 붙여서 분류하고 편집해야만 하며 '오행가'는 '상서류'[尙書]에 붙여서 편집해야만 한다. 어쩌면 시부(詩賦)의 범위가 넓고 번거로워 '시류'[詩經]을 벗어나 따로 "시부략"을 만들게 된 것처럼 설령 '상서류'의 목록[書部]이 범위가 넓고 번거롭더라도 역시 「서록」 다음에 시작부터 끝까지 이어지는 것을 널리 밝혀야만 한다. 유흠은 육예를 교정한 뒤 그것을 술수의 여러 학파에서 다시 꾀하지 않았다. 윤함이 원류를 거슬러 올라갈 근거가 없어진 까닭은 바로 이것 때문이다. '천문가'와 '형법가'는 후세의 천문이나 지리의 전문적인 글이다. 스스로 분야를 세우고 따로 도법을 나눠 큰 줄거리도 서고 자세한 목차도 표시하고 나눴는데 어찌 정돈되지 않거나 맞아 들어가지 않겠는가?"

이상은 열 번째의 다섯 번째이다.

10.6

'천문가'에는 선야(宣夜), 주비(周髀), 혼천(渾天)의 여러 학파가 있고 나중에 안천론[安天之論]까지 이른다. 하늘에 대한 이야기[23]는 정상적인 경

22 나는 이렇게 생각한다. 『한서』 「예문지」 "수술략"은 '천문가' 스물한 가지, '역보가' 열여덟 가지, '오행가' 서른한 가지, '시귀가' 열다섯 가지, '잡점가' 열여덟 가지, '형법가' 여섯 가지를 목록에 기록하고 모두 여섯 부류로 나누었다. 여기서 "일곱 조목으로 나누어 거느린다"고 말한 것은 아마 '오행가'에서 '음양가'를 잘못 나눴기 때문일 뿐이다.

우도 있고 비정상적인 경우도 있다. 그것을 조목조목 열거해서 명확하게 변별하고 직책을 표시했는데[24] 이것이 이른바 도이다. 『한서』「예문지」가 기록한 『태일잡자성』[泰一]이나 『오잔잡변성』[五殘星變] 같은 것들은[25] 조목을 붙여 따로 편집했는데 이것이 이른바 기(器)이다. 지리는 '형법가'[形家]의 주장이고 전문적인 이야기를 세웠는데 이것이 이른바 도이다. 『한서』「예문지」가 기록한 『산해경』 같은 것들은[26] 조목을 붙여 따로 편집했는데 이것이 이른바 기이다. 이런 두 가지 부류를 근거로 전문적으로 분류하고 정돈해서 스스로 내력을 가지게 되었지만 윤함이 술수의 글을 대략 거두면서 조리를 살피지 않은 잘못이 생겼다.(『산해경』과 관상 보는 책[相人書]을 같은 부류로 만드는 바람에[27] 『한서』「예문지」는 사람들에게 빌미를 주게 되었다)

---

23 『진서』「천문지」는 이러하다. "고대에 하늘을 말한 학파는 세 가지인데 첫째 개천설[蓋天], 둘째 선야설[宣夜], 셋째 혼천설[渾天]이다. 한나라 영제 때 채옹이 삭방군[朔方]에서 글을 바치면서 이렇게 말했다. '선야설[宣夜之學]은 결코 사법(師法)이 없습니다. 『주비』(周髀)의 술수는 모두 보존되어 있지만 하늘의 형상[天狀]을 비교해서 증명할 때 어기거나 잃어버린 것이 많습니다. 오로지 혼천설만 하늘의 실정을 사실과 가깝게 얻었습니다.' 채옹이 말한 『주비』라는 것은 다름 아니라 개천설[蓋天之說]이다. 개천설이 전한 것은 주공이 은나라[殷商]에서 전수받은 것인데 하늘은 삿갓을 덮은 것 같고 땅은 하늘을 본받아 쟁반을 엎어놓은 것 같기 때문에 하늘과 땅은 각각 가운데가 높고 바깥쪽이 낮다고 그는 주장한다. 선야설의 책에 대해 한나라 비서랑 극맹(郄萌)은 세상을 떠난 스승이 전수한 것을 이렇게 말한다. '해, 달, 뭇 별은 허공에 저절로 떠서 생겼고 근거를 두고 매어 있지 않다.' 성제 함강(咸康) 연간에 회계 출신 우희가 선야설[宣夜之說]을 근거로 『안천론』(安天論)을 지었다. 혼천설의 이치가 오묘한 것에 대해 의심하는 학자들이 많았는데 장형[張平子]과 육적[陸公紀] 같은 무리는 모두 혼천의[渾象]보다 정밀하지 않다고 생각한 사람들이다." 『수서』「경적지」는 이러하다. "『안천론』(安天論) 여섯 권은 우희가 지었다." 하늘을 이야기한 것은 「시교 상」의 주61을 보라.

24 「문리」의 주13을 보라.

25 『한서』「예문지」 "수술략" '천문류'는 이러하다. "『태일잡자성』(泰壹雜子星)은 스물여덟 권이다. 『오잔잡변성』(五殘雜變星)은 스물한 권이다."

26 「경해 중」의 주18을 보라.

역주_ 위 본문의 **형가**는 앞에서 문맥에 따라 풍수 또는 풍수지리라고 번역한 적이 있다.

27 『한서』「예문지」 "수술략" '형법류'의 "『상인』(相人)은 스물네 권"이라는 말은 『산해경』 다음에 같은 조목으로 이어져 있다.

이상은 열 번째의 여섯 번째이다.

10.7

'지리류'에서 '형법가'의 주장이 만약 산천의 험하고 평탄함이나 국경의 관문과 요새, 변방을 위주로 한다면 "병서략"의 '병형세가'[形勢] 조목과 서로 넘나들게 된다. '형법가'의 주장이 만약 음양의 허함과 왕성함, 집과 무덤의 길흉[休咎]을 위주로 한다면 '상서류'의 '오행가' 조목과 서로 넘나들게 된다. 분야를 분류하고 편집할 때 없어서는 안 되고 원류를 저술하는 일에서 힘써야 하는 요점이 온전함에 있다면 또한 거듭 나타나는 것과 호주 조목은 말하지 않을 수 없는 것이다. 임굉 「병서략」은 정초가 가장 뛰어나다고 칭찬했다.[28] 오늘날 유흠의 『칠략』에 거듭 나타나는 책을 보니 겨우 열 가지에 그치며[29] 모두 「병서략」[兵略]에서 나오지 다른 부분에는 그런 사례가 결코 없다. 그렇다면 호주라는 방법은 유흠이 깊이 탐구하지 못했고 겨우 임굉을 근거로 해서 그 의도를 조금 보존한 것일 뿐이다. 반고는 그것을 모르고 삭제하거나 합쳤으니 안타까움을 이길 수 있겠는가?

이상은 열 번째의 일곱 번째이다.

---

28 앞의 주18을 보라.

29 『한서』「예문지」"병서략"은 이러하다. "모든 병서(兵書)가 쉰세 가지, 칠백아흔 편이고 「도」가 마흔세 권인데 열 가지, 삼백일흔한 편이 중복되기 때문에 생략했다."

10.8

후세에 법률에 관한 책은 대단히 많고 소하가 편집한 율령만 있는 것은 아니다. 제자백가 가운데 신불해와 한비자가 논한 법가의 주장을 모아서 첫 조목에 분류했는데 이것이 이른바 도이다. 율령과 격식을 이어 쓴 것들은 조목을 붙여서 따로 편집했는데 이것이 이른바 기이다. 고사에 관한 후세의 책은 대단히 많고 장창이 편집한 장정만 있는 것은 아니다. 제자백가 가운데 다스리는 일을 논한 글을 모아서 『여씨춘추』(『한서』 「예문지」가 '잡가'에 넣은 것은 틀렸다. 매달 보내는 명령문은 바로 정령과 전장이고 후세의 『회전』이나 『회요』와 같은 것들이다)[30]나 가의와 동중서(「치안책」과 「천인삼책」은 모두 다스림의 근본 바탕을 논하고 있다. 『한서』 「예문지」는 '유가'에 넣었다)[31] 등 여러 사람의 주장 같은 것을 첫 조목에 분류했는데 이것이 이른바 도이다. 전장과 고사를 계속 이은 것들은 조목을 붙여서 따로 편집했는데 이것이 이른바 기이다. 범례는 뜻을 근거로 일어나고 사정이나 형편 따위를 어림잡아 헤아려서 덜거나 보탤 때 오로지 마땅한 것만 쓴다. 목록에 기록한 것이나 분류와 편집을 읽었는데도 학술의 원류를 비교해 찾을 수 없는 일이 어찌 있겠는가?

이상은 열 번째의 여덟 번째이다.

30 『여씨춘추』는 「언공 상」의 주39를 보라. 「월령」은 「언공 상」의 주33을 보라.

31 『한서』 「예문지」 "제자략" '유가'에는 『가의』 쉰여덟 편, 『동중서』 백스물세 편이 있다.

10.9

어떤 사람이 이렇게 물었다. "『한서』「예문지」는 율령과 장정을 수록하지도 않고 논하지도 않았다. 만약 율령과 장정을 당시 꼭 수록해야 했다면 유흠과 반고의 『칠략』의 종류대로 모으는 범례는 어디에 붙여야만 하는가?"

나는 이렇게 대답했다. "『태사공서』를 '춘추류'[春秋]에 붙이고 『봉선군사』를 '예류'[禮經]에 붙이는 것은[32] 그들이 남긴 방법이다. 율령 자체는 법가 뒤에 붙일 수 있고 장정은 본래 "정치"(政治) 분야만 따로 세워야 하지만 『한서』「예문지」는 그런 분야가 없다. 그래서 『고조전』 열세 편과 『효문전』 열한 편[33](반고의 자주는 고조 및 대신들에 대한 옛 이야기와 조책을 서술했다고 한다)은 모두 '고사류'에 속하는 책이지만 유흠과 반고가 "제자략" '유가'에 편집했다. 그러면 장정도 꼭 여기에 붙였을 것이다. 대체로 『한서』「예문지」는 꼼꼼하지 못하고 간략하며 도서 분류가 온전하지 못하기 때문에 억지로 갖다 붙였다. 이치를 허투루 논한 것과 자취를 사실대로 기록한 것이 근본 바탕과 쓰임새를 서로 돕도록 하지 못했다면 이것은 『한서』「예문지」가 어쩌다가 꼼꼼하지 못한 곳이다.('예류'와 '춘추류'이다. "병서략"과 "방기략"에는 이런 흠이 없다) 그러나 목록에 기록하는 일을 주장하는 후세인은 그런 드러나지 않는 의도를 다시 알지 못하게 되었다."

이상은 열 번째의 아홉 번째이다.

---

32 「영청현지 문징 서례」의 주49를 보라.

33 「언공 상」의 주47을 보라.

10.10

정초는 『한서』 「예문지」에 장정과 율령을 수록하지 않은 일을 논할 때, 유흠과 반고가 소홀해서 빠트렸다고 생각했다. 그러나 반고가 꼭 서한 때의 모든 책을 재빨리 본 것도 아니기 때문에 어쩌면 유흠의 『칠략』에 잘못을 미룰 수 있겠다. 유향의 『별록』과 유흠의 『칠략』[34]이 만약 반고가 바로 의거해서 『한서』 「예문지」를 요약하고 편집한 것이라면 어찌 그 책을 보지 않았다고 말할 수 있는가? 이것들은 바로 후세의 목록들의 시조이고 더구나 당시에 그런 분야가 없었는데 이것만 제자백가 가운데 명가의 끄트머리에 붙일 수 없었는가? 명가의 「서록」은 이렇게 말한다. "이름이 올바르지 않으면 말이 공손하지 않고 말이 공손하지 않으면 일이 이뤄지지 않는다." 목록에 기록하는 일이 근본적인 방법이라는 것은 다름 아니라 문장과 전적 가운데 이름과 사물을 구별하여 바로잡는 의도를 얻는 것이다. 이것은 『칠략』이 나온 까닭이다. 또한 이렇게도 말한다. "소리를 지르는 사람이 한 짓이다. 그래서 참으로 끌어올려 논파하고 어지러움을 밝힐 뿐이다."[35] 이것은 또한 후세의 목록에 기록하는 일의 어수선하고 소란스러우며 한결같지 않은 폐단이다. 그래서 이름을 근거로 연구하는 모든 책은 본디 붙이는 근거가 있다.(후세의 목록은 번거롭게 많기 때문에 바로 그 자체를 분야로 만들 수 있다)

이상은 열 번째의 열 번째이다.

---

34 『별록』은 「언공 중」의 주29를 보라. 『칠략』은 「서교 상」의 주14를 보라.

35 「언공 하」의 주121을 보라.

열한 번째 정초오교한지(鄭樵誤校漢志)

11.1

정초는 반고가 '유가'를 편집하고 열거할 때 『태현』, 『법언』, 『악』, 『잠』 세 가지 책을 뒤섞어 넣어 하나로 만들었다고 나무라고 양웅이 편집한 서른여덟 편을 뭉뚱그려 말할 때 마음에 비슷한 종류가 없었다고 말한다.[1] 이것은 정초가 믿음직하게 논한 것이다. 『태현』을 '역류'로 돌

1 『통지』「교수략」 "편차불명론"(編次不明論)은 이러하다. "반고「예문지」는 『칠략』에 뿌리를 두고 있다. 『칠략』이 비록 엉성하지만 넘치지 않기 때문에 유흠이 걸으면 반고도 걷고 유흠이 뛰면 반고도 뛰는 것 같다. 반고가 『칠략』을 떠나지 못하는 것은 미처 유흠의 잘못을 보지 못했기 때문이다. 『칠략』에는 없지만 반고에게 뒤섞여 나타나는 것이 틈틈이 있어서 차질을 빚었다. 양웅이 지은 책은 아마 유흠이 미처 거두지 못하고 반고에게서 처음 나타났을 것이다. 어찌 『태현』, 『법언』, 『악』, 『잠』 세 가지 책을 하나로 뭉뚱그려 합치고 『양웅소서』 서른여덟 편을 '유가'에 넣어야 한다고 말하는가? 나는 이렇게 생각한다. '유가'는 예전에 쉰두 가지가 있었는데 반고

려야만 하고 『법언』을 "제자략"으로 돌려야만 한다는 이야기는 참으로 옳다. 그런데 반고는 "『태현』은 열아홉, 『법언』은 열셋, 『악』은 넷, 『잠』은 둘"이라고 자주를 달았다. 이것은 『악』과 『잠』이 본래 다른 책인데[2] 정초가 같은 책이라고 오해했다는 말이다. 또한 "『악』과 『잠』은 잡가로 돌려야만 한다"라고 말한 것은 그것이 무슨 물건인지 정초가 바로 판단하지 못하고 억지로 분류했기 때문이다. 이것을 가지고 반고를 나무라고 바로잡는다면 이것이 이른바 초나라 사람도 틀렸지만 제나라 사람도 꼭 맞은 것은 아니라는 것이다.[3] 나는 이렇게 생각한다. 『악』이 넷이라는 것은 확실하지 않다. 『잠』은 『관잠』(官箴)일 것이다.[4] 후세의 목록을 만드는 사람이라면 "직관"에 넣어야 마땅하지만 『한서』 「예문지」에 그런 분야가 없어서 『관례』 뒤에 붙인 것도 괜찮았다.

이상은 열한 번째의 첫 번째이다.[5]

「예문지」에 새로 나온 한 가지가 양웅의 세 가지 책이다. 또한 『태현』은 '역류'이고 『법언』은 '제자류'이며 『악』과 『잠』은 '잡가'인데, 어떻게 합쳐서 같은 학파로 만들 수 있겠는가? 그래서 반고의 마음속에 원래 제대로 된 종류가 없다는 것을 안다." 요진종 『한서예문지조리』는 이러하다. "반고의 이 조목은 주에서 『악』이 넷, 『잠』이 둘이라고 명확히 말했는데, 송나라 때 전해지는 판본이 달라서는 안 되기 때문에 바로 네 가지 책을 세 가지 책이라고 했으며 『악』과 『잠』을 같은 책이라고 생각하고 또한 잡가라고 생각했다. 「양웅전」은 이렇게 말한다. '잠(箴)은 『우인지잠』[虞箴]보다 좋은 것이 없기 때문에 『주잠』(州箴)을 지었다.' 『중흥서목』[宋中興書目]에는 아직 양웅 『이십사잠』(二十四箴)이 있다. 이것을 보아도 역시 『악』과 『잠』이 같은 책이 아니라는 것을 깨달을 수 있다. '유가'는 예전에 쉰한 가지에 그쳤고 역시 쉰두 가지가 아니다. 이런 몇 마디 말에 잘못이 이미 이와 같은데 여전히 옛사람을 꾸짖고자 하는가?"

2 『한서』 「예문지」 "제자략" '유가'는 『양웅소서』 서른여덟 편을 수록하고 있다. 자주는 이렇게 말한다. '『태현』이 열아홉, 『법언』이 열셋, 『악』이 넷, 『잠』이 둘이다.' 그래서 『악』과 『잠』은 본래 다른 책이다.

3 「화주지 여지도 서례」의 주4를 보라.

4 『춘추좌전』 「양공 4년」은 이러하다. "옛날 주나라 신갑(辛甲)이 태사가 되면서 온갖 벼슬아치에게 명령하여 벼슬아치가 임금다운 왕의 잘못을 경계하게 했습니다." 『한서』 「양웅전」은 이러하다. "잠은 『우인지잠』보다 좋은 것이 없다고 생각해서 『주잠』을 지었다." 주는 진작을 인용하여 이렇게 말한다. "구주의 잠이다."

5 가업당본 『장씨유서』의 다음 단락에는 한 단락이 더 있다. 여기 다음과 같이 기록해

11.2

『사마법』을 '예류'[禮經]에 넣고 『태공병법』을 '도가'에 넣은 『한서』 「예문지」를 정초는 나무라면서 임굉과 유흠이 수록한 것이 아니라 반고가 제멋대로 뒤섞어 넣은 것이 아닌지 의심하듯 말했다.[6] 정초는 반고를 깊이 싫어하기 때문에 이렇게 인정스럽지 않게 논한 것이다. 옳지 않은 의도가 있는 사람은 대체로 내력을 찾아내서 가지려고 하지 않고 더하거나 삭제하고 일을 미루거나 질질 끌려는 의도가 있으니, 반고의 잘못에 억지로 연루시킨 것은 옥리가 피의자를 들볶고 옥죄는 방법이다.[7]

둔다. "정초는 이렇게 말한다. '『한서』 「예문지」 의술류(醫術類)에는 '경방류'가 있고 '의경류'가 있다. 도술류(道術類)에는 '방중류'가 있고 '신선류'가 있다. 이것도 본래 분별이 없는 것이다.' 그래서 후세인은 더구나 여기에 뿌리를 두지 않은 일을 논의한다. 이제 『한서』 「예문지」 "방기략"을 살펴보면 '첫 번째 의경류'[醫經第一], '두 번째 경방류'[經方第二], '세 번째 방중류'[房中第三], '네 번째 신선류'[神仙第四]이지, 도술류라는 것이 따로 있다거나(원주는 그저 '도가'가 있다고만 한다) 또는 '방중류'와 '신선류'를 거기에 소속시킨 적이 없다. 만약 현재 판본의 편집 순서가 차례를 잃었다고 한다면 서례(敍例)는 분명히 '방기를 네 가지로 편집했다'라고 말했을 것이다. 정초가 무엇을 보고서 이런 설을 만들었는지 모르겠다.(원주는 이러하다. 만약 같은 부류 안에서 단락의 순서가 계속 이어진다고 한다면 글의 법도는 오히려 명석함이 모자랄 것이다)"

6 『한서』 「예문지」 "육예략" '예류'는 이러하다. "『군례사마법』은 백오십 편이다." "제자략" '도가'는 이러하다. "『태공』은 이백서른일곱 편인데 「모」가 여든한 편, 「언」이 일흔한 편, 「병」이 여든다섯 편이다." 『통지』 「교수략」 "편차불명론"은 이러하다. "『한서』 「예문지」는 『사마법』을 '예류'[禮經]라 하고 『태공병법』(太公兵法)을 '도가'라고 했는데, 이것은 무슨 뜻인가? 여기 두 가지 조목은 임굉이나 유향이 수록한 것이 아니라 아마 반고의 의도에서 나온 것이라고 의심된다. 이것도 역시 『태현』, 『악』, 『잠』을 '유가'라고 생각하는 것과 같다." 요진종 『한서예문지조리』는 이러하다. "나는 이렇게 생각한다. 여기 두 가지 책은 반고가 이미 나눠 구별하고 주를 달아 밝혔는데 정현이 어찌 정말 본 적이 없겠는가? 『군례사마법』은 『주관전』(周官傳) 뒤에 편집되어 있는데 반고도 어찌 경이라고 생각한 적이 있겠는가? 『태공』이라는 책 이백수십 편에는 「모」도 있고 「언」도 있으며 「병」도 있어서 그저 병법 한 가지만 있는 것은 아니다. 예전에 이미 같은 책으로 합쳤기 때문에 유향이 다시 나눠 쪼개지 않고 그중 큰 것을 좇아서 '도가'에 수록한 것도 역시 잘못은 아니다."

7 『한서』 「노온서전」(路溫舒傳)은 이러하다. "글을 바쳐 상주할 때 흠이 있을까 두렵

『한서』의 여러 「지」[志書]는 반표와 반소[曹昭]가 시작하고 끝맺었다고 생각하고 『한서』 「고금인표」만 반고 스스로 지은 유일한 것이라고 생각하는 듯하다.[8] 아마 마음이 편안하지 못한 사람과 함께 고대를 논할 수는 없을 것이다. 나는 이렇게 생각한다. 『사마법』 백쉰다섯 편 가운데 오늘날 보존된 것은 옛 물건이 아니다. 반고의 자주는 이러하다. "그것을 '병권모가류'에서 빼내 '예류'에 넣었다."[9] 정초는 본디 비슷하다고 의심하는 이야기를 보존할 필요가 없었다. 다만 반고의 『한서』 「예문지」의 「서록」에서 『군례사마법』이라 부른 것을 "군례"라는 두 글자를 빼버리고 '예류'에 넣은 것은 잘못이라고 정초는 말한다. 『고공기』[考工之記]가 본디 주나라의 공식적 제도가 아니라도 역시 사공이 관장하기 때문에 『주

다면 쇠붙이를 불에 달궈 두드리는 것처럼 반복해서 익숙하게 한 뒤 허술한 구석이 없이 세밀하게 만든다." 주는 진작을 인용하여 이렇게 말한다. "두루 다 정통하고 능숙해서 법도에 맞는 상태에 도달하게 만든다." 『후한서』 「위표전」(韋彪傳)은 이러하다. "여러 번 반복해서 익숙해진 구실아치는 마음가짐이 야박한 것에 가깝다." 주는 이러하다. "단련(鍛鍊)은 성숙(成熟)이라는 말과 같다. 깊이 있는 글을 쓰는 구실아치가 남을 죄에 빠지게 하는 것은 마치 대장장이가 쇠를 녹여 붓거나 불에 달궈 두드려서 그것을 무르익도록 만드는 것과 같다는 말이다."

8 『통지』 「교수략」 "편서불명분류론"은 이러하다. "역사가는 반고[孟堅]에 뿌리를 두고 있다. 반고는 처음에 독립 판단의 학이 없었고 오로지 다른 사람에게 의지하는 것에 말미암아 문호를 이루게 되었다. 「기」, 「지」, 「전」은 사마천의 자취를 좇았고 「율력지」와 「예문지」는 유향의 자취를 따랐다. 오로지 「지리지」와 「고금인표」[古今人物表]에서만 그의 속내가 옳다고 생각한다. 후세의 지리학[地理一學]에 뛰어난 전문가가 적은 까닭은 반고가 글을 지었어도 공이 없기 때문일 것이다. 「고금인표」도 말할 것이 없다."

9 『한서』 「예문지」 "병서략" '병권모가'[權謀類] 자주는 이러하다. "『사마법』을 빼서 『예』에 넣었다." 왕명성 『아술편』 「설록」(說錄)은 이러하다. "『사마법』은 『한서』 「예문지」가 백오십 편이라고 했는데 송나라 원풍 연간에 다섯 편이 남아 있었고 『무경칠서』(武經七書) 안에 끼어 들어가 있다. 「인본」(仁本)과 「천자지의」(天子之義) 두 편이 가장 순수하다." 요진종 『한서예문지조리』는 이러하다. "『사마법』이라는 책은 태공, 손자, 오기, 왕자성보(王子成父)가 논하고 지은 것부터 사마양저가 스스로 병법을 지어 명백하게 밝힌 것과 대부에게 의견을 논리적으로 서술하여 사마양저가 지은 것까지 모두 거기 붙여 넣고 여러 사람이 지은 것을 합치도록 제나라 위양이 시킨 것까지이다. 그래서 백쉰다섯 편이나 되도록 많다. 옛날 책에는 후세인이 붙여서 보태고 더해서 늘린 것이 많은데 이것도 역시 그중 하나이다."

관』에 붙여서 기록한 것처럼 『사마법』이 바로 주나라 벼슬아치가 관장하는 것임을 모르고[10] 이런 「서록」들이 근본을 가장 잘 아는 학업이라는 것도 모른다. 반고는 다른 곳에서 미처 이렇게 할 수 없었지만 유독 여기서만 별도의 형식을 갖출 수 있었다. 정초는 도리어 깊이 나무라고 있으니 이것은 무슨 이야기인가? 다만 반고가 '예류'[禮經]에 넣은 것만 사실과 비슷하다. 그것을 '병권모가류'에서 빼낸 뒤 다시 목록에 기록하지 않은 것은 남김없이 좋다고 할 수 없다. 서로 드러나게 하는 유향의 범례를 써야만 예를 연구하는 사람이 의식에 쓰는 글을 헛되이 펼치지 않고 '병가'도 또한 선왕의 제도를 보게 된다. 이것은 바로 두 가지를 모두 온전하게 하는 방법일 뿐이다. 『태공』 이백서른일곱 편도 역시 현재 판본과 다르다. 반고는 『태공』이라고만 불렀지 "병법"이라는 두 글자는 결코 없다. 그러나 정초는 또한 그것을 더하고 보탠 뒤 반고가 '도가'에 넣은 것이 잘못이라고 하고 "여망[尙父]에게는 본래 도가 있는 것이다"[11]라는 반고의 자주를 보지도 않았다. 또한 '병권모가류' 다음의 주에서 "『이윤』과 『태공』 같은 여러 학파를 생략했다"라고 말한 것은[12] 유흠의 『칠략』이 본래 두 번 수록했지만 속하지만 반고가 거듭되는 것을 삭제하고 생략한 것에 지나지 않는다. 그러므로 '병권모가류'에서 나왔는데 억지로 '도가'에 거둔 것이 잘못이다.(생략했다고 주를 단 것은 유흠에게 본래 있었지만 반고가 생략하고 없앤 것이다. 드나듦이 있다고 주를 단 것도 유흠이 여기 기록했지만 반고가 저기 기록한 것이다. 『사마법』 같은 것은 유흠이 '예류'에 수록하지 않았고 반고가 넣었다. 그래서 '예류'[禮經] 다음의 주에서 『사마법』을 넣었다고 주를 달았다. 만약 '도가'에는 넣었다는 주를 달지 않았지만 '병가'에 바로 생략했다는 주를 달았다면 이것은 유흠의 『칠략』이 '도가'에도 수록하고 '병가'에도 수록했다는 명백한 증명이다. 반고가

10 「화주지 예문서 서례」의 주19를 보라.

11 『한서』「예문지」 '도가'의 『태공』 이백서른일곱 편 다음의 자주는 이러하다. "여망은 주나라 사상보(師尙父)인데 본래 도가 있는 사람이다. 최근에 태공의 방법[太公術]이라고 생각하는 사람이 늘린 경우도 있다."

12 「세 번째 호저」의 주6을 보라.

제멋대로 고친 것은 아니다) 하물며 병형세가와 병권모가의 방법[兵刑權術]이 모두 도가에 뿌리를 두고 있다는 것은[13] 선유들이 다 갖춰서 논했다. 유흠의 『칠략』이 거듭해서 서로 수록한 것은 마치 사마천 『사기』 「노장신한열전」의 의도와 같다.[14](학술의 원류를 명백하게 밝히려는 의도이다) 하물며 이백서른일곱 편이나 되는 책을 오늘날 이미 얻어 볼 수 없게 되었는데 정초는 무엇을 보거나 듣고서 제목을 늘리고 삭제했는가? 그리고 무슨 근거로 병법에만 그치고 도가의 학술과 더욱 상관이 없다고 말했는가?

이상은 열한 번째의 두 번째이다.

11.3

『한서』 「예문지」가 『전국책』, 『세본』, 『진대신주사』(秦大臣奏事), 『한저기』(漢著記)를 '춘추류'에 넣은 것을 정초는 나무랐다.[15] 이것은 정초가

---

13 『노자』 제30장은 이러하다. "장차 거둬들이려면 꼭 본디 베풀었어야 하고, 장차 약하게 만들려면 꼭 본디 강하게 만들어줬어야 하며, 장차 버리려면 꼭 본디 일으켜줬어야 하고, 장차 빼앗으려면 본디 줬어야만 한다. 이것을 희미한 밝음[微明]이라고 한다." 오징은 이렇게 말한다. "노자는 대체로 남의 견해와 서로 반대되는 견해를 제시해서 남들이 헤아리거나 알 수 없게 만들려고 한다. 손자, 오기, 신불해, 한비자의 무리는 노자의 권모술수를 사용하여 남을 죽음에 빠트리지만 사람들은 모른다. 그들이 세운 주장에 폐단이 없을 수 없기 때문에 이것을 근거로 밝힌다." 이것은 병형세가와 병권모가[兵刑權謀]가 도가에 뿌리를 두었다는 한 가지 설이다.

역주_ 섭영의 주는 『노자』를 인용하면서 제30장이라고 했지만 『노자』 제36장에 있는 말이다.

14 「언공 상」의 주52를 보라.

15 『한서』 「예문지」 "육예략" '춘추류'는 『세본』 열다섯 편, 『전국책』 서른세 편, 『주사』 스무 편, 『한저기』 백아흔 권이라고 수록하고 있다. 『통지』 「교수략」 "편차불명론"은 이러하다. "『한서』 「예문지」는 『세본』, 『전국책』, 『진대신주사』(秦大臣奏事), 『한저기』(漢著記)를 '춘추류'라고 하는데 이것은 무슨 뜻인가?"

『춘추』를 연구하는 사람의 가학을 미처 몰랐기 때문이다. 『한서』「예문지」는 사부를 세우지 않았고 역사가의 주장은 모두 『춘추』라는 같은 형식을 얻었기 때문에 앞의 네 가지 책을 『춘추』에 좇아 붙여 넣었다. 이것은 또한 기전체 형식을 기준으로 정사를 열거하게 되면서 편년체가 본래 독자적인 부류인데도 정사 뒤에 붙인 후세의 일과 같다. 『태사공서』가 『춘추』에 열거된 것을 정초는 본디 인정하지 않고 나무랐다. 나라마다 따로 만든 역사서는 후세에 삼국, 십육국, 구국, 십국 같은 부류가 있지만[16] 본래 분류와 순서를 나누고 구별하여 종류대로 모으는 범례를 깨끗하게 해야만 한다. 『한서』「예문지」 '상서류'의 목록은 많지 않기 때문에 '춘추류'에 붙여서 기록한 것을 어디에 뿌리를 두고 있는지 가장 잘 알았기 때문이다. 또한 『국어』도 역시 나라마다 따로 만든 역사서라서 '춘추류'에 같이 매어두었지만[17] 정초는 『국어』를 나무라거나 바로잡은 적이 없으면서 다만 『전국책』만 나무란다. 이것이 이른바 일 곱하기 십은 알면서 이 곱하기 오는 모르는 사람이다.[18] 『한저기』는 후세의 "기거주류"이고[19] 당시 전문 목록이 아직 없었기 때문에 거기 붙여서 편집한 것도 역시 마땅한 일이다. 『진대신주사』는 후세 역사서의 "고사류"로 돌려야 하지만[20] 『한서』「예문지」에 역시 전문 분야가 없어서 '춘추류'

16 『신당서』「예문지」 "잡사류"는 이러하다. "원반천(員半千) 『삼국춘추』(三國春秋)는 스무 권이다." 『십육국춘추』는 「경해 하」의 주35를 보라. 『직재서록해제』「위사류」(僞史類)는 이러하다. "『구국지』(九國志) 쉰한 권은 좌정언(左正言)과 지제고를 역임한 기양(祁陽) 출신 자발(子發) 노진(路振)이 지었다. 아홉 나라는 오, 남당[唐], 전촉과 후촉[二蜀], 북한과 남한[東南二漢], 민, 초, 오월이다. 각각 「세가」와 「열전」을 지었는데 모두 마흔아홉 권이다. 끄트머리 두 권은 북초(北楚)이고 고계흥의 사실을 적었는데 장당영이 보충해서 지은 것이다." 또한 이러하다. "『십국기년』(十國紀年) 마흔 권은 유서가 지었다. 열 개의 나라는 다름 아니라 앞의 아홉 나라 외에 형남을 더했는데 형남은 장당영이 말한 북초이다."

17 『한서』「예문지」 "육예략" '춘추류'는 이러하다. "『국어』는 스물한 편이다." 자주는 이러하다. "좌구명이 지었다."

18 「언공 상」의 주48을 보라.

19 『한저기』는 앞의 주15를 보라. 기거주는 「부학」의 주3을 보라.

20 『진대신주사』은 앞의 주15를 보라. 『사기』「태사공자서」는 이러하다. "내가 고사(故

에 붙인 것은 약간 뜻을 잃었다. 그리고 『세본』은 '역보가'에 넣어야만 하고 『한서』 「예문지」에 이미 '역보가'라는 전문 분야도 있기 때문에 도리어 '춘추류'에 붙여서는 안 된다. 그러나 '역보가'의 근원은 본디 '춘추류'와 서로 드나드는 것이다.

이상은 열한 번째의 세 번째이다.

11.4

유흠과 임굉이 거듭해서 목록에 기록한 이치를 근거로 미뤄보면 『전국책』이란 책은 "병서략"의 '병권모가' 조목과 더불어 "제자략"의 '종횡가'에 거듭해서 호주를 달아야만 비로소 조리를 남김없이 얻는다. 『진대신주사』는 한나라 『고조전』이나 『효문전』[21](주에서는 조책[冊詔]를 논술한 것이라고 한다) 같은 여러 책과 더불어 '상서류'의 분류와 순서에 같이 넣어야만 한다. 아마 임금이 내린 명령서와 포고문, 신하의 상주문은 모두 『상서』의 훈이나 고의 유산일 것이다. 후세에 이것을 집부에 찔러 넣은 것은 틀렸다. 모든 전장과 고사는 모두 이렇게 보아야만 한다.

이상은 열한 번째의 네 번째이다.

事)를 조술했다는 말은 대대로 전해지는 것을 정리하여 가지런하게 만들었다는 것이지 내가 창작했다는 말이 아니다." 『수서』 「경적지」 이후에는 "사부"에 모두 '고사류'가 있다.

21 「언공 상」의 주47을 보라.

열두 번째 초횡오교한지(焦竑誤校漢志)[1]

12.1

유흠과 반고 이후부터 예문의 목록을 기록하는 일은 다만 목록[甲乙]에 분류하고 편집해서 조사하고 검색하는 일에 쓰려고 갖췄다고 알고 있을 뿐이다. 정초[鄭樵氏]가 일어나자 비로소 학술을 변별해서 뚜렷하게 밝히고 원류를 헤아려 밝히게 되었고 이에 「교수략」을 특별히 지었다.

1 『명사』「문원전」은 이러하다. "초횡은 자가 약후(弱侯)이며 강녕(江寧) 출신이다. 만력 17년 전시에서 일등을 했고 한림원 수찬[翰林修撰] 벼슬을 했다. 만력 25년 응천부 향시 주고관이 되었다가 탄핵당해 복녕주(福寧州) 동지로 쫓겨났다. 해포가 지나 대계(大計)한 뒤 다시 강등되자 초횡은 결국 벼슬에 나가지 않았다. 초횡은 모든 책에 널리 통달했는데 경부와 사부부터 소설[稗官]이나 잡설에 이르기까지 학식이 넓지 않은 것이 없었다. 고문을 잘 지었는데 법도에 맞고 아담하니 올바르고 익숙하며 떳떳한 글이 빼어나게 뛰어난 사람으로 이름 높았다. 문집 이름 『담원』(澹園)은 초횡의 자호이다. 만력 48년에 죽었는데 나이 여든이다."

비록 그의 이야기가 남김없이 옳을 수는 없지만 요점은 「약」을 만들어 대략적인 뜻을 보여주었기 때문에 목록에 기록하는 사람들이 없앨 수 없었다. 정초의 『통지』 이후에도 역사가의 해묵은 버릇은 계속 이어져 잘못된 말이나 글자가 뒤섞여 나왔다. 목록에 기록하는 책의 잘못은 교수 이전에 더욱 심했다. 그래서 아무도 이어서 일어난 사람이 없는 것은 그가 가학을 펼쳐 밝히지 않은 허물 때문이다. 명나라 초횡은 『국사경적지』를 지었는데[2] 그 책의 성공과 실패는 나중에 따로 순서대로 다 논하도록 하겠다. 특히 『국사경적지』 「규무」(糾繆) 한 권은 이전 왕조가 목록에 기록할 때 잘못한 것을 나무라고 바로잡았다. 비록 그의 판단력은 정초에 미치지 못하지만 가지런하니 법도가 있고 지나친 것을 제거하고 심한 것을 빼냈으며[3] 요점도 역시 문장의 한 구절을 딸만한 것이 있다. 그가 바로잡은 『한서』 「예문지」 열세 조목도 역시 판단이 없는 것은 아닌 듯하다. 다만 초횡은 미처 고금의 학술 원류를 다 깨닫지 못하고도 동떨어진 것과 맞는 것, 차이나는 것과 같은 것의 틈바구니에서 까닭을 깊이 찾지 않았다. 그리고 그의 논의를 보면 바로 목록의 분류와 순서만 찾고 구차하게 어기지 않으려고 할 뿐이다. 이것은 장부와 기록이 지키고 완성하는 방법이라고 할 수는 있겠지만 교수하는 사람이 저작을 논하는 것이라고 할 수는 없다. 만약 그가 열거한 것에 의거하여 각각 미뤄 논한다면 옛사람의 법도로 들어갈 것이다.

이상은 열두 번째의 첫 번째이다.

---

2 『명사』 「초횡전」[本傳]은 이러하다. "만력 22년 대학사 진우폐(陳于陛)가 국사를 지을 것을 건의하고 초횡이 일을 도맡아 이끌게 하고 싶어 했다. 초횡은 겸손하게 사양한 뒤 먼저 『경적지』(經籍志)를 지었다. 나머지는 모두 지은 것이 없었고 국사관[館]도 역시 결국 그만두었다." 나는 이렇게 생각한다. 『국사경적지』를 『사고전서총목제요』는 목록에 기록하지 않았지만 『월아당총서』는 수록해 넣었다. 책이 모두 다섯 권인데 끄트머리에 『규무』(糾繆)를 붙여 두었다.

3 『춘추좌전』 「선공 4년」의 주는 이러하다. "태(汰)는 과(過)이다." 『노자』는 이러하다. "그래서 성인은 심한 것을 제거하고 사치스러움을 제거하고 교만을 제거한다."

12.2

초횡은 『한서』 「예문지」가 『주서』를 '상서류'에 넣은 것이 잘못이라고 생각해서 "잡사류"에 고쳐 넣었다.[4] 비록 경을 존중하고자 한 의도이지만 사실은 옛사람이 종류대로 모으는 범례를 모르는 것이다. 유향이 "주나라 때 맹서와 포고나 호령은 공자가 논한 백 편의 나머지"라고 말한 것에 따르면[5] 『주서』는 다름 아니라 『상서』이다. 유지기 『사통』은 『상서』를 연구하는 사람을 서술하면서 공연 『한위상서』와 왕소 『수서』를 모두 '상서류'의 목록에 편집했다.[6] 아마 계속 이어지는 분류도 있고 뿌리를 두고 있는 학도 있을 것이다. 육예는 본디 빈 그릇이 아니고 전적에는 각각 원류가 있을 것이다. 기린을 우러른다고 어찌 소나 말을 길짐승 목록[走部]으로 보내면 안 된다고 말할 수 있으며 봉황을 우러른다고 어찌 제비나 참새를 날짐승 목록[飛部]으로 보내면 안 된다고 말할 수 있겠는가?

---

4 『주서』는 「서교 중」의 주8을 보라. 초횡 『규무』는 이러하다. "『한서』 「예문지」가 『주서』를 '상서류'에 넣은 것은 그르고 '잡사류'로 고쳐야 한다."

5 『한서』 「예문지」 "육예략" '상서류'는 이러하다. "『주서』는 일흔한 편이다." 안사고는 이렇게 말한다. "유향이 주나라 때 임금의 포고와 맹서, 호령이라고 말한 것은 아마 공자가 논한 『상서』[百篇]의 나머지일 것이다."

6 『사통』 「육가」 "상서가"는 이러하다. "위대한 주나라가 몰락한 때부터 『서』의 형식이 드디어 없어져 한나라와 위나라에 이르기까지 이을 수 있는 사람이 없었다. 진나라 때 광릉 상이었던 노나라 공연은 국사가 언행을 표창하고 법식을 밝히는 근거라고 생각했다. 그래서 세상 이치나 늘 벌어지는 일은 대비해서 제시할 필요가 없다고 생각했다. 이에 한나라와 위나라의 여러 역사서를 편집하고 아름다운 말이나 전범이 될 만한 말만 취하고 두고두고 귀감이 될 만한 것을 모아 작품 순서를 정하고 일가의 주장을 편찬했다. 이로부터 『한상서』, 『후한상서』, 『한위상서』가 생기게 되었는데 모두 스물여섯 권이다. 수나라 비서감을 지낸 태원 출신 왕소에 이르러 다시 개황 연간과 인수 연간 당시의 일을 기록하고 엮고 편집하여 종류대로 서로 따르게 하여 각각 자기 분야를 짓고 『수서』 여든 권을 새겨서 완성했는데, 그 의례를 찾는다면 모두 『상서』를 기준으로 했다."

이상은 열두 번째의 두 번째이다.

12.3

초횡은 『한서』 「예문지」의 '상서류'에 있는 『의주』(議奏) 마흔두 편을 '상서류'에 넣은 것이 잘못이라고 생각해서 집부에 고쳐 넣었다.[7] 나는 이렇게 생각한다. '의주류'를 집부에 넣은 일이 옳지 않다는 것은 이미 따로 갖춰서 논했기 때문에 여기서 다시 논하지 않겠다. 『의주』 다음에 있는 반고의 자주를 헤아려 보자. "선제 때 석거에서 논한 것이라 한다. 위소는 석거가 건물 이름이고 여기서 글을 논했다고 한다." 그러면 여기 이른바 의주는 바로 한나라 효선제 때 석거각에 제유(諸儒)를 크게 모아 경의 뜻이 가진 차이를 토론한 것을 황제가 천자의 말이라 일컬으며 직접 결정한 글이지[8] 조정 신하들의 상주문[章奏]이나 상소문[封事]이 아니다. 임금에게 바친 글이기 때문에 주의(奏議)라는 이름을 붙였지만[9] 사실

---

7 『한서』 「예문지」 "육예략" '상서류'는 이러하다. "『의주』(議奏)는 마흔두 편이다." 반고의 자주는 이러하다. "선제 때 석거에서 논했다." 위소는 이렇게 말한다. "각(閣) 이름인데 여기서 글을 논했다." 초횡 『규무』는 이렇게 말한다. "『한서』 「예문지」는 『주의』(奏議)를 '상서류'에 넣었는데 잘못되었다. '집'에 고쳐 넣는다."

8 『한서』 「적포전」(翟酺傳)은 이러하다. "선제[孝宣]는 석거에서 육경을 논했다." 주는 이러하다. "선제는 여러 유학자에게 궁중에서 오경을 강의하고 아울러 공양학과 곡량학의 동일성과 차이를 정리하라고 명령한 뒤 임금이 몸소 자리에 나와서 그것에 대해 결정했다. 당시 『춘추곡량전』을 더욱 숭상했기 때문에 여기서 육경이라고 말한 것이다. 석거는 각 이름이다." 또한 「유림전」은 이러하다. "시수는 박사가 되어 감로 연간에 오경을 연구하는 여러 유학자와 섞여 석거각에서 동일성과 차이를 논했다." 주는 『삼보고사』를 인용하고 있는데 이러하다. "석거각은 미앙전(未央殿) 북쪽에 있는데 궁중에 소장된 비서를 소장하고 있다."

9 왕병은 『교기』는 이러하다. "'주의'는 앞글에 의거해서 '주의'라고 해야만 한다."

주로 풀이하거나[疏解] 강의하는 형식과 서로 비슷하다. 유흠과 반고가 그것을 '상서류'에 붙인 것은 마땅했다. 초횡은 제대로 살피지 않고 후세의 문집에 제멋대로 붙였는데 심하게 생각이 없는 것 아니겠는가?(『진대신주사』를 '춘추류'에 붙인 것은 유흠과 반고가 남긴 방법이다)

이상은 열두 번째의 세 번째이다.

12.4

초횡은 『한서』 「예문지」가 『사마법』을 '예류'에 넣은 것이 잘못이라고 생각해서 '병가'에 고쳐 넣었다.[10] 이것은 반고의 자주에 미처 나타나지 않고 본디 '병가'에 붙였다가 반고가 고쳐 바꾼 것이다. 이야기는 이미 앞에 보이므로[11] 다시 논하지 않겠다.

이상은 열두 번째의 네 번째이다.

12.5

초횡은 『한서』 「예문지」가 『전국책』을 '춘추류'에 넣은 것이 잘못이라고 생각해서 '종횡가'에 고쳐 넣었다.[12] 이 논의는 반은 옳지만 반은

10 초횡 『규무』는 이러하다. "『한서』 「예문지」는 『사마법』을 '예류'에 넣었는데 잘못되었다. '병가'로 고친다."

11 「열한 번째 정초오교한지」의 주9를 보라.

틀렸다. 이야기는 이미 앞에 보이므로[13] 다시 논하지 않겠다.

이상은 열두 번째의 다섯 번째이다.

12.6

초횡은 『한서』 「예문지」가 『오경잡의』를 '효경류'에 넣은 것이 잘못이라고 생각해서 '경해류'에 고쳐 넣었다.[14] 그 이야기는 참 옳다. 그래서 『한서』 「예문지」에 '경해류'라는 분야가 없어서 "제자략" '유가'에 넣은 것도 역시 그런 부류이다.

이상은 열두 번째의 여섯 번째이다.

12.7

초횡은 『한서』 「예문지」가 『이아』와 『소이아』를 '효경류'에 넣은 것이 잘못이라고 생각해서 '소학류'에 고쳐 넣었다.[15] 그 이야기도 역시 바

---

12 초횡 『규무』는 이러하다. "『한서』 「예문지」는 『전국책』을 '춘추류'에 넣었는데 잘못되었다. '종횡가'로 고친다."

13 「열한 번째 정초오교한지」의 세 번째 단락을 보라.

14 『한서』 「예문지」 "육예략" '효경류'는 이러하다. "『오경잡의』는 열여덟 편이다." 반고의 자주는 이러하다. "석거각에서 논했다." 초횡 『규무』는 이러하다. "『한서』 「예문지」는 『오경잡의』를 '효경류'에 넣었는데 잘못된 것이다. '경해류'로 고친다."

15 『한서』 「예문지」 "육예략" '효경류'는 이러하다. "『이아』는 세 권, 스무 편이다. 『소

꿀 수 없다. 『한서』 「예문지」는 본디 이 분야에 대한 의리가 없으니 아마 세상에 널리 퍼진 후세의 잘못이리라. '효경류'는 본디 분류와 순서에서 '소학류'와 서로 이어지는데 아마 어쩌면 책의 잘못을 바로잡고 다시 고쳐 베끼는 사람이 잘못해서 그것을 합쳤을 뿐이리라. 『오경잡의』와 『이아』 같은 것들은 모두 경을 따라서 뜻을 일으켰으니 분류에 따라 호주를 달았다면 더욱 좋았을 것이다.(경해, 소학, 유가 세 가지 부류이다)

이상은 열두 번째의 일곱 번째이다.

12.8

초횡은 『한서』 「예문지」가 『제자직』을 '효경류'에 넣은 것이 잘못이라고 생각했기 때문에 『관자』로 되돌려 보냈다.[16] 이것은 옛사람이 글을 가다듬어 따로 내는 방법을 모르기 때문이다. 이야기는 이미 앞에 보이므로[17] 다시 논하지 않겠다. 오로지 「제자직」[弟子之職]만은 틀림없이 관자가 지은 것이 아니다. 어쩌면 옛사람 사이에 기존 방법이 널리 퍼져 있었기 때문에 『관자』를 모은 사람이 그 글을 가려 넣은 것이리라.[18] 이전 사람의 저작에는 이런 부류가 대단히 많다. 만약 『관자』에 나타나는 것을 다시 전문적인 것으로 따로 나타내게 하지 않는다면 『소이아』가

이아』는 한 편이다." 초횡 『규무』는 이러하다. "『한서』 「예문지」는 『이아』와 『소이아』를 '효경류'에 넣었는데 잘못된 것이다. '소학류'로 고친다."

16 『한서』 「예문지」 "육예략" '효경류'는 이러하다. "「제자직」은 한 편이다." 응소는 이렇게 말한다. "관중이 지은 것이고 『관자』에 있다." 초횡 『규무』는 이러하다. "「제자직」을 '효경류'에 넣었는데 잘못된 것이다. 『관자』로 고친다."

17 학설은 「네 번째 별재」에 상세하다.

18 「언공 상」의 주32를 보라.

『공총자』에도 나타나지만[19] 초횡이 『공총자』로 되돌리지 않고 '소학류'로 바꿔 돌린 것은 또 무슨 이야기인가? 그래서 「제자직」 편을 '효경류'에 붙이려고 했는지 '소학류'에 붙이려고 했는지 유흠과 반고의 본래 의도는 알 수 없다. 요컨대 뜻과 종류를 따로 내고 거듭해서 호주를 단다면 두 가지 부류는 모두 통할 수 있을 것이다. "육예략"에서 '논어류', '효경류', '소학류' 세 가지 분야는 육예의 본래 숫자에 들어가지 않는다. 그러면 육예라고 이름을 표시하고 아홉 가지 종류로 구별한 것은 바로 경이 중요하고 전이 덜 중요하다고 저울질한 것이다.

이상은 열두 번째의 여덟 번째이다.

12.9

글을 가다듬어 따로 내는 방법은 『한서』 「예문지」에서 여기에만 보존되어 나타나고 또한 「공자삼조기」 편이 『대대예기』에 나오는 것에만 보존되어 나타날 뿐이다.[20] 분류를 채워서 찾는 일은 학술의 내력을 밝혀 위대한 도와 뜻이 통하도록 풀이하려고 하지만 이것을 버리면 근거가 없어진다. 또한 예를 들어 '천문' 분야를 편집할 때는 『주관』의 보장씨, 『이아』 「석천」, 추연이 하늘에 대해서 이야기한 것, 『회남자』의 천상에 관한 여러 글을 가지고[21] '천문' 목록의 첫머리에 가다듬어 열거한 뒤 천

---

19 「화주지 예문서 서례」의 주58과 「네 번째 별재」의 주5를 보라.

20 「네 번째 별재」의 주2를 보라.

21 『주관』의 보장씨는 「천유」의 주16을 보라. 「석천」은 『이아』의 여덟 번째 편이다. 추연이 하늘을 이야기한 것은 「시교 상」의 주61을 보라. 『회남자』의 세 번째 「천문훈」에 대한 고유 주는 이러하다. "문(文)은 상(象)이다. 하늘은 먼저 문상(文象), 일월, 오성 및 혜성[彗孛]을 드리우는데 모두 임금 한 사람을 꾸짖고 훈계하는 것이기 때문

문에 대한 전문적인 책을 순서대로 부류에 따라 열거해야만 한다. 그러면 천문을 찾는 사람은 유감이 없게 된다. '시령' 분야를 편집할 때는 『대대예기』「하소정」 편, 『소대예기』「월령」 편, 『급총주서』「시훈해」 편 등을 가지고[22] '시령' 목록의 첫머리에 가다듬어 열거한 뒤 시령에 대한 전문적인 책은 순서대로 부류에 따라 열거해야만 한다. '지리' 분야를 편집할 때는 『상서』「우공」, 『주례』「직방씨」, 『관자』「지원」, 『회남자』「지형훈」, 여러 역사서의 「지리지」 여러 편을 가지고[23] '지리' 목록의 첫머리에 가다듬어 열거한 뒤 지리에 대한 전문적인 책은 순서대로 부류에 따라 열거해야만 한다. 그러면 후세인이 학술의 원류를 구할 때 모두 유감이 없을 것이다. 『한서』「예문지」는 의도를 보존했지만 미처 분량을 채울 수 없었다. 그래서 이렇게 드러나지 않는 의도에 기댄 것이다. 그러나 초횡은 그것이 잘못이라고 생각해서 반대로 바로잡으며 그것을 『관자』로 돌린 뒤에야 마치려고 했다. 심하구나, 교수의 어려움이여!

이상은 열두 번째의 아홉 번째이다.

12.10

어떤 사람이 이렇게 물었다. "글을 가다듬어 따로 내는 방법이 시행되

에 천문이라고 한다."

22 『하소정』은 「화주지 예문서 서례」의 주59를 보라. 『시훈해』는 「서교 중」의 주9를 보라. 『예기』「월령」은 「언공 상」의 주33을 보라.

23 『상서』「우공」은 「서교 상」의 주4를 보라. 「직방」은 「서교 중」의 주9를 보라. 「지원」은 「언공 상」의 주33을 보라. 『회남자』의 네 번째 「지형훈」에 대한 고유 주는 이러하다. "동서남북, 산천과 수택은 땅이 싣고 있는 만물의 모습과 조짐[形兆]이 생기고 기르는 일을 싣고 있는 것을 기록한 것이다. 그래서 지형(地形)이라고 하며 이것을 근거로 편의 제목을 지었다."

면 같은 책 안에서 취해서 가다듬는 것이 너무 많아지거나 어지럽게 잘려나가게 됩니다. 그것은 아마 깨져서 자잘해지고 지루하기 때문에 맞지 않을 것입니다."

나는 이렇게 대답했다. "학은 전문가를 소중하게 여기고 뜻은 으뜸가는 요점을 보존한다. 전문적인 글을 뚜렷이 드러나게 해서 뜻과 종류를 명확하게 표시하는 것은 전문가의 요점이고 학이 꼭 끝까지 탐구하는 것이다. 그래서 온전한 책에서 가려서 취한다. 단락[章]으로 그것을 크게 자르고 문장[句]으로 그것을 작게 정리한 뒤, 명의를 끌어대고 어지럽게 의지해 붙이는 것은 유서가 찬집할 때 하는 짓이지[24] 목록에 기록하는 일의 원류가 소중하게 여기는 것이 아니다. 또한 한비자의 「오두」와 「설림」이나 동중서[董子]의 「옥배」와 「죽림」 같은 것은 모두 편명으로 당시 돌아다니고 있었지만[25] 오늘날에는 모두 온전한 책에 모여 있다. 옛사람은 글을 지을 때 분리하는 경우도 있고 합치는 경우도 있기 때문에 교수와 순서대로 편집하는 일에 본디 일정한 기준이 없다. 「월령」은 『여씨춘추』에서, 「삼년문」(三年問), 「악기」, 「경해」는 『순자』에서[26] 특히 뚜렷한 것이다. 그러면 글을 가다듬어 따로 내는 방법은 무엇 때문에 목록에 기록할 수 없겠는가?"

이상은 열두 번째의 열 번째이다.

---

24 「문집」의 주18을 보라.

25 『한비자』 「오두」와 「설림」은 「시교 하」의 주47을 보라. 「옥배」와 「죽림」은 「시교 하」의 주50을 보라.

26 『예기』 「월령」은 「언공 상」의 주33을 보라. 『예기』 「삼년문」(三年問)의 글은 『순자』 「예론」 편의 후반부와 같고 「악기」는 『순자』 「악론」과 대략 같으며 「경해」의 '먹줄이 정말 펼쳐진다면'[繩墨誠陳] 단락도 역시 『순자』 「예론」과 같다.

12.11

초횡은 『한서』「예문지」가 『안자』를 '유가'에 넣은 것이 잘못이라고 생각해서 '묵가'에 고쳐 넣었다.[27] 묵자의 무리 가운데 제나라 출신이 지었다고 생각한 유종원의 이야기를 채택한 탓이다. 『안자』를 '묵가'로 돌렸다고 유종원이 안자를 묵가라고 생각한 것은 아니다.[28] 그 이야기는 참 옳다. 이것은 모든 책을 분류하고 편집할 때 주장을 아는[知言] 학이 있는 것을 소중하게 여기는 근거이고[29] 그렇지 않다면 이름에 휘둘려 내용을 헤아리지 못한다. 『단궁』이라고 이름 지은 글은 단궁이 지은 것이 아니다.[30] 『맹자』의 편명에 「양혜왕」이 있어도[31] 어찌 양혜왕을 유학자라고 하겠는가?

이상은 열두 번째의 열한 번째이다.

---

27 『안자』는 「시교 상」의 주76을 보라. 초횡 『규무』는 이러하다. "『한서』「예문지」는 『안자』를 '유가'에 넣었지만 잘못되었다. '묵가'로 고친다."

28 유종원 「변안자춘추」는 「언공 상」의 주37을 보라. 송렴 『제자변』은 이러하다. "『한서』「예문지」는 여덟 편이고 다만 『안자』라고만 했다. 수나라와 당나라 때는 일곱 권인데 이때부터 『안자춘추』라고 불렀지만 오늘날 책의 권수와 다르다. 『숭문총목』은 책이 이미 없어졌다고 한다. 세상에 전해지는 것은 아마 후세인이 안영이 행한 일을 골라서 이룬 것이리라. 그러므로 유종원은 "묵자[墨氏]의 무리 가운데 제나라 사람이 그것을 지었지 안영 스스로 지은 것이 아니다. 참되구나, 이 말은"이라고 말한다.

29 「첫 번째 원도」의 주15를 보라.

30 『예기』의 세 번째 「단궁 상」에서 육덕명 『경전석문』「예기음의」는 이렇게 말한다. "단궁은 노나라 출신인데 그가 예를 잘 알았기 때문에 그것을 근거로 편의 이름을 지었다."

31 『맹자』「양혜왕」 첫 번째에 대한 조기 주는 이러하다. "맹자는 위대한 유학자로서 제후의 스승이 되었다. 그래서 양혜왕이나 등문공으로 편의 제목을 지었다."

12.12

초횡은 『한서』 「예문지」가 『고조전』과 『효문전』을 '유가'에 넣은 것이 잘못이라고 생각해서 "제조류"[制詔]에 고쳐 넣었다.[32] 이 이야기는 사실과 비슷하다. 도리어 임금의 명령서[制誥]와 신하의 상주문[表章] 같은 부류는 '고사류'에서 '상서류'로 되돌려 붙이고 편집해야만 한다. 초횡이 그것을 집부에 돌려 넣은 것은[33] 완전히 틀렸다.

이상은 열두 번째의 열두 번째이다.

12.13

초횡은 『한서』 「예문지」가 『관자』를 '도가'에 넣은 것이 잘못이라고 생각해서 '법가'에 고쳐 넣었다.[34] 그 이야기는 참 옳다. 또한 『위료자』를 '잡가'에 넣은 것이 잘못이라고 생각해서 '병가'에 고쳐 넣었다. 그래서 정초에게 이런 이야기가 먼저 있었고[35] 초횡이 그것을 다시 펼친

32 『고조전』과 『효문전』은 「언공 상」의 주47을 보라. 초횡 『규무』는 이러하다. "『한서』 「예문지」는 『고조전』과 『효문전』을 '유가'에 넣었지만 틀렸다. "제조류"[制詔]로 고친다."

33 『국사경적지』 권5 「집류」(集類)는 "제조류", "표주류"[表奏], "부송류"[賦頌], "별집류", "총집류", "시문평류"[詩文評] 여섯 가지 분야로 나누고 있다.

34 『관자』는 「시교 상」의 주18을 보라. 초횡 『규무』는 이러하다. "『한서』 「예문지」는 『관자』를 '도가'에 넣었는데 잘못되었다. '법가'로 고친다."

35 『한서』 「예문지」 "제자략" '잡가'는 『위료』(尉繚) 스물아홉 편이라고 기록하고 있다. 원주는 이러하다. "전국시대이다." 안사고는 이렇게 말한다. "위는 성이고 료는 이름이다. 유향 『별록』은 '위료는 상군에게 배웠다'고 말한다." 초횡 『규무』는 이러하다. "『한서』 「예문지」는 『위료자』를 '잡가'에 넣었는데 잘못되었다. '병가'로 고친다."

것이다. 『한서』「예문지」에 따르면 『위료자』는 본디 '병형세가'(兵形勢家)에 있고 책은 모두 서른한 편이다. 『한서』「예문지」 '잡가'의 『위료자』는 책이 스물아홉 편에 그치는데 반고는 또한 '거듭되기 때문에 아울러 생략했다'고 기록하지 않았으니 본디 같은 책이 아니라는 의심이 든다.[36]

이상은 열두 번째의 열세 번째이다.

12.14

초횡은 『한서』「예문지」가 『산해경』을 '형법가'(形法家)에 넣은 것이 잘못이라고 생각해서 "지리류"에 고쳐 넣었다.[37] 그 주장은 사실에 가깝다. 그러나 『한서』「예문지」에는 '지리류'라는 전문 분야가 없기 때문에 종류대로 모으는 범례에 붙일 곳이 없었을 뿐이다. 소하가 진나라 도서[圖籍]를 거둬들인 뒤부터[38] 서한[西京]이 아직 망하기 전까지 유흠이 장고

나는 이렇게 생각한다. 『통지』「교수략」 "견명불견서론"(見名不見書論)은 이러하다. "책을 편집하는 사람[編書之家]는 떳떳하지 못한 경우가 많은데 이름만 보고 책은 보지 않는다. 『위료자』는 병서인데 반고는 제자백가의 부류라고 생각해서 '잡가'에 두었다. 이것이 이름만 보고 책을 보지 않은 것이다. 수나라와 당나라 때도 그것에 근거해서 『숭문총목』[崇文目]에 이르러 비로소 병서류에 넣었다." 그래서 정초보다 앞서 이런 설이 있었다.

36 『사고전서총목제요』「병가류」는 이러하다. "『위료자』 다섯 권은 주나라 위료가 지었다. 그는 전국시대 사람일 테지만 그가 언제 태어나서 언제 죽었는지 모른다. 『한서』「예문지」 '잡가'에는 『위료자』 스물아홉 편이 있고 '병형세가'에 『위료자』 서른한 편이 있다. 오늘날 '잡가'의 것은 없어졌지만 '병가'의 것은 스물네 편을 전하고 있다."

37 『산해경』은 「경해 중」의 주18을 보라. 초횡 『규무』는 이러하다. "『한서』「예문지」는 『산해경』을 '형법'에 넣었는데 잘못되었다. '지리'로 고친다."

38 「영청현지 여지도 서례」의 주15를 보라.

를 찾아갈 수 있었던 것도 바로 빠트리고 수록하지 않은 것 가운데 엉성하지 않은 것이 있었기 때문은 아닌지 나는 혼자 생각한다. 하물며 반고가 「지리지」를 처음 만들 때, 군과 현 다음의 자주에서 진나라 때 어떤 땅 어떤 이름이라 했다고 말한 경우는[39] 다름 아니라 진나라 때 도서[圖籍]의 글이다. 서한 때 대대로 이어지고 신나라[新莽]에 이르기까지 지명을 여러 번 고치고 바꾼 것도 「지리지」의 주에 나타난다.[40] 당시 틀림없이 그 책이 있었지만 역사서가 그것을 사라지게 만들어 버렸을 것이다. '지리류'와 '형법가'의 주장은 서로가 서로의 내력이 된다는 이야기는 이미 앞에 보이므로 다시 논하지 않겠다.

이상은 열두 번째의 열네 번째이다.

12.15

초횡은 『한서』 「예문지」에 '음양가', '오행가', '시귀가', '잡점가', '형

39 예를 들어 『한서』 「지리지」 "경조윤"(京兆尹) 다음의 자주는 이러하다. "옛 진나라 내사(內史)는 고조[高帝] 원년에 새국(塞國)에 속하게 했다가 2년에 위남군(渭南郡)으로 고쳤고 9년에 그만두고 다시 내사로 만들었다. 무제 건원 6년에 우내사(右內史)로 나누고 태초 원년에 경조윤으로 고쳤다." 경조윤에 딸린 속현(屬縣)인 화음(華陰) 다음의 자주는 이러하다. "옛 음진(陰晉)은 진나라 혜문왕 5년에 영진(寧秦)이라고 이름을 바꿨고 한나라 고조 8년에 화음이라고 이름을 바꿨다" 따위가 이것이다.

40 예를 들어 『한서』 「지리지」 "위성"(渭城) 다음의 자주는 이러하다. "옛 함양은 고조 원년에 신성(新城)이라고 이름을 바꿨다가 7년에 그만두고 장안에 소속시켰다. 무제 원정(元鼎) 3년에 위성이라고 이름을 바꿨는데 난지궁(蘭池宮)이 있다. 왕망 때 서울[京城]이다." 괴리(槐里) 다음의 자주는 이러하다. "주나라 때는 견구(犬丘)라고 했고 의왕(懿王)이 여기를 서울로 정했다가 진나라 때 폐구(廢丘)라고 이름을 바꿨다가 고조 3년 이름을 바꿨다. 황산궁(黃山宮)이 있는데 혜제[孝惠] 2년에 짓기 시작했다. 왕망 때 괴치(槐治)이다." 옳다.

법가' 모두 다섯 가지가 나오는 것이 잘못이라고 생각했기[41] 때문에 뭉뚱그려 "오행류"에 넣었다. 그는 '오행가'가 『상서』에 뿌리를 두고[42] '음양가'와 '시귀가'가 『주역』에 뿌리를 두고 있는 것을 모른다.[43] 모든 술수의 학은 각각 사승이 있고 거북점과 시초점은 장단점이 다르다.[44] 그는 「예문지」가 그것을 아울러 열거한 것을 아직 쪼개지 않았다고 싫어한다. 초횡은 통달하지 못해 "오행류" 목록에 얽었으니 어찌 옳겠는가?

이상은 열두 번째의 열다섯 번째이다.

---

41 초횡 『규무』는 이러하다. "『한서』 「예문지」에는 '음양가', '오행가', '시귀가', '잡점가', '형법가'가 "수술략"[數術]에 동시에 나오는데[互出] 오늘날 뭉뚱그려서 '오행가'에 넣는다." 초횡이 "수술략에 동시에 나온다"라고 말하지 "다섯 번 나온다"[五出]라고 말하지 않은 것에 따르면 "오"(五)는 "호"(互)라고 써야만 하지 않나 의심스럽다.

42 『한서』 「예문지」 '오행류' 「서록」(五行類叙錄)은 이러하다. "오행은 오상(五常)의 형상과 기운이다. 『서』는 이렇게 말한다. '처음 첫 번째가 오행이고 다음 두 번째가 다섯 가지 일[五事]을 드려서 쓰는[羞用] 것이다.' 다섯 가지 일을 드려서 쓴다는[進用] 것은 이를 근거로 오행을 따른다는 말이다. 모습[貌], 말[言], 보는 것[視], 듣는 것[聽], 생각[思]이 마음을 잃자 오행의 순서가 어지러워진 것과 오성(五星)의 갑작스러운 재앙이 일어난 것은 모두 달력의 숫자에서 나와서 하나씩 나뉜 것이다." 이것은 '오행가'가 '시귀가'나 '잡점가'와 다르기 때문에 뒤섞어서 하나로 만들 수 없다는 말이다.

43 『한서』 「예문지」 '시귀류' 「서록」(蓍龜類叙錄)은 이러하다. "시귀는 성인이 쓰는 것이다. 『역』은 이렇게 말한다. '천하의 길흉을 정하고 천하의 복잡한 일을 완성하는데 시초나 거북껍질보다 좋은 것은 없다. 그래서 군자가 장차 무엇을 만들려고 하거나 어떤 행위를 하려고 하면 그것에게 묻고 그것을 근거로 말하는데, 명령을 받는 일이 마치 메아리와 같다. 멀거나 가까운 것, 그윽하니 깊은 것도 빠짐없어 장차 오게 될 것을 결국 안다. 천하의 지극한 정밀함이 아니라면 어떤 것이 이것과 함께 할 수 있겠는가!'"

44 『춘추좌전』 「희공 4년」은 이러하다. "애초에 진나라 헌공이 여희를 부인으로 삼고 싶었다. 거북점을 치니 길하지 않다고 했는데 시초점을 치자 길하다고 했다. 헌공은 '시초점을 좇겠다'라고 말했다. 거북점을 친 사람[卜人]은 '시초점은 영검이 짧고 거북점은 영검이 오래가니 오래가는 쪽을 따르는 게 낫습니다'라고 말했다." 두예 주는 이러하다. "거북점은 형상[象]이고 시초점은 숫자[數]이기 때문에 형상이 오래가고 숫자가 짧다는 것이다."

교수통의(校讎通義)

권 3

열세 번째 한지육예(漢志六藝)

열네 번째 한지제자(漢志諸子)

열다섯 번째 한지시부(漢志詩賦)

열여섯 번째 한지병서(漢志兵書)

열일곱 번째 한지술수(漢志術數)

열여덟 번째 한지방기(漢志方技)

열세 번째 한지육예(漢志六藝)

13.1

육경이라는 이름은 후세에 시작되었지만 역시 뿌리를 두고 있는 것이 있다. 순자는 이렇게 말한다. "배움은 경을 외우는 데서 시작하고 예를 읽는 데서 끝난다."[1] 장자는 이렇게 말한다. "공자는 『시』, 『서』, 『예』, 『악』, 『역』, 『춘추』의 육경을 연구했다."[2] 순자와 장자는 모두 공자 제자의 제자(두 사람은 모두 자하[子夏氏]의 문인이라서 공자[聖人] 시대에서 멀지 않다)[3]

1 『순자』「권학」을 보라.

2 『장자』「천운」의 글이다. 『곤학기문』 권8은 이러하다. "육경은 『장자』「천운」 편에 처음으로 보이기 시작한다."

3 「경해 상」의 주24를 보라. 『곤학기문』 권8은 이러하다. "주희[朱文公]는 장자[莊周]의 학이 노자에게서 나왔다고 한다. 한비자[韓子]가 '자하 이후에 전자방이 있다. 전자방 이후 전해져서 장자[莊周]가 되었다'라고 비로소 말했는데 그 책이 전자방을

이고 그들의 책은 육경 목록을 명확하게 적었다. 그러면 「경해」가 『예기』에서 나왔다고 해서[4] 드디어 순경에게서 그 이야기를 표절했다고 할 수는 없다. 공자는 이렇게 말한다. "조술하지 창작하지 않는다." 또한 이렇게 말한다. "아마 모르면서 창작하는 사람이 있을 수도 있으나 나는 그런 것이 없다."[5] 육경의 글은 모두 주공의 오래된 전범이다.[6] 벼슬아치가 지키는 방식에서 나왔고 모두 불변하는 법[憲章]이기 때문에 그것을 조술하지 그것에 영향을 미치지 않는다.[7] 벼슬아치가 지키는 방식이 전해지지 않고 사유가 학업을 익히기 때문에 우러러 받들고 경이라고 일컫는다.[8] 성인의 무리가 어찌 사사로운 의도로 제목을 달아 억지로 경이라는 이름을 짝지어 후세인의 눈과 귀를 어지럽히겠는가? 그러므로 경이 여섯 가지가 있는 것은 『예기』에도 적혀 있고 『장자』에도 분명히 올라가 있기 때문에 덜어내서 다섯 가지로 만들어도 안 되고 보태서 일곱 가지로 만들 수도 없다. 이것이 일정한 도가 되는 근거이다.[9] 『논어』,

---

칭찬한 것을 근거로 비교해보면 전자방이 자하에게 배우고 장자가 전자방에게 배웠는지는 모두 알 수 없다."

4 육덕명 『경전석문』 「예기음의」는 『예기』의 스물여섯 번째 「경해」에서 이렇게 말한다. "정현은 이렇게 말한다. 『경해』는 그것을 근거로 육예와 정교의 성공과 실패를 기록한다."

5 『논어』 「술이」도 아울러 보라.

6 「첫 번째 원도」의 주6을 보라.

7 『예기』 「곡례 상」은 이러하다. "벼슬아치가 되려고 배우기 위해서는 스승을 섬긴다." 『예기정의』는 웅안생[熊氏]을 인용하여 이렇게 말한다. "환(宦)은 벼슬아치의 일을 배우는 것을 말한다. 학은 육예를 배우고 익히는 것을 말한다. 두 가지를 모두 갖춰야만 스승을 섬기는 것이지, 예가 아닌데도 친근하게 지낼 수는 없다." 이것은 학이 벼슬아치가 지키는 데 있고 스승과 제자가 학업을 전하던 옛날에는 모두 오래된 제도를 근거로 하지 억지로 만들지 않는다는 것을 알겠다.

8 「경해 상」은 이러하다. "관사가 나뉘는 지경이 되자, 처사는 거스르는 논의를 하고 제자백가는 갈피를 잡을 수 없이 어수선하게 글을 쓰고 주장을 세웠다. 글에 비로소 개인의 주장이 나타나게 되었고 전장과 정교에서 모든 것이 나오지는 않았다. 유가라는 유파는 육예를 존중하여 경으로 받들었다."

9 공자진 『육경정명』은 이러하다. "공자가 태어나기 오래 전부터 천하에 육경이 있었다. 장주가 지은 『장자』 「천운」 편은 이렇게 말한다. '공자는 「내가 육경으로 일흔 명의 임금에게 벼슬을 구했지만 아무도 쓰지 않았다」라고 말한다.' 『예기』는 이렇게

『효경』, 『이아』는 육경의 본래 형식이 아니다. 성인이 남긴 실마리를 학자가 높이다 보니 경이라는 이름으로 존중했을 뿐, 사실 모두 「전」이다. (주공의 오래된 전범이 아니라 관사가 늘 지켜야 하는 변하지 않는 도리이다) 이것은 육경과 표리관계일 수 있으나 육경과 나란히 제시해서는 안 된다. 대체로 관사가 늘 지켜야 하는 변하지 않는 도리가 경이고 사유가 강의하고 익히는 것이 「전」이다. 그 형식은 확실하게 구별된다. 이것은 성인의 글에 우열이 있다는 말은 아니다. 그래서 유흠의 『칠략』과 반고의 「예문지」가 육예의 이름을 편집하여 열거할 때 사실 아홉 가지가 된 이유이다. 아마 경이 위주이고 「전」은 보조적이라는 것은 바뀌지 않는 이치일 것이다.[10] 목록에 기록하는 후세의 방법은 지켜야 할 법도를 회복하지 못해서 칠경이라 부르는 경우도 있고 구경이라 부르는 경우도 있으며 십삼경이라 부르는 경우도 있어[11] 어지럽고 한결같지 않다. 만약 목록[甲

말한다. '공자가 「어떤 나라에 들어가면 그 가르침을 알 수 있다」고 말한 것은 『역』, 『서』, 『시』, 『예』, 『악』, 『춘추』의 가르침이 있다는 말이다. 공자가 본 『역』, 『서』, 『시』는 후세에 그것을 알게 되었다. 그렇다면 공자가 본 『예』는 곧 한나라 때 엄중에게서 나온 쉰여섯 편일 것이다. 공자의 이른바 『춘추』가 주나라 왕실이 갈무리하고 있던 백이십 개 나라의 보배로운 책이라는 것은 옳다. 그러므로 공자는 '조술하지 창작하지 않는다'라고 말한다. 사마천은 이렇게 말한다. '천하에서 육예를 말하는 모든 사람은 공자[夫子]에게 절충한다.' 육경과 육예라는 이름은 유래가 몹시 오래되었기 때문에 제멋대로 늘릴 수 없다."(『정암문집』 보편(補編)) 『백호통』은 이렇게 말한다. "경(經)은 상(常)이다. 오상(五常)의 도가 있기 때문에 '오경'이라고 한다. 『악』은 인(仁)이고 『서』는 의(義)이며 『예』는 예(禮)이고 『역』은 지(智)이며 『시』는 신(信)이다."(왕응린 『한서예문지고증』에서 인용) 왕수인 「계산서원존경각기」(稽山書院尊經閣記)는 이러하다. "경은 변하지 않는 떳떳한 도리[常道]이다. 그것이 하늘에 있을 때 명령[命]이라고 하고 그것을 사람이 선천적으로 타고날 때 본성[性]이라고 하며 그것이 내 몸에 있으면 마음[心]이라고 한다. 마음이니 본성이니 명령이니 모두 매한가지이다. 사람과 사물에 통달하고 천하에 통달하며 천지를 가득 채우고 고금을 가로지르기 때문에 갖추지 않은 것이 없고 같지 않은 것이 없으며 혹시라도 변하는 것이 없는 것이다. 그래서 변하지 않는 떳떳한 도리이다."(『왕양명전집』 권7)

10 학설은 「경해 상」에 상세하다.

11 기준이 되는 법[準繩]은 「시교 하」의 주72를 보라. 『곤학기문』 권8은 이러하다. "칠경(七經)이라고도 한다." 원주는 이러하다. "서한[後漢] 때 조전(趙典)은 공자의 칠경(七經)을 배웠다. 촉 출신 진밀(秦宓)은 문당[文翁]이 사마상여를 동쪽으로 보내 칠경을 전수받게 했다고 한다." 전조망은 이렇게 말한다. "칠경은 육경 이외에 『논어』를

긴]의 분류와 순서를 기록해도 본디 상하지 않는다. 이것은 바로 제목을 달아서 뜻을 알리고 스스로 저작을 지었지만 역시 세상에 유행하는 이름[稱謂]을 그대로 따르기 때문에 근본을 모른다고 말할 수 있다.(책을 헤아릴 때 몇 부(部)를 몇 경(經)이라고 해도 괜찮다. 유창 『칠경소전』(七經小傳)[12]과 황민(黃敏) 『구경여의』(九經餘義)[13]는 본디 몇 부인지 헤아린 숫자가 아니지만 육예라는 이름에 기대지 않으니 근본을 모르는 것이다)

이상은 열세 번째의 첫 번째이다.

13.2

『효경』은 본디 경이라고 이름붙인 것이고[14] '악류' 목록에 「전」은 있지만 경은 없다.[15] 그러나 『악기』는 본래 경부[經科]에 열거하지만[16] 『효

더한 것이다. 동한 이후에 『효경』을 더하고 『악』을 제외했다." 구경과 십삼경은 「경해 상」의 주36을 보라.

12 조공무 『군재독서지』 「경해류」는 이러하다. "『칠경소전』(七經小傳) 다섯 권은 송나라[皇朝] 때 원보 유창[劉敞原父]이 지었다. 그가 칠경이라고 한 것은 『모시』, 『상서』, 『춘추공양전』, 『주례』, 『의례』, 『예기』, 『논어』이다." 『사고간명목록』 "오경총의류"(五經總義類)는 이러하다. "송나라 때 사람들이 경이라고 부른 것이 끄떡없이 선유와 달라진 것은 사실 유창에게서 시작되었고 결국 한 시대의 기풍을 열었다."

13 『통지』 「예문략」 "경류"는 이러하다. "『구경여의』(九經餘義) 백 권은 송나라 때 처사 황민(黃敏)이 지었다."

14 『한서』 「예문지」 "육예략" '효경' 「서례」(孝經叙例)는 이러하다. "효는 하늘의 변치 않는 도리이고 땅의 올바른 도리이며 백성의 행실이다. 큰 것을 들어서 말하기 때문에 『효경』이라고 한다."

15 『한서』 「예문지」 "육예략" '악류'는 「악기」 이하 여섯 가지, 백예순다섯 편을 수록하고 있는데 모두 「전」의 글이다. 『경의고』 165는 이러하다. "『악경』은 『수서』 「경적지」에 네 권인데 사라졌다고 한다. 『한서』 「왕망전」은 이러하다. '원시 3년에 『악경』을 세웠다.' 응소는 이렇게 말한다. '주나라가 차츰 쇠락하면서 예악이 허물어진 데다 사나운 진나라를 거듭 만나 결국 비거나 없어졌다.' 나는 이렇게 생각한다. 『주

경』은 「전」의 범례에 따를 뿐이다. 이것은 유흠과 반고의 특별한 판단력 덕분이다. 아마 『악경』이 사라졌어도 「악기」는 여전히 보존된 까닭은 높낮이에 따른 순서는가 있기 때문일 것이다. 『악』은 본디 경부에 있었지 『효경』처럼 공자 제자가 지은 글에서 나오지 않았다.[17] 옛날 제후와 대부가 짝을 잃으면 귀첩(貴妾)이 주부를 대신하여[攝主] 일을 시행하지[18] 며

관』에 있는 성균의 법에 따라 이것을 근거로 국자에게 악덕, 악어, 악무 세 가지를 가르쳤다. 악덕은 바로 주자에게 가르치라고 기에게 명령한 「순전」의 몇 마디 말에 이미 그 요점이 포괄되어 있다. 악무는 바로 곡조에 맞춰 북을 치고 춤추는 멜로디인데, 경이라고 할 수 없다. 악에 경이 있다면 대략이나마 그 강령을 남겼을 것이다. 그래서 「대사악」이라는 장이 다름 아니라 바로 『악경』이라는 것을 알 수 있다. 「악기」가 이것을 따라 소리 높여 말한 것은 「관례」에 뜻이 있는 것이나 「상복」에 「전」이 있는 것과 같다. 다름 아니라 바로 『악경』이 오늘날까지 남아 있다고 해도 좋다."

16 『한서』 「예문지」 '악류'는 이러하다. "『악기』는 스물세 편이다." 『예기정의』 「악기」는 이러하다. "나는 이렇게 생각한다. 정현의 『목록』은 이렇게 말한다. '『악기』라고 이름 지은 것은 음악을 기록했다는 뜻이기 때문이다. 이것은 『별록』에서 『악기』에 속한다.' 아마 열한 편을 합쳐서 한 편을 만들었을 텐데 「악본」(樂本), 「악론」(樂論), 「악시」(樂施), 「악언」(樂言), 「악례」(樂禮), 「악정」(樂情), 「악화」(樂化), 「악상」(樂象), 「빈모가」(賓牟賈), 「사을」(師乙), 「위문후」(魏文侯)가 있다고 한다. 오늘날 비록 이것을 합쳤지만 대략 구분할 수 있다. 유향이 교정한 스물세 편은 『별록』에 수록되어 있지만 이제 잘라서 열한 편만 취한다. 나머지 열두 편의 이름은 「주악」(奏樂), 「악기」(樂器), 「악작」(樂作), 「의시」(意始), 「악목」(樂穆), 「설률」(說律), 「계찰」(季札), 「악도」(樂道), 「악의」(樂義), 「소본」(昭本), 「소송」(昭頌), 「두공」(竇公)이 이것이다. 나는 이렇게 생각한다. 『별록』은 『예기』 마흔아홉 편 가운데 「악기」가 열아홉 번째라고 했는데 그러면 「악기」 열한 편을 『예기』에 넣은 것이 유향 이전인 셈이 된다. 유향이 『별록』을 지을 때 이미 수록한 「악기」 열한 편을 다시 수록했고 또한 나머지 열두 편을 수록했기 때문에 몽땅 스물세 편이 된다."

17 『곤학기문』 권7은 이러하다. "호인[致堂]은 이렇게 말한다. '『효경』은 증자 자신이 지은 것이 아니다. 증자가 공자[仲尼]에게 효에 대해 물은 뒤 물러나와 공자의 여러 제자[門弟子]에게 그것을 말하자 여러 제자들이 종류대로 분류하여 책을 완성했다.'" 따로 「경해 상」의 주29에 상세하다.

18 『춘추좌전』은 이러하다. "혜공의 정실부인은 맹자이다. 맹자가 죽자 성자를 계실로 맞아들여 은공을 낳았다." 두예 주는 이러하다. "성(聲)은 시호이다. 아마 맹자의 질제(姪娣)일 것이다. 제후가 처음 장가들 때 동성 제후 나라는 질제를 잉첩으로 데려온다. 정실부인이 죽으면 둘째 부인[次妃]이 집안일을 대신 다스리지만 여전히 부인(夫人)이라고 부를 수 없기 때문에 계실이라고 하는 것이다." 공영달 『춘추좌전정의』는 이렇게 말한다. "잉(媵)은 송(送)이다. 작은 마누라[妾]로 보내서[送] 시집가게 한다고 말하기 때문에 부인의 질제도 역시 잉첩이라고 부른다. 경전의 설은 제후에게

느리가 본처라고 해도 주부를 대신하는 섭주라고 이름 짓지는 않는 법이다. 그리고 소목을 따진다 해도 주부와 귀첩의 반열에 며느리를 올릴 수는 없기 때문에 역시 그렇게 나누는 것이 당연하다. 그러면 육예라는 이름은 사실 『칠략』의 큰 줄거리이니 학자가 그 뜻을 몰라서는 안 된다.

이상은 열세 번째의 두 번째이다.

13.3

"육예략"을 읽는 사람은 반드시 「유림열전」을 참조해야 한다. 이것은 마치 "제자략"을 읽는 사람이 반드시 「맹순열전」, 「관안열전」, 「노장신한열전」을 참조하는 것과 같다.("시부략"이 「추양전」, 「매승전」, 「사마상여전」, 「양웅전」 등을 참조하고 "병서략"이 「손무오기열전」, 「사마양저열전」 등을 참조하며 "수술략"이 「귀책열전」[龜策], 「일자열전」 등을 참조하고 "방기략"이 「편작창공열전」[扁鵲倉公] 등을 참조한 것 가운데 그렇지 않은 것이 없다)[19] 맹자는 이렇게 말한다. "그

오로지 나중에 맞은 아내[繼室]라는 글만 있을 뿐이지 거듭 아내로 삼는 예절은 없다고 한다. 그러므로 정실부인[元妃]이 죽으면 둘째 부인이 집안일을 대신 다스린다는 것을 알겠다. 둘째 부인은 질제와 여러 잉첩들 가운데 가장 신분이 높은 사람을 말한다." 이것은 귀첩이 주부를 대신하여 일을 시행하는 것의 증명이다.

19 양계초는 이렇게 말한다. "「열전」만 가지고 논한다면 『사기』는 사회와 문화의 여러 면을 확실히 돌아볼 수 있지만 정치 분야의 대표적인 인물은 논하지 않았다. 학문과 예술 분야도 물을 가득 담았지만 새지 않는 것과 같다. 유향 『칠략』과 그것을 시험 삼아 비교해 보겠다. 「중니제자열전」, 「노장신한열전」, 「맹순열전」[孟子荀卿] 등과 같은 「열전」은 선진시대 학파를 널리 받아들여 포함한 것이 대략 갖춰져 있다. 「유림열전」은 진나라와 한나라 사이 학파의 연원에 대한 서술이 특히 상세하다. 이것은 「육예략」의 "제자략" 같은 무리이다. 「사마양저열전」[司馬穰苴]이나 「손자오기열전」[孫子吳起] 등과 같은 「열전」은 "병서략"의 무리이다. 「굴가열전」[屈原賈生]이나 「사마상여열전」 등과 같은 「열전」은 "시부략"의 무리이다. 「편작창공열전」[扁鵲倉公傳] 같은 것은 "방기략"의 무리이다. 「귀책열전」과 「일자열전」 같은 두 가지 「열

시를 읊고 그 책을 읽으면서 그 사람을 몰라서야 되겠는가?"[20] 「예문」이 비록 반고에게서 비롯되었지만 사마천의 「열전」은 사실 그것을 토론하고 있다. 그가 서술한 것을 보면 전국시대, 진나라, 한나라 사이에 살았던 여러 사람의 「열전」을 지으면서 학술의 연원과 문사(文詞)의 유파에 대해서 되풀이하지 않거나 순서대로 논하지 않은 적이 없다. 유향과 유흠은 아마 그의 의도를 알았을 것이다.[21] 그러므로 그가 책을 교정하면서 지은 여러 「서론」은 글의 순서를 자세히 조사해서 정한 동시에 그들의 평생을 미뤄 논하기도 했다. 책을 근거로 말하자면 「서록」이라고 해도 괜찮고 사람을 근거로 말하자면 「열전」이라고 해도 괜찮다. 역사가는 「예문」에 등록한 제목을 보존하고 「열전」에 행한 일을 수록하기 때문에 상세함과 간단함이 서로 드러나는 범례가 된다. 그래서 "제자략", "시부략", "병서략"은 역사서에 「열전」이 있는 사람을 마주칠 때마다 "「열전」이 있다"는 글자를 다음에 꼭 주로 달기[22] 때문에 사람들이 서로 참조해서 보게 만들어준다. 「예문」이 책을 근거로 기록할 때 지금 있는 책에 등록된 제목 이외에 한계를 넘어서 쓸 수 없는 것은 본디 그런 추세이기 때문이다. 옛사람들은 스승이 연원을 전수하면 입에서 귀로 전해서 익히고 죽간이나 백서에 적지 않았지만 사실 후세의 모든 서적이 여기서 시

전」은 "술수략"의 무리이다."(『요적해제급기독법』(要籍解題及其讀法)) 장학성의 이야기를 펼쳐 밝힐만한 것이다. 요진종 『한서예문지조리』는 이러하다. "나는 이렇게 생각한다. 이것은 그의 큰 줄거리를 특별히 말한 것일 뿐이다. 그가 밝혀낸 것을 논한다면 「열전」을 제외한 「기」, 「지」, 「서」, 「표」에도 모두 서로 증명할 수 있는 곳이 있다. 만약 그것이 구석진 곳에 숨긴 책이라면 비록 제자백가에서 그것을 찾으려 해도 남김없이 찾지 못하는 것이 있다. 앞 시대 사람이 미처 말하지 않는 것이 많기 때문에 수술에서 오행을 연구하는 사람은 어렵고도 어려운 것이다."

20 『맹자』 「만장 하」를 보라.

21 학설은 「화주지 예문서 서례」에 상세하다.

22 『한서』 「예문지」의 『안자』, 『맹자』, 『손경자』, 『노중련자』(魯仲連子) 같은 '유가', 『관자』 같은 '도가', 『상군』 같은 '법가', 『소자』나 『장자』 같은 '종횡가', 『굴원』 같은 '부가', 『오기』나 『위공자』(魏公子) 같은 '병가'에는 모두 "「열전」이 있다"라는 주를 달았다. 그러나 『노자』, 『장자』, 『신자』(申子), 『한비자』[韓子]에 대해서는 역시 책을 갖추지 않았다.

작했다. 아마 「열전」을 참조해서 보겠지만 깊고 드러나지 않는 것을 나중에 안다. 또 예를 들자면, 왕동, 주왕손, 정관 세 사람에게 전하가 전수한 『역』을[23] 『한서』 「예문지」가 세 학파의 『역전』이라고 이미 수록했다.[24] "상구는 공자에게 『주역』을 전수받았고 이후 다섯 세대에 걸쳐 전승된 뒤 전하에게 이르렀다. 한나라 때 『역』을 연구하는 사람[易家]은 아마 전하에게서 시작되었을 것이다. 전하보다 앞에는 아직 책이 없었다."[25] 그러면 이른바 다섯 세대에 걸쳐 전승될 무렵에 어찌 입에서 귀로 전수하고 전수받는 학이 없었겠는가? 이것이 『한서』 「예문지」 '역류'에서 『역』을 연구한 학파 가운데 처음 세운 사람들이다. 「유림열전」을 보지 않으면 무엇을 근거로 세 학파의 『역전』이 있다는 것과 앞서 전수받은 것이 본디 있다는 것을 알 것인가? 비직과 고상의 두 가지 『역』을 『한서』 「예문지」는 목록에 기록하지 않았는데 후세인들이 학관에 세우지 않았다고 생각한 탓이다.[26] 그래서 공안국 『고문상서』, 모장 『모

23 『한서』 「유림전」은 이러하다. "한나라가 일어난 뒤 제나라 전씨[齊田]가 두릉으로 옮길 때 전하도 옮겼기 때문에 두전생(杜田生)이라고 불렀다. 동무 출신의 자중 왕동[王同子中], 낙양 출신의 주왕손(周王孫), 정관, 제나라 출신의 복생에게 전수했는데 모두 『역전』 여러 편을 지었다." 안사고는 이렇게 말한다. "전하[田生]는 왕동, 주왕손, 정관, 복생 네 사람에게 전수했고 네 사람 모두 『역전』을 지었다."

24 『한서』 「예문지」 "육예략" '역류'는 『주씨역전』[易傳周氏]이 두 편이라고 한다. 반고의 자주는 이러하다. "자는 왕손이다." 또 『왕씨역전』[王氏]이 두 편이다. 자주는 이러하다. "이름은 동(同)이다." 또 『정씨역전』[丁氏]이 두 편이다. 자주는 이러하다. "이름은 관(寬)이고 자는 자양(子襄)인데 양나라 지역 출신이다."

25 『한서』 「유림전」은 이러하다. "노나라 상구 자목은 『역』을 공자에게 전수받았다. 그는 이로써 노나라 교비 자용에게 전수했다. 자용은 강동의 간비 자궁에게 전수했다. 자궁은 연나라 주추 자가에게 전수했다. 자가는 동무의 손우 자승에게 전수했다. 자승은 제나라 전하 자장에게 전수했다. 진나라가 학을 금지할 때 『역』은 점치는 책이라고 해서 홀로 금지되지 않았기 때문에 전수하고 전수받는 사람이 끊어지지 않았다." 조공무는 이렇게 말한다. "상구 자목은 공자에게 『역』을 전수받았고 다섯 세대 동안 전해져 전하에게 이르렀다. 한나라 때 『역』을 연구한 사람들은 모두 전하로부터 시작되었다. 전하 이전에는 아직 책이 없었다."(왕응린 『한서예문지고증』에서 인용)

26 『한서』 「예문지」 '역류' 「후서」(易類後序)는 이러하다. "진나라가 책을 불사를 때 『역』은 점치는 일이라고 생각해서 전수하고 전수받는 사람이 끊어지지 않았다. 한나라가 일어난 뒤 전하가 그것을 전수했다. 선제와 원제 때 이르러 시수, 맹희, 양구

시』[詩傳], 좌구명 『춘추좌전』이 모두 학관에 열거되지 않았지만 『한서』「예문지」는 아울러 기록하지 않은 적이 없다.[27] 「유림열전」을 보지 않으면 무엇을 근거로 두 사람에게 모두 장구가 없고 바로 구술해서 제자에게 전수한 일이 오히려 전하보다 앞선다는 것을 알겠는가. 「유림열전」에 따르면 이렇게 말한다. "비직은 『단전』, 『상전』, 『계사전』, 『문언전』 열 편으로 상경과 하경을 해설했다."[28] 이것은 장구를 짓지 않았다는 명백한 증명이다. 조공무[晁氏]는 『고역』(古易)을 헤아려 정할 때, 『단전』, 『상전』, 『문언전』을 괘 안에 뒤섞어 넣은 일이 비직에게서 시작되었다고 생각했다. 그래서 비직이 『고역』을 고쳤다고 탓한다.[29] 「예문지」의 「후서」

하, 경방이 학관에 열거되게 되었다. 그리고 민간에는 비직과 고상 두 가지 설이 있었다." 또 「유림전」은 이러하다. "비직은 동래 출신이고 『역』을 연구하고 점을 잘 쳤는데 장구는 없다. 다만 『단전』, 『상전』, 『계사전』 열 편, 『문언전』으로 상경과 하경을 해설했다. 낭야 출신 평중(平中) 왕황(王璜)이 그것을 전할 수 있었다. 고상은 패 출신이고 『역』을 연구했는데 비직[費公]과 동시대이다. 그의 학도 역시 장구가 없고 오로지 음양의 재이만 말하는데 정장군(丁將軍)에게서 나왔다고 주장하며 고상에게까지 전수되었다. 고상은 아들 고강[康] 및 난릉 출신 모장영(毋將永)에게 전수했는데 이때부터 『역』에 고씨학(高氏學)이 생겼다. 고상과 비직은 모두 학관에 세워진 적이 없다."

27 『한서』「예문지」 "육예략" '상서류'는 이러하다. "『상서고문경』(尙書古文經)은 마흔여섯 권이다." '시류'는 이러하다. "『모시』는 스물아홉 권이다." '춘추류'는 이러하다. "『좌씨전』은 서른 권이다." 나는 이렇게 생각한다. 세 가지 책은 한나라 평제 때 이르러 비로소 학관에 세웠다.

28 앞의 주26을 보라.

29 왕응린 『한서예문지고증』은 조공무를 인용하여 이렇게 말한다. "비직이 오로지 『단전』, 『상전』, 『문언전』만 근거로 『주역』의 효를 연구했다고 선유가 말했으니 『단전』, 『상전』, 『문언전』을 괘 안에 뒤섞어 넣은 일은 비직[費氏]에게서 시작된 것이다. 처음에 비씨학[費氏]은 학관에 열거하지 못하고 민간에만 유행하고 있다가 한나라 말 진원방(陳元方)과 정현[鄭康成]의 무리가 모두 비씨학[費氏]을 배우는 지경에 이르러 열두 편의 『고역』이 결국 없어졌다. 공영달은 또한 이렇게 말한다. '『상전』은 본디 경을 풀이하므로 서로 가깝게 붙여야 마땅하고 효의 상사(象辭)를 나눠 각 효마다 붙이는 것이 왕필[輔嗣]의 의도이다.' 그렇다면 비직[費氏]이 고대의 체제를 바꾸고 어지럽혔을 당시에는 마치 오늘날 「건」괘의 「단전」과 「상전」이 괘의 끄트머리에 매여 있는 것과 같았겠지? 『주역』의 옛 모습[古經]은 비직에게서 변하기 시작하고 결국 왕필에게서 크게 어지러워졌다."(『군재독서지』 「조래선생주역서록」(徂徠先生周易叙錄)을 살펴보면 이것보다 간략하다)

를 보지 않으면 시수, 맹희, 양구하 여러 사람의 경에 관한 글을 유향이 교정했다고 말할 것이다. 오로지 비직의 『역』만 고문과 같았기 때문에 비직에게는 본디 고대의 경을 고쳐서 어지럽힌 일이 없다.[30] 이것을 근거로 미뤄보면 고대의 학의 연원, 사유의 전수, 학을 이은 유파는 모두 헤아릴 수 있다. 「예문지」는 사실 학술의 근본이고 도를 밝히는 요점이지만 「열전」이 그것과 더불어 안팎으로 깨달아 밝힌다. 이것은 사부를 써서 경부를 돕는다는 명백한 증명이다. 그러나 후세인이 목록에 기록하는 일이 그저 목록[甲乙]을 만들어 숫자를 헤아리는 것일 뿐이라면 교수의 직책을 잃었기 때문이다.

이상은 열세 번째의 세 번째이다.

---

30 『한서』「예문지」'역류'「후서」는 이러하다. "유향은 궁중에 소장된 고대 문자로 쓴 『역경』으로 시수, 맹희, 양구하의 경을 교정할 때 무구나 회망을 빼버린 경우도 있었는데 오로지 비직의 경[費氏經]만 고문과 같았다." 장학성 「신척」은 이러하다. "유향은 궁중에 소장된 책을 교정하는 일을 맡아 궁중에 소장된 고대 문자로 쓴 『역경』으로 시수, 맹희, 양구하 세 사람을 교정했더니 무구나 회망을 빼버린 경우도 있었는데 오로지 비직[費氏]만 고문과 같았다. 후세인들은 「유림전」의 글을 오해하여 『상전』, 『단전』, 『문언전』으로 상경과 하경을 풀이하고 이것을 근거로 「전」을 나눠 경에 붙인 뒤 비직[費氏]에게서 시작되었다고 말한다. 그러나 그들은 「전」을 나눠 경에 붙인 것이 동한 때 정현과 왕숙 같은 사람들에게서 시작되었다는 것을 모른다."(가업당본 『장씨유서』외편 권1) 심흠한은 이렇게 말한다. "조공무는 이렇게 말한다. '『단전』, 『상전』, 『문언전』 따위를 괘 안에 섞어 넣은 일은 모두 비직을 시조로 한다.' 『문헌통고』도 이렇게 말한다. '『단전』, 『상전』, 『문언전』이 괘 안에 뒤섞여 들어간 일은 비직으로부터 시작되었다.' 나는 이렇게 생각한다. 『삼국지』「위서」는 이렇게 말한다. '조모[高貴鄕公]가 박사 순우준에게 『주역』에 대해 이렇게 물었다. 「공자는 『단전』과 『상전』을 짓고 경의 글과 서로 잇지 않았는데 주가 그것을 이은 것은 무엇 때문인가?」 순우준은 이렇게 대답했다. 「정현이 『단전』과 『상전』을 경에 합친 것은 학자들이 쉽고 똑똑히 찾아서 살펴보도록 만들고 싶었기 때문입니다.」' 그러면 『단전』과 『상전』 따위를 합친 일은 정현에게서 시작된 것이지 비직과 무관하다. 어쩌면 정현의 명성이 비직보다 더 대단했기 때문에 드디어 그만 들었을 뿐일 수도 있다. 공영달은 또한 이렇게 말한다. '『상전』은 본디 경을 풀이하므로 서로 가깝게 붙여야 마땅하고 효의 상사(象辭)를 나눠 각 효마다 붙이는 것이 왕필[輔嗣]의 의도이다.' 그래서 한나라 때부터 위나라 때까지 사이에 비씨의 판본[費氏本]에 주를 단 사람이 나누고 쪼갠 뒤 이어 붙인 것이다."(『한서소증』 권24)

13.4

'역류' 목록의 『고오자』의 주는 이렇게 말한다. "갑자부터 임자까지 『역』의 음양을 말한다."[31] 그 책은 "수술략"의 '음양가'에 서로 나타내야만 한다. 『재이맹씨경방』(災異孟氏京房)은[32] "수술략"의 '잡점가' 또는 '오행가'에 서로 나타내야만 한다.

이상은 열세 번째의 네 번째이다.

13.5

'상서류' 목록의 유향과 허상 두 사람은 각자 『오행전기』가 있는데[33]

---

31 『한서』「예문지」'역류'는 이러하다. "『고오자』는 열여덟 편이다." 반고의 자주는 이러하다. "갑자(甲子)부터 임자(壬子)까지인데 『역』의 음양을 말한다." 『초학기』 권21은 이러하다. "유향 『별록』은 이렇게 말한다. 교수한 것 가운데 『역전』의 『고오자』에서 중복된 것을 제외하고 열여덟 편으로 정해서 지었습니다. 육십사괘를 나눠 거기에 일진(日辰)을 적었는데 갑자부터 임자에 이르기까지 모두 다섯 개의 자(子)이기 때문에 『오자』라고 이름 지었다."

역주_ **일진**은 중화서국 표점본에 왈진(曰辰)이라고 되어 있다. 日과 曰의 모양이 비슷해서 틀린 것이 분명하므로 고쳐서 옮겼다.

32 『한서』「예문지」"육예략" '역류'는 이러하다. "『재이맹씨경방』(災異孟氏京房)은 예순여섯 편이다." 장혜언 『역의별록』(易義別錄)은 이러하다. "『한서』「예문지」에는 『맹씨경방』(孟氏京房)이 열한 편이고 『재이맹씨경방』이 예순여섯 편이다. 이것은 경방[京氏]이 맹씨 책에 주를 단 것이다." 『사고전서총목제요』를 살펴보면 『경씨역전』(京氏易傳) 세 권은 "술수류"(術數類)에 수록했다.

33 『한서』「예문지」"육예략" '상서류'는 이러하다. "유향 『오행전기』는 열한 권이고 허상 『오행전기』는 한 편이다." 왕응린 『한서예문지고증』은 이러하다. "복생이 처음 『대전』을 쓰자 오행의 근본 바탕이 비로소 상세해졌다. 유향이 「홍범」을 넓히자 길흉[休咎]의 글이 더욱 갖춰졌다." 또 이렇게 말한다. "하후시창(夏侯始昌)이 『홍범오

'오행가'에 서로 나타내야만 한다. 『상서』가 오로지 '오행가'인 것은 아니지만 '오행가'라면 『상서』에 뿌리를 두고 있다. 그러므로 꼭 서로 나타내야만 근원과 갈래를 얻는 것은 마치 『사마법』을 『주관』에 넣은 드러나지 않는 의도와 같다.[34]

이상은 열세 번째의 다섯 번째이다.

13.6

'시류' 목록의 한영 『한시외전』의 글은 춘추시대의 사건을 뒤섞어 기록하고 있어서 『시』의 의도와 거리가 대단히 멀다.[35] 아마 비흥의 뜻과 『시』의 여섯 가지 뜻에 의해 자기가 가려는 쪽으로 넓혔기 때문이리라. 『한시외전』은 '춘추류'에 서로 드러내 우경이나 탁초의 책과 서로 나란히 편집해야만 된다.[36] 맹자는 이렇게 말한다. "『시』가 사라진 뒤 『춘

행전』을 헤아려 조카 하후승에게 전했고 아래로 허상까지 전해지는데 「전」은 유향과 같다."

34 『한서』「예문지」"육예략" '예류'는 이러하다. "『군례사마법』은 백오십 편이다." 또 『병서략』의 반고의 자주는 이러하다. "『사마법』 백오십 편을 빼서 『예』에 넣었다."

35 『직재서록해제』「시류」는 이러하다. "『한시외전』 열 권은 한나라 때 상산 태부를 역임한 연나라 출신 한영이 지었다. 나는 이렇게 생각한다. 「예문지」에 『한고』 서른여섯 권, 『내전』 네 권, 『외전』 여섯 권, 『한설』(韓說) 마흔한 권이 있는데 오늘날 모두 없어졌고 보존된 것은 오로지 『외전』뿐이다. 권 숫자가 예전보다 많은 것은 아마 이것저것 적은 것을 많이 기록하고 있고 오로지 『시』만 풀이한 것이 아닌 탓일 텐데 과연 당시 그 책일까?" 『사고간명목록』 "시류"는 이러하다. "그 책은 고대의 사실과 고대의 말을 뒤섞어서 인용하고 시와 사로 증명하며 경의(經義)에 비겨서 적용하지 않고 서술한 것 가운데 주나라부터 진나라 때까지 제자백가와 서로 차이가 나는 것이 많다. 세 가지 『시』가 『춘추』를 취할 때 뒤죽박죽인 이야기를 택하는 바람에 모두 본뜻이 아닌 경우가 있다는 반고의 말은 어쩌면 이런 종류를 가리키는 것이겠지?"

36 『한서』「예문지」"육예략" '춘추류'에는 『탁씨미』 세 편이 있다. 반고의 자주는 이

추』가 만들어졌다."[37] 『춘추』와 『시』가 서로 안팎이 된다는 뜻은 『한시외전』에서 스스로 얻을 수 있다. 역사가 가운데 『춘추』를 배운 사람은 틀림없이 『시』에 대해 깊이 알고 있다. 사마천의 『사기』 백서른 편 같은 것이 이것이다.[38](「굴가열전」이나 「맹순열전」 같은 여러 「열전」이 더욱 가깝다) '시류'에 분류된 것은 또한 '악류'와 서로 통하게 해야만 한다.[39]

이상은 열세 번째의 여섯 번째이다.

13.7

'예류' 목록의 『중용설』(中庸說)은[40] "제자략"의 '유가'에 서로 나타내

러하다. "초나라 태부 탁초이다." 또한 『우씨미전』(虞氏微傳)은 두 편인데 자주는 이러하다. "조나라 재상 우경이다." 유향 『별록』은 이러하다. "좌구명은 증신에게 전수하고 증신은 오기에게 전수했으며 오기는 자기 아들 오기[期]에게 전수하고 오기는 초나라 사람 탁초에게 전수했다. 탁초는 『초촬』(抄撮) 여덟 권을 짓고 우경에게 전수했으며 우경은 『초촬』 아홉 권을 짓고 순경에게 전수했는데 순경은 장창에게 전수했다."(왕응린 『한서예문지고증』에서 인용)

37 『맹자』 「이루 하」의 글이다. 주희 주는 이러하다. "『시』는 사라지고 "서리"가 「국풍」으로 낮춰졌고 「아」는 사라지게 되었다. 『춘추』는 노나라 역사 기록의 이름인데 공자가 이것을 근거로 기록하기도 하고 삭제하기도 했다."

38 유희재 『문개』는 이러하다. "태사공의 글은 육예와 제자백가의 뜻을 함께 포괄하고 있다. 다만 측은한 감정과 억누르고 추켜세우는 일만 논한다면 삼백 편의 『시』 및 『이소』에서 얻은 것이 많다."

39 『곤학기문』 권5는 호인[致堂胡氏]을 인용하여 이렇게 말한다. "공자는 이렇게 말한다. '내가 위나라로부터 노나라로 돌아온 뒤에 음악을 바로잡자 「아」와 「송」[雅頌]은 각각 자기 자리를 얻었다.' 그래서 『시』와 『악』은 서로 필요로 하기 때문에 『악』은 책이 없다고 말할 수 없다." 시와 악이 서로 필요로 한다는 것은 그들이 서로 통한다는 증명이다.

40 『한서』 「예문지」 "육예략" '예류'는 이러하다. "『중용설』은 두 편이다." 안사고는 이렇게 말한다. "오늘날 『예기』에는 『중용』 한 편이 있는데 이것도 역시 본래 『예경』이 아니다. 이것은 아마 이런 유파일 것이다." 왕명성 『아술편』 「설록」은 이렇게 말

야만 한다. 『예기』의 여러 글[諸記]은 본디 어떤 학파의 주장이 아니기 때문에 글을 가다듬어 따로 내는 방법을 쓸 수 있지만, 글이 남김없이 전해지는 것이 아니고 오늘날 『대대예기』와 『소대예기』 두 가지만 보존되어 있어도[41] 글이 복잡하기 때문에 모두 열거할 수 없다. 대략 유향이 정한 것을 가지고 '제도'(制度)로 나눠 딸리게 할 것은 '고사류'에 넣어 '상서류' 목록에 붙일 수 있다. '통론'(通論)에 나눠 딸리게 할 것은 '유가'로 돌려 '제자류' 목록에 넣을 수 있다.[42] 위대한 근본 바탕을 뭉뚱그려 지니고 끌어다 째거나 찢지 않으면[43] 서로 나타내는 책은 각각 옳은 점이 있다.

이상은 열세 번째의 일곱 번째이다.

13.8

'악류' 목록의 『아악가시』(雅樂歌詩) 네 편은[44] '시류'에 분류된 것 및

한다. "『한서』 「예문지」는 『중용설』(中庸說)이 두 편이라고 하는데 앞에 수록한 『예기』 백서른한 편과 각각 다른 조목이다. 그러면 오늘날 『중용』은 바로 『예기』 백서른한 편 가운데 하나이고 『중용설』 두 편은 그것의 해고(解詁)일 것이다. 어떤 사람이 지었는지 모르지만 그 책도 안타깝게 전하지 않는다. '오늘날 『예기』에 있는 「중용」이라는 편도 본래 『예경』이 아니고 아마 이런 유파일 것'이라는 안사고의 말은 그래서 도리어 『중용』을 그저 일설을 주장한 유파로 만들었다. 안사고는 가끔 이렇게 허무맹랑하니 맞지 않다."

41 「경해 상」의 주35를 보라.

42 유향이 교정한 『예기』는 종류를 나눠 편집했는데 그런 분류 가운데 고증을 통해 알 수 있는 것은 첫째 '통론', 둘째 '제도', 셋째 '상복', 넷째 '길례' 또는 '길사', 다섯째 '제사', 여섯째 '자법' 또는 '세자법', 일곱째 '악기', 여덟째 '명당' 또는 '명당음양'이다.

43 「언공 하」의 주121을 보라.

44 『한서』 「예문지」 "육예략" '악류'는 이러하다. "『아가시』(雅歌詩)는 네 편이다." 왕응린 『한서예문지고증』은 이러하다. "『삼국지』 「위서」[晉志] "두기전"(杜夔傳)에는 오

"시부략"의 『잡가시』와 서로 드러나게 해야만 한다.

이상은 열세 번째의 여덟 번째이다.

13.9

'춘추류' 목록의 『동중서치옥』[董仲舒治獄]은[45] '법가'에 서로 드러내야만 하고 율령에 관한 책과 같은 부류이지만 분야를 나눈다. 이야기는 이미 앞에 보이므로[46] 다시 논하지 않겠다.

이상은 열세 번째의 아홉 번째이다.

래된 아악 네 곡이 있다. 첫째 「녹명」, 둘째 「추우」(騶虞), 셋째 「벌단」(伐檀), 넷째 「문왕」인데 모두 음악에 맞춰 읊는 고대의 노래 가사[聲辭]이다. 여기 네 편이 어찌 바로 그 네 곡이겠는가?"

45 『한서』「예문지」"육예략" '춘추류'는 이러하다. "『공양동중서치옥』(公羊董仲舒治獄)은 열여섯 편이다." 전대소는 이렇게 말한다. "『후한서』「응소전」(應劭傳)은 이렇게 말한다. 교동(膠東) 출신 고 동중서가 늙고 병들어 벼슬을 그만 두었을 때 조정에서 정치적 논의가 있을 때마다 정위 장탕을 자주 보냈다. 장탕은 몸소 누추한 동네까지 가서 성공과 실패에 대해 물었다. 그래서 『춘추결옥』(春秋決獄) 이백서른두 가지 일을 지어 바로 경을 근거로 대답했는데 주장이 상세했다."(왕선겸 『한서보주』에서 인용) 마국한 『옥함산방집일서』「춘추결옥집본서」[輯本序]는 이러하다. "동중서[董氏]는 『춘추공양전』의 학을 전하면서 이미 『춘추번로』[繁露]를 지었는데 필연과 작위의 심오한 비밀[天人之奧]을 남김없이 탐구하여 다시 이 책을 지었다. 경을 인용하여 중대한 범죄를 처결했기 때문에 한나라 때 거기에서 법식으로 취했다."

46 「열 번째 보교한예문지」의 두 번째 단락을 보라.

13.10

'논어류' 목록의 『공자삼조기』 일곱 편[47] 가운데 한 편은 오늘날 『대대예기』에 있다. 유향 『별록』에 일곱 편이 모두 『대대예기』에 나오는 것과 비교하면 유흠과 반고가 어디서 나왔는지 기록하지 않은 바람에 결국 글을 가다듬는 일이나 호주를 다는 의도는 모두 뒤좇을 수 없게 되었으니, 안타깝구나!

이상은 열세 번째의 열 번째이다.

13.11

'효경류' 목록의 『고금자』(古今字)와 『소이아』는 같은 부류이다. 나는 이렇게 생각한다. 『이아』는 훈고류(訓詁類)이고 의리를 위주로 한다. 『고금자』는 전예류(篆隷類)이고 글자꼴을 위주로 한다. 그러면 『고금자』는 반드시 『사주』(史籒)와 『창힐』 등 여러 편에 기대어 분류해야만 하지 『이아』와 같이 분류해서는 안 된다.[48] 두 가지 책을 '효경류'에 넣으면 안

---

47 「네 번째 별재」의 주2를 보라.

48 『한서』「예문지」"육예략" '효경류'는 이러하다. "『소이아』는 한 편이고 『고금자』(古今字)는 한 권이다." 요진종 『한서예문지조리』는 이러하다. "나는 이렇게 생각한다. 『고금자』는 고금을 나눠 구별하고 그중 동일성과 차이를 말했을 뿐이다. 『모시』의 소가 인용한 「이아서」는 이러하다. '「석고」와 「석언」은 고대 문자와 현대 문자를 통하게 만드는데 고대의 말과 현대의 말이 다르기 때문이다. 「석훈」은 생긴 모양을 말한다.' 그러면 『고금자』와 『이아』나 『소이아』[小雅]는 같은 종류의 학이고 서로 표리 관계가 되는 것이기 때문에 그 다음에 붙였다. 또한 『이아』, 『소이아』[小雅], 『고금자』 세 가지 책은 한나라 때 모두 소학이라고 생각하지 않았기 때문에 『오경잡의』

된다는 것은 이미 따로 갖춰서 논했기 때문에[49] 여기서 다시 논하지 않겠다.

이상은 열세 번째의 열한 번째이다.

13.12

'악류' 목록에는 회남왕과 유향 등의 『금송』(琴頌) 일곱 편이 예전에 있었는데[50] 반고는 거듭되므로 삭제해야 한다고 생각한다. 오늘날 "시부략"과 그것을 비교했지만 드러내지 않는 것은 어찌 『한서』 「예문지」의 글이 없어지거나 사라진 탓이 아니겠는가? '춘추류' 목록은 "『태사공』 네 편을 생략한다"라고 주를 달았다.[51] 『태사공』 백서른 편이 본디 '춘추류' 목록에 분류된 것에 따르면[52] 편명은 이미 알 수 없지만 어찌 같은 「악」에 함께 돌리겠는가? 오히려 거듭해서 목록에 기록하는 일이나 글을 가다듬어 따로 빼내는 범례가 있는 것 아니겠는가?

이상은 열세 번째의 열두 번째이다.

다음에 붙였다."

49 「열두 번째 초횡오교한지」의 일곱 번째 단락을 보라.

50 『한서』 「예문지」 '악류'는 모두 여섯 가지, 백예순다섯 편이다. 자주는 이러하다. "회남왕과 유향 등의 『금송』(琴頌) 일곱 편을 내놓았다."

51 『한서』 「예문지」의 "『춘추』는 모두 스물세 가지, 구백마흔여덟 편이다." 반고의 자주는 이러하다. "『태사공』 네 편을 생략했다." 요진종 『한서예문지조리』는 이러하다. "나는 이렇게 생각한다. 『한서』 「예문지」의 이 글에 있는 도범(都凡)이라는 말 다음 주에서 '『태사공』은 네 편'이라고 말한 것은 풍상[馮氏]이 이어서 지은 책이어야만 한다. 풍상이 이어서 목록에 기록한 일곱 편은 네 편을 생략하고 열한 편을 지었기 때문에 반고와 위소[韋氏]가 모두 십여 편이라고 말했을 것이다.(「장탕전찬」 및 『한서』 「예문지」의 위소 주를 보라)"

52 「두 번째 종류」의 주14를 보라.

열네 번째 한지제자(漢志諸子)

14.1

‘유가’ 목록의 『주사육도』(周史六韜) 여섯 편은 병가의 책이다.[1] 유서(劉

1 『한서』「예문지」 “제자략” ‘유가’는 『주사육도』(周史六弢)가 여섯 편이라 한다. 반고의 자주는 이러하다. “혜왕과 양왕 무렵인데 어떤 사람은 현왕(顯王) 때라고도 하고 어떤 사람은 공자가 그것에 대해 물었다고도 한다.” 안사고는 이렇게 말한다. “다름 아니라 오늘날의 『육도』[今六韜]이다. 아마 천하를 취하는 일이나 군대의 일을 말한 것이리라. 도(弢) 자는 도(韜)와 같다.” 『중흥관각서목』[館閣書目]은 이러하다. “『주사육도』는 아마 각각 다른 책일 것이다.”(왕응린 『한서예문지고증』에서 인용) 심도(沈濤)는 이렇게 말한다. “나는 이렇게 생각한다. ‘오늘날의 『육도』’[今六韜]는 문왕과 무왕이 태공에게 군대와 전쟁의 일을 물은 것이라면서도 여기서 ‘유가’에 열거했기 때문에 오늘날의 『육도』가 아니다. 육(六)은 대(大) 자를 잘못 적은 것이다. 「고금인표」[人表]에는 주나라 벼슬아치 대피[周史大詖]가 있다. 고대의 사전[字書]에는 피(詖) 자가 없는데 『옥편』과 『광운』[篇韻]에 비로소 생겼기 때문에 도(弢) 자의 잘못인 것이 틀림없다. 『장자』「칙양」 편에서 공자[仲尼]가 태사 대도(大弢)에게 물었다

恕)는 “『한서』 「예문지」가 ‘유가’에 열거했으니 아마 병서는 아닐 것”이라고 말했지만[2] 오늘날 역시 비교할 수 없다. 반고의 자주를 보면 “어떤 사람은 공자가 그에게 물었다고 한다.” 그러면 반고가 이미 불안했기 때문에 먼저 그런 이야기를 붙여서 유흠이 유가로 분류하고 편집한 뜻을 드러내려고 했을 뿐이다. 비록 그렇지만 책은 이름과 내용을 찾아야만 하지 인명으로 분류와 순서를 나누지 않는다. 『태공』이라는 책에는 무왕의 물음이 있지만 무왕 때문에 그 책이 병가에서 나왔다고 하면 안 된다.(『한서』 「예문지」도 ‘도가’로 돌렸고 유흠 『칠략』은 ‘도가’와 ‘병가’에 서로 수록하고 있다)[3] 『내경』의 글에도 황제의 물음이 있는데 황제 때문에 그 책이 방기에서 나왔다고 하면 안 된다.[4] 가령 『육도』에 과연 공자의 물음이 있고 물음이 병서에 관한 것이라도 어찌 결국 ‘유가’로 돌려서 분류하고 편집

고 할 때 그 사람이 아마 바로 그 사람일 것이다. 이것은 바로 그가 지은 글이기 때문에 공자가 그것에 대해 물었다는 반고의 설이 있다. 안사고가 태공 『육도』라고 생각한 것은 잘못이다. 오늘날 『육도』는 『태공』 이백서른일곱 편 안에 있어야만 한다.”(『동위두재수필』(銅熨斗齋隨筆))

2 유서(劉恕) 『통감외기』는 이러하다. “뜻이 유가에 있기 때문에 병가의 책이 아니다.”(왕응린 『한서예문지고증』에서 인용) 『송사』 「문원전」은 이러하다. “유서는 자가 도원(道源)이고 균주(筠州) 출신이다. 스무 살도 되지 않았을 때 진사에 합격하자 임금이 특별히 집을 내려주고 거록 주부와 화현 령(和縣令)으로 옮겼다. 사학을 도탑게 좋아하여 사마천[太史公]이 기록한 때부터 북주 현덕 연간 말에 이르기까지, 「본기」와 「열전」 이외에도 개인적인 기록과 잡다한 이야기까지 두루 보지 않은 것이 없었고 위아래 수천 년 동안 크고 작은 사실을 마치 손가락으로 손바닥을 가리키는 것처럼 잘 알았다. 사마광이 『자치통감』을 편집할 때 편찬 기구의 일원[局僚]으로 불렀고 역사 사실 가운데 어지럽게 얽혀서 정리하기 어려운 역사 사실에 부딪히면 바로 유서에게 맡겼다. 유서는 위나라와 진나라 이후의 사실에 대해 고증이 모자라거나 잘못이 있지만 가장 정밀하고 상세하다. 벼슬은 비서승에 이르렀고 죽을 때 나이는 마흔일곱이다. 저서에는 『오대십국기년』(五代十國紀年)과 『통감외기』가 있다.”

3 『한서』 「예문지」 “제자략” ‘도가’는 이러하다. “『태공』은 이백서른일곱 편이다. 또한 “병서략” ‘권모가’[權謀類]의 자주는 이러하다. “『태공』을 생략했다.” 그래서 유흠 『칠략』은 ‘도가’와 ‘병가’에 서로 수록했지만 반고는 중복되는 것을 생략했다.

4 『내경』은 「시교 상」의 주80을 보라. 왕응린 『한서예문지고증』은 이러하다. “하송 「동인수혈침구도경서」(銅人腧穴針灸圖經序)는 이렇게 말한다. 황제가 기백에게 이렇게 물었다. ‘그 주장을 남김없이 써서 금란실[金蘭之室]에 소장했다. 계뢰공(泊雷公)이 도를 듣기를 청하자 바로 명당에 앉아서 그것을 전수했다.’”

할 수 있겠는가?

이상은 열네 번째의 첫 번째이다.

14.2

'유가' 목록에는 『주정』(周政) 여섯 편과 『주법』(周法) 아홉 편이 있는데 책은 전해지지 않는다. 반고는 『주정』에 이렇게 주를 달았다. "주나라 때 법도와 정교이다." 『주법』에 이렇게 주를 달았다. "천지를 본받아 온갖 벼슬을 세웠다." 그러면 두 책은 아마 『관례』의 유산일 것이다. 그것을 '예류'[禮經] 다음에 붙이는 것이 마땅하지 '유가'에 넣는 것은 잘못이다.[5] 대체로 『한서』 「예문지」는 사부를 세우지 않았기 때문에 직관, 고사, 장정, 법도에 관한 책을 만날 때마다[6] 육예로 분류해서 편집하지 않

5 『한서』 「예문지」 "제자략" '유가'에는 『주정』(周政)이 여섯 편이다. 반고 자주는 이러하다. "주나라 때 법도와 정교이다." 또한 『주법』이 아홉 편이다. 자주는 이러하다. "하늘과 땅을 본받아 온갖 벼슬아치를 세운다." 요진종 『한서예문지조리』는 이러하다. "나는 이렇게 생각한다. 반고가 『칠록』과 『칠략』의 예전 것을 그대로 따라서 '유가'에 열거한 것은 틀림없이 까닭이 있을 것이다. 후세인은 그 책을 보지 못했기 때문에 딱 잘라서 아니라고 생각할 수 없었다."

6 직관은 「두 번째 종류」의 주17을 보라. 장정은 「서교 상」의 주15를 보라. 『수서』 「경적지」 사부 "구사류" 「서록」은 이러하다. "옛날 조정의 정사는 명령을 내려 시행하면 온갖 벼슬아치가 그것을 받들어 관청에 소장하고 각각 자기 직분을 행하며 그것을 잊지 않았다. 『춘추전』이 '나는 그것을 고부(故府)에서 보았다'라고 말한 것이 그 사실이다. 진나라 초에는 첫 번째 명령[甲令] 이하 구백여 권에 이르렀다. 진나라 무제는 거기장군 가충(賈充)에게 모든 유학자를 널리 인용하여 그중에서 삭제할 것은 삭제하고 요점을 가려 법률 열 편을 더하라고 명령했다. 그 나머지에서 오랫동안 다스리기에 충분하지 않은 것은 법령(法令), 제도로 시행할 것은 영(令), 품식(品式)과 장정은 고사(故事)를 지어 각각 자기 관청으로 돌려보냈다." 『상서』 「대우모」는 이러하다. "법도를 잃지 말라."

으면 '유가'나 '잡가'로 돌린다. 그러므로 '유가'와 '잡가'의 책은 종류대로 붙이면서 끌어다 뒤섞는 것이 대체로 많기 때문에 안타깝게도 그 책을 남김없이 보고 교정할 수 없었다. 유학자의 직분과 학업은 선왕의 도를 외우고 본받아서 나중의 학자를 기다리는 것이다.[7] 얻은 것을 근거로 일가의 주장을 스스로 이룬 사람은 맹자나 순자 같은 여러 선생님이다. 만약 직관, 고사, 장정, 법도가 당시의 실제 자취이고 어떤 학파가 세운 주장이 아니라면 '유가'에 붙이는 뜻은 어떻게 취하겠는가? 그러므로 『고조전』이나 『효문전』 같은 여러 가지 글이 '유가'에 들어간 일이 잘못이라고 이전 사람이 논한 것은[8] 옳다.

이상은 열네 번째의 두 번째이다.

14.3

'유가'의 『우씨춘추』 열다섯 편은 사마천이 「십이제후연표서」에서 여덟 편이라고 했다.[9] 어쩌면 처음에 여덟 편뿐이었지만 유향이 책을 교정할 때 글 순서를 나누고 쪼갰는지 알 수 없다. 그러나 '춘추'라는 제목을 달았어도 그가 지은 글은 위로 춘추시대에서 골랐고 아래로 가까운 시대를 살핀 뒤 글을 정해서 지었으니 이것도 또한 『춘추』의 지파나 별파이다. 방법은 『춘추』에 붙여 기록하고 "제자략"에 서로 나타나게 해야만

---

7 「원도 중」의 주15를 보라.

8 「열두 번째 초횡오교한지」의 주32를 보라.

9 『한서』「예문지」 '유가'에는 『우씨춘추』 열다섯 편이 있다. 반고의 자주는 이러하다. "우경(虞卿)이다." 『사기』「십이제후연표서」는 이러하다. "조나라 효성왕 때 재상 우경은 위로 춘추시대에서 고르고 아래로 최근을 살펴서 역시 여덟 편을 짓고 『우씨춘추』라 했다."

한다. 반고는 『한서』 「예문지」에 넣기는 했지만 겨우 '유가'에만 기록했으니 그가 사마천의 서례를 미처 익히지 못한 것이 안타까울 따름이다.

이상은 열네 번째의 세 번째이다.

14.4

사마천은 역사서[載籍]를 서술할 때 엉성하지만 이치에 맞았고 반고는 「예문지」를 기록할 때 빽빽하지만 이치에 어긋난다. 아마 사마천은 근원으로 거슬러 올라갈 수 있었고 반고는 오로지 자취만 변별했기 때문일 것이다. 사마천은 「십이제후연표서」에서 이미 『춘추』를 헤아려 위주로 했기 때문에 순서대로 그 형식을 논했던 좌구명, 탁초, 우경, 여불위 같은 여러 사람은 『춘추』의 방계이다. 맹자, 순자, 공손고, 한비자의 여러 책은 이름을 지은 의도가 각각 다르기 때문에 '춘추류' 목록과 서로 붙이지 않는다. 그러나 논변하고 기술한 것에 춘추시대의 사실을 언급한 것이 많아서 그것을 대략 기록했는데 아마 『춘추』의 방증일 것이다. 장창이 오덕을 역보 형식으로 짓고 동중서가 『춘추』의 뜻을 헤아린 것은 바로 『춘추』의 유파이기 때문에 글이 끝날 때까지 미뤄 펼쳐서 언급했다.[10] 그러면 이렇게 훌륭한 「십이제후연표서」를 보는 사람은 『춘추』와 절충한 것을 찾아도 유감이 없다. 책을 지은 사람의 학에 전문성이 있고 그가 지은 책의 뜻도 남들과 같지 않다면 본래 오로지 그를 위한 「열전」이 있더라도 따로 「표」를 만들어 밝힌다. 이것도 역시 유향과 임굉이 교수의 분류와 순서에 대해 거듭 호주를 다는 범례와 같다.[11] 반고가 법도

10 「영청현지 전지열전 서례」의 주4를 보라.

11 학설은 「세 번째 호저」에 상세하다.

에 얽매인 것은 종류대로 모으는 범례에 정통하기 어려운 것은 움직일 때 팔꿈치를 잡아끌 듯 방해가 많은 탓이겠지?[12]

이상은 열네 번째의 네 번째이다.

14.5

『가의』 쉰여덟 편이 '유가'에 수록된 것은 사실과 비슷하지만 '법가'에도 서로 나타내야만 한다. 『한서』「가의전」을 살펴보면 본래 제자백가의 책에 통달한 탓도 있지만 또한 하남 수 오공의 문하 출신이기도 한 탓에 그를 불러 박사로 삼았다. 오공은 이사에게 배우고 섬긴 적이 있었으며 나라를 다스리는 일과 행실이 천하제일이라는 이유로 불러다 정위를 삼았더니 바로 가의를 추천했다. 가의가 황제에게 올린 상소문은 달력을 바로잡고 옷 빛깔과 제도를 바꾸며 관직 이름을 정하고 예악을 일으켜야 한다고 칭찬하여 말하고 의법에 대한 모든 초안을 잡았다. 문제는 잠시도 망설이지 않고 겸손한 태도로 양보했다. 그래서 여러 가지 법

12 『여씨춘추』「심응람」 "구비"(具備)는 이러하다. "복자천(宓子賤)이 단보(亶父) 땅을 다스리게 되어 장차 출발하려는데 노나라 임금에게 가까운 구실아치 두 사람을 붙여 달라고 해서 그들과 함께 단보에 도착하게 되었다. 구실아치 두 사람에게 글을 쓰게 했다. 구실아치가 막 글을 쓰려고 하는데 복자천이 옆에서 때때로 그들의 팔꿈치를 끌어당기는 바람에 구실아치들의 글씨가 엉망이 되었다. 그러자 복자천은 글씨 때문에 성을 냈고 구실아치들은 그것을 대단히 근심하여 사직하고 원직으로 돌아갈 것을 요청했다. 복자천은 이렇게 말했다. '그대들의 글씨가 아주 엉망이니 그대들은 부지런히 돌아가시오.' 구실아치 두 사람이 돌아와 임금에게 보고했다. 노나라 임금은 크게 한숨지으며 이렇게 탄식했다. '복자천[宓子]은 이것으로 과인의 어리석음을 충고했구나. 과인이 그가 하는 일을 어지럽히고 복자천이 자신의 방법을 시행하지 못하게 만든 적이 틀림없이 여러 번 있었을 것이다. 너희 두 사람이 아니었다면 과인은 하마터면 잘못했을 것이다.'"

령을 바르게 고쳐 제후들과 그들의 나라에 미치게 되었는데 그런 이야기는 모두 가의에게서 터져 나온 것이다.[13] 또한 사마천은 "가의와 조조는 신불해와 상앙을 밝혔다"라고 말하는데[14] 지금도 그들의 글은 여전히 비교해 볼 수 있다. 그의 종지는 비록 유가에서 나왔지만 영향 받은 것은 사실 법가에 뿌리를 두고 있다. 『한서』「예문지」의 「서록」은 "'법가'라는 유파는 법률을 맡은 벼슬아치[理官]에게서 나왔다"라고 말하는데[15] 아마 법률 제도와 금지령이 『주관』의 형전(刑典)인 탓이리라. "'명가'라는 유파는 예를 맡은 벼슬아치[禮官]에게서 나왔다"라고 말하는데[16] 아마 명

---

13 『사기』「가생열전」은 이러하다. "가생은 이름이 의이며, 낙양 출신이다. 나이 열여덟 살에 시 짓기와 글짓기를 잘했기 때문에 군 전체에 소문이 났다. 오 정위(吳廷尉)가 하남(河南)의 수(守)였을 때 그의 뛰어난 재주를 듣고 문하에 불러들여 대단히 예뻐했다. 문제[孝文皇帝]는 즉위한 지 얼마 지나지 않아 하남의 수인 오 정위[吳公]가 나라를 다스리고 천하를 평화롭게 하는 데 천하제일인데 본래 이사와 같은 고을 출신이라서 늘 그에게 배우고 섬겼다고 들었다. 그래서 그를 불러서 정위를 삼았다. 정위는 이에 가생이 나이는 어리지만 제자백가의 책을 자못 외우고 있다고 말했다. 문제가 불러서 박사로 삼았다. 이때 가생은 나이가 스무 살 남짓이라서 가장 어렸는데 논의하라는 황제의 명령서가 내려올 때마다 여러 늙은 선생들도 대답할 수 없는 것을 가생은 남김없이 대답했다. 그의 대답은 사람들마다 각자 자기가 표현하려고 한 의도와 같았기 때문에 제생은 바로 능력이 미치지 못한다고 생각했다. 문제는 그를 좋아했기 때문에 발탁한 지 한 해만에 위계를 뛰어넘어 태중대부의 자리까지 이르렀다. 가생은 한나라가 일어나고 문제[孝文]에 이르기까지 이십여 년이 흘러 천하가 화합하게 되었으니, 마땅히 달력을 바로잡고 옷 빛깔을 바꾸며 제도를 바르게 하고 관직 이름을 정하며 예악을 일으켜야 한다고 생각했다. 이에 그런 사업과 의법에 대한 초안을 모두 잡으면서 빛깔은 노란 빛깔을 높이치고 숫자는 오를 써서 벼슬 이름을 지어 진나라 법을 남김없이 바꿨다. 문제가 막 즉위했을 때는 겸손하게 사양하는 일을 잠시도 머뭇거리지 않았다. 여러 가지 율령을 고쳐 정한 것 및 제후들[列侯]이 모두 나라를 가진다는 것에 대한 설은 모두 가의[賈生]에게서 터져 나온 것이다."

14 『사기』「태사공자서」를 보라. 가의[賈生]는 앞을 보라. 『사기』「조조전」(鼂錯傳)은 이러하다. "조조는 영천 출신인데 신불해와 상앙의 형명(刑名)을 지(軹) 출신 장회(張恢) 선생이 있는 데서 배웠다."

15 『한서』「예문지」 '법가' 「서록」(法家敍錄)은 이러하다. "법가라는 유파는 아마 이관에서 나온 듯하다. 공이 있는 자에게는 반드시 상을 주고 죄가 있는 사람에게는 반드시 벌을 줘서 예의 제도를 돕는다."

16 『한서』「예문지」 '명가' 「서록」(名家敍錄)은 이러하다. "명가라는 유파는 아마 예관(禮官)에서 나온 듯하다. 옛날에는 이름과 지위가 다르면 예절도 달랐다."

물과 도수가 『주관』의 예전(禮典)인 탓이리라. 옛날에 형법(刑法)과 예제는 서로 덜고 더하는 관계이기 때문에 『예경』이 삼백 가지, 예법에 맞는 몸가짐이 삼천 가지이다. 그러나 다섯 가지 형벌[五刑]이 삼천 가지에 속해서 조문이 자질구레하고 번잡한데 그 숫자가 마침 서로 같았다.[17] 그래서 거룩한 임금은 예절로 백성을 가르치고 형벌로 그들을 금지시켰다. 예절에서 벗어나는 것은 바로 형벌에 들어가게 마련이라 추세에는 어정쩡한 중간이 없었다. 그러므로 백성은 나날이 착한 쪽으로 옮아가지만 자신을 그렇게 만드는 까닭은 몰랐다.[18] '유가'라는 유파가 형벌과 예법을 뭉뚱그려 간략하게 만들고 도에 절충한 것은 아마 이런 착한 백성이 형벌과 예법의 자취에 얽매여 그들의 본성이 본디 가진 것을 잊어버릴까 두려웠기 때문이리라. 맹자는 이렇게 말한다. "그저 착하기만[善] 해서는 정사를 하기에 충분하지 않고 그저 법(法)만 따져서는 스스로 시행할 수 없다."[19] 법은 예법과 형벌의 조목인데 알맞은 규칙의 한도가 있는 것은 모두 법이 된다. 착함은 공경스럽고 환하며 문채로우며 사려 깊음[欽明文思]과 미쁘고 공손하며 공경하고 겸손함[允恭克讓]인데[20] 형체가 없는 것은 모두 착함이 된다. 정호는 이렇게 말했다. "「관저」와 「인지」의 뜻이 있은 이후에야 『주관』의 법도를 실행할 수 있다."[21] 이른바 「관저」와 「인지」의 인의가 법과 착함이고 이른바 『주관』의 법도에서 형벌과 예법에 속하는 것이 모두 법과 착함이다. 그러면 유가와 명가, 법가는 모

17 『예기』 「중용」은 이러하다. "『예경』에 맞는 몸가짐이 삼백 가지, 예법에 맞는 몸가짐이 삼천 가지이다." 『상서』 「여형」은 이러하다. "살갗에 먹물 넣는 형벌[墨罰]에 속하는 것이 천 가지, 코를 베는 형벌[劓罰]에 속하는 것이 천 가지, 발뒤꿈치를 베는 형벌[剕罰]에 속하는 것이 오백 가지, 생식기를 없애는 형벌[宮罰]에 속하는 것이 삼백 가지, 목숨을 끊는 형벌[大辟之罰]에 속하는 것이 이백 가지인데 다섯 가지 형벌에 속하는 것이 삼천 가지이다."

18 『맹자』 「진심 상」은 이러하다. "백성들은 날마다 선을 행하면서도 그렇게 만든 사람을 모른다."

19 『맹자』 「이루 상」을 보라.

20 『상서』 「요전」을 보라.

21 「사덕」의 주31을 보라.

두 같은 근원에서 나왔다. 이단인 불교, 도교처럼 사람의 도리[民彝]와 사물의 법칙[物則]을 물리쳐 끊어버리지 않고[22] 스스로 한 부분이 되었기 때문에 친근하다. 상앙과 한비자의 법은[23] 성인의 법에 뿌리를 두지 않은 적이 없지만 법을 제정하고 쓰는 근거가 잘못이다. 등석과 공손룡의 명(名)은[24] 성인의 명에서 벗어난 데서 얻지 않았지만 지니고 변별하는 근거가 잘못이다. 유가도 여덟으로 나뉘었고 묵가도 셋으로 나뉘었기 때문에[25] 유가도 역시 성인의 도에 맞지 않는 것이 있었다. 이것이 바로 목록에 기록하는 책이 근원과 갈래를 아는 일을 소중하게 여기고 또한 유파들을 잘 통하게 해야만 하는 까닭이다. 본원을 깊이 알고 삼대를 미뤄 논했기 때문에 가의가 임금다운 왕의 길을 말한 것이 유학자의 본보기가 된다는 것은 말할 필요도 없다.[26] 그러나 그가 법을 세우고 제도를 창조한 것과 금지령을 조목조목 열거한 것은 사실 법가의 내용이다. 그의 책을 법가에 서로 드러내는 것은 바로 그가 근본 바탕과 쓰임새를 갖췄다는 점을 밝히는 것이다. 유가라고 해서 본디 영광스럽게 생각할 필요가 없고 명가나 법가라고 해서 역시 숨기고 꺼릴 필요가 없다. 후세에는

22 「방지립삼서의」의 주13을 보라.

23 「시교 상」의 주18 및 주19를 보라.

24 『한서』「예문지」 '명가'에는 『등석』 두 편이 있다. 반고의 자주는 이러하다. "정나라 출신이고 자산과 같은 때이다." 또한 『공손룡자』는 열네 편이다. 자주는 이러하다. "조나라 출신이다."

25 『한비자』「현학」은 이러하다. "세상에 드러난 학은 유가와 묵가이다. 유가의 지극한 사람은 공자[孔丘]이다. 묵가의 지극한 사람은 묵적이다. 공자가 죽은 뒤에 자장의 유가, 자사의 유가, 안씨(顔氏)의 유가, 맹씨(孟氏)의 유가, 칠조씨(漆雕氏)의 유가, 중량씨(仲良氏)의 유가, 손씨(孫氏)의 유가, 악정씨(樂正氏)의 유가가 생겼다. 묵자가 죽은 뒤에 상리씨(相里氏)의 묵가, 상부씨(相夫氏)의 묵가, 등릉씨(鄧陵氏)의 묵가가 생겼다. 그러므로 공자와 묵자 이후에 유가는 여덟 가지로 나뉘고 묵가는 세 가지로 갈렸다."

26 유희재 『문개』는 이러하다. "가의 「진정사소」[陳政事]는 대체로 예를 근본[根極]이라고 생각한다. 유흠 「이양태상박사서」[移讓太常博士]는 이렇게 말한다. '한나라 조정에 있던 유학자는 오로지 가의 뿐이다.' 유일한 유학자[一儒]라고 단정한 것은 지극히 분명하게 알 수 있는데 어찌 사마천[太史公]은 그저 그가 신불해와 상앙에 밝았다고만 하는가!"

가학과 유파의 뜻을 모르고 서로 패거리를 나눠 보탬이 되지 않는 허튼 명성을 다툰다. 그중 '유가'에 열거된 책은 영광을 견디지 못하지만 '명가'나 '법가'에 편집된 책은 욕됨을 견디지 못한다. 성인의 도에서 같이 나왔지만 등급에는 높낮이가 있고 또한 각각 성공과 실패가 있다는 것을 어찌 알겠는가? 다만 이름과 내용이 서로 부합하는 것을 찾으려는 것은 마땅함을 얻기 위해서이다. 꼭 선택할 것이 없지만 나중에 그 학을 소중하게 생각하기 시작한다. 『한서』「예문지」가 처음 구류를 구별했지만 이미 유가와 잡가를 많이 뒤섞어서 어지럽혔다.[27] 후세의 목록에 기록하는 사람은 더구나 탁월하고 독특한 판단력을 따로 내지 못해서 어지럽게 유가와 잡가를 뱀이나 용이 우글거리는 늪으로 만들어 버렸다.[28] 모든 제자백가의 저술이 의도하는 것과 가리키는 것이 돌아갈 곳을 갑자기 정할 수 없을 때, 그것을 아끼면 '유가'에 붙이고 그것을 가볍게 여기면 '잡가'에 밀어 넣는다. 유가와 잡가가 나뉜 본뜻이 어찌 이와 같겠는가?

이상은 열네 번째의 다섯 번째이다.

14.6

『동중서』(董仲舒) 백스물세 편이 '유가'에 분류되어 있는 것은 옳다. 그러나 동중서가 지은 것은 모두 경술을 밝히려는 의도이다.[29] 『춘추』의

---

27 구류는 「시교 상」의 주22를 보라. 『한서』「예문지」의 '유가'와 '잡가' 목록에 기록된 것은 뒤죽박죽 어지럽다. 학설은 앞을 보라.

28 「시교 상」의 주35를 보라.

29 유희재 『문개』는 이러하다. "동중서의 학은 『춘추공양전』에 뿌리를 두고 적극적으로 나아가 몸가짐을 이룩했고 예가 아니면 행하지 않았기 때문에 그는 예에 대해

사실을 이야기할 때 성공과 실패를 틈틈이 들고 있는데 이른바 「옥배」, 「번로」, 「청명」, 「죽림」 같은 것은 '춘추류'의 분류와 순서에 서로 드러내야만 하는 것들이다.[30]

이상은 열네 번째의 여섯 번째이다.

14.7

환관 『염철론』 예순 편을 '유가'에 분류한 것도[31] 역시 참 옳다. 다만 소금과 쇠에 대한 논의는 바로 소제[孝昭] 당시의 정사이고 그 사실은 「식화지」에 나타난다.[32] 환관은 일시적으로 이른바 문학과 현량의 대책과 논의를 지어서 모았다.[33] 이것은 바로 당시의 오래된 일을 갖췄지만

깊이 아는 사람이다. 위대한 도를 그가 지극하게 논한 것을 보면 심오한 동시에 크고 넓으며 여러 경의 뜻을 알아 꿰뚫지 못한 것이 없었다."

30 나는 이렇게 생각한다. 『한서』 「예문지」 '유가'는 이러하다. "『동중서』는 백스물세 편이다." 오늘날 보존된 『춘추번로』는 열일곱 권이다. 진진손 『직재서록해제』는 「춘추류」에 수록하고 이렇게 말한다. "「동중서전」은 지은 글 백여 편을 수록하고 있는데 「청명」, 「죽림」, 「번로」, 「옥배」 같은 것들이다. 오늘날 뭉뚱그려 『번로』라고 이름 짓고 「옥배」나 「죽림」 같은 것은 모두 『번로』의 편명이 되었는데, 이것은 본래 참된 것이 결코 아니다." 왕선겸 『한서보주』는 이러하다. "나는 이렇게 생각한다. 「동중서전」에서 동중서가 지은 것은 모두 경학[經術]의 의도를 밝히려는 것 및 갖가지 가르침을 풀이한 것인데 모두 백스물세 편이다. 춘추시대 사실의 성공과 실패를 말한 「문거」(聞擧), 「옥배」, 「번로」(蕃露), 「청명」, 「죽림」 같은 것이 다시 수십 편, 십여만 단어나 된다. 그래서 여기 백스물세 편은 일찌감치 없어졌기 때문에 『춘추번로』[繁露]의 여러 글 안에 없다."

31 『한서』 「예문지」 '유가'는 이러하다. "환관 『염철론』은 예순 편이다." 안사고는 이렇게 말한다. "환관은 자가 차공(次公)이고 여남 출신이다. 소제 때, 승상 어사와 여러 현량문학이 소금과 쇠의 전매에 대한 일을 논했는데 환관이 그것을 지어서 편집했다."

32 「사덕」의 주42를 보라.

유학자 무리[儒門]를 위해 멋과 절개[風節]를 남김없이 드러낸 것은 아니다. 이런 방법은 '고사류'에 서로 나타내야만 한다. 그러나 『한서』「예문지」에는 '고사류'라는 전문 분야가 없기 때문에 역시 '상서류' 뒤에 붙여도 된다.

이상은 열네 번째의 일곱 번째이다.

14.8

유향이 편집한 예순일곱 편 가운데 '유가'에 분류되어 있는 것은 『세설』, 『신서』, 『설원』, 『열녀전송도』(列女傳頌圖) 네 가지 책이다.[34] 이것은 유흠 『칠략』이 수록한 것인데 제대로 된 분류가 전혀 없다. 반고가 그것을 좇아 본받은 것은 양웅이 편집한 서른여덟 편이 『태현』, 『법언』, 『악』, 『잠』 네 가지를 나누지 않은 폐단 때문이다. 정초는 반고가 양웅을 마구 뒤섞어 수록하면서 제대로 된 분류가 없는 것을 나무라고 반고가 『칠략』을 배우지 못한 증명이라고 말했다.[35] 그는 반고가 본디 유흠

33 『사고전서총목제요』「유가류」는 이러하다. "『염철론』은 열두 권인데 한나라 환관이 지었다. 환관은 자가 차공(次公)이고 여남 출신이다. 소제 시원 6년에 군국에 현량한 선비와 문학의 선비를 천거하라는 명령을 내리고 백성들이 무엇으로 고통 받는지 물었는데 모두 염철관[鹽鐵]과 주각관[酒榷]을 없애길 청했다. 어사대부 상홍양 등과 함께 건의한 뒤 서로 트집을 잡고 따졌다. 환관은 그들이 논한 것을 모아서서 책을 지었는데 모두 예순 편이다. 나중에 주각관[榷酤]은 그만두었지만 염철관은 예전과 같았기 때문에 환관이 이런 책을 쓰면서 오로지 '염철'이라는 이름만 지은 것은 아마 정의를 남김없이 시행하지 못한 것이 안타까웠기 때문일 것이다. 명나라 때 화정(華亭) 출신 장지상(張之象)이 그것을 위해 주를 달았다."

34 『한서』「예문지」 '유가'는 이러하다. "유향이 편집한 것은 예순일곱 편이다." 반고의 자주는 이러하다. "『신서』, 『설원』, 『세설신어』, 『열녀전송도』이다." 유향은 「교수통의서」의 주2를 보라.

을 본받았다는 것을 몰랐다. 그래서 유흠이 처음으로 창조한 것에 대해서는 고의로 죄인을 놓아주듯 풀어주고 반고가 유흠을 근거로 그대로 따른 것은 독하게 단죄했다. 심하구나, 사람 마음에 치우치고 나쁜 마음이 있어서는 안 되는데. 나는 이렇게 생각한다. 『설원』과 『신서』가 춘추시대 사실을 뒤섞어 열거한 것은[36] '춘추류'의 글에 서로 나타내야만 한다. 『세설』은 오늘날 상세하게 알 수 없지만 "「질참」(疾讒), 「적요」(摘要), 「구위」(救危) 및 「세송」(世頌) 같은 여러 편의 글은 고대의 사실에 의지하고 자신 및 같은 부류의 사람을 가엾게 여긴다"는 「유흠전」의 말도[37] 역시 '춘추류'에 서로 나타낼 수 있을 듯하다. 오로지 『열녀전』만 본디 『시』와 『서』가 수록한 여자의 덕성 가운데 장래에 법도를 내려 경계시킬 만한 사실을 골라서 이것을 근거로 궁궐을 풍자하고 간언했다.[38] 그

35 「열한 번째 정초오교한지」의 주1을 보라.

36 『한서』 「유향전」은 이러하다. "「전」과 「기」, 행한 사실을 가려서 『신서』와 『설원』 쉰 편을 지었고 그것을 바쳤다." 『사고전서총목제요』는 이러하다. "『신서』는 열 권이다. 『숭문총목』은 '『신서』가 수록한 것은 모두 전국시대, 진나라, 한나라 무렵의 일'이라고 말한다. 오늘날 판본으로 그것을 비교해 보면, 춘추시대의 사실이 월등히 많고 한나라 때 사실은 그저 몇 조목에 지나지 않는다. 대체로 제자백가의 「전」과 「기」를 골라서 종류대로 서로 따르게 했기 때문에 자못 『춘추좌전』과 『국어』[春秋內外傳], 『전국책』, 『태사공서』와 서로 차이가 생겼다. 고대의 풀이[古訓]를 헤아리고 밝혀서 도덕과 인의에 알맞게 맞췄기 때문에 제자백가 가운데 있어도 유학자의 주장을 잃지 않은 것과 같다. 『설원』 스무 편은 모두 빠진 글과 사라진 사실을 기록하고 있기 때문에 법도로 삼아 경계할 바탕이 되기 충분하다. 범례는 대략 『한시외전』과 같다. 고대 문헌이 흩어지고 사라졌지만 여기 보존된 것이 많다. 『한서』 「예문지」에 있는 『하간헌왕』(河間獻王) 세 편 같은 것은 『수서』 「경적지」가 미처 목록에 기록하지 않았지만 이 책이 수록한 네 조목에서 여전히 순수하고 참된 그의 논의를 보기에 충분하니 유학의 큰 학자라 하더라도 부끄럽지 않다. 나머지도 역시 골라 뽑을 만한 것이 많은데 비록 전해들은 다른 말이 많다지만 본디 자그마한 흠 때문에 온전한 구슬[全璧]을 더럽히지 못했다."

37 원제 때 중서 환관(中書宦官)인 홍공(弘恭)과 석현(石顯)이 권력을 제멋대로 휘두르자 태부 소망지, 소부 주감(周堪), 주감의 조카 장맹(張猛)이 남의 죄에 관련되어 모함을 받았다. 소망지와 장맹이 스스로 목숨을 끊고 유향도 연좌되어 관직에서 쫓겨났다. 『한서』 「유향전」은 이러하다. "유향이 그것 때문에 상심해서 「질참」(疾讒), 「적요」(摘要), 「구위」(救危) 및 「세송」(世頌) 모두 여덟 편을 짓고 고대의 사실에 기대어 노래했는데 자신 및 같은 부류를 슬퍼했다."

래서 이것은 역사가가 쓰는 전기(傳記)의 글이다. 그러나 『한서』 「예문지」에는 미처 '전기'라는 전문 분야가 없기 때문에 역시 『춘추』 뒤에 붙여서 편집하는 것도 괜찮다. 그중 『시』 「국풍」을 인용하고 「아」를 엮었으며 『시경』의 여섯 가지 뜻에 흥을 맡긴 것이[39] 『한시외전』과 서로 차이가 있다면 '시류'[詩經]의 분류와 순서에 호주를 달면 거의 서로 부합할 것이다. 어쨌든 "제자략" '유가'의 책은 아니다.

이상은 열네 번째의 여덟 번째이다.

14.9

'도가' 목록의 『노자인씨경전』 네 편, 『노자부씨경설』 서른일곱 편, 『노자서씨경설』 여섯 편이 있다.[40] 나는 이렇게 생각한다. 『노자』의 본래 책에서 『도덕경』 상편과 하편이 오늘날 전해지는데 모두 여든한 장이다. 『한서』 「예문지」가 본래 책의 글 순서를 수록하지 않은 것은 유흠과 반고의 엉성함 때문이다.[41] 『한서』 「예문지」에는 여러 사람을 전주(傳

38 「고문십폐」의 주83을 보라.

39 「시교 하」의 주14를 보라.

40 『한서』 「예문지」 '도가'에는 『노자인씨경전』 네 편이 있다. 반고의 자주는 이러하다. "성은 이(李)이고 이름은 (耳)인데 인씨가 그의 학을 전했다." 또한 『노자부씨경설』 서른일곱 편이 있다. 자주는 이러하다. "노자의 학을 서술했다." 또한 『노자서씨경설』 여섯 편이 있다. 자주는 이러하다. "자는 소계(少季)이고 임회(臨淮) 출신인데 『노자』에 전을 지었다."

41 송렴 『제자변』은 이러하다. "『노자』는 두 권인데 『도경』과 『덕경』이 각각 하나이고 모두 여든한 장, 오천칠백마흔여덟 단어이며 주나라 주하사 이이가 지었다." 요진종 『한서예문지조리』는 이러하다. "『노자인씨경전』[鄰氏經傳] 네 편이라는 것은 『노자』[本經]가 두 편, 인씨의 「전」이 두 편이라는 것이고, 경전을 합쳐서 하나로 엮었기 때문인지 다음에 성이 이이고 이름이 이라고 주를 달았다. 『한서』 「예문지」는 편의

注)나 해의(解義)로 풀이한 것이 있는데 글 순서에서 떨어져 나간다면 목록에 기록할 때 꼭 본래 책에 있는 편장의 원래 숫자를 첫 조목에 올린다. 『한서』 「예문지」 "육예략"에 있는 여러 가지 경의 각 목록처럼 그것을 읽는 사람이 근원과 갈래를 헤아릴 수 있게 해주는데 이것이 그런 뜻이다.

이상은 열네 번째의 아홉 번째이다.

14.10

어떤 사람은 이윤과 태공이 모두 고대의 성인과 현인인데 어찌 도가가 으뜸으로 받들게 되었겠느냐고 의심하고 이것 때문에 후세인이 가탁한 것이라고 의심한다.[42] 이것도 역시 본디 이치에 맞는 이야기이다. 옛

숫자와 장의 숫자에 대해 언급하거나 수록하지 않은 경우가 많기 때문에 이 책만 그런 것은 아니다. 아마 그때는 『별록』도 있고 『칠략』도 있어서 말이 상세했기 때문에 간단하고 요긴하게 만드는 데 뜻을 두었고 간략한 쪽을 따른 것이리라. 그래서 유향과 반고가 미처 엉성함을 보지 못했다는 장학성의 말은 아마 한 귀퉁이의 견해일 뿐이리라."

42 『한서』 「예문지」 '도가'에는 『이윤』 쉰한 편이 있다. 자주는 이러하다. "탕왕의 재상이다." 『태공』은 앞의 주3을 보라. 왕응린 『한서예문지고증』은 이러하다. "『설원』 「신술」(臣術) 편과 『여씨춘추』는 모두 이윤이 탕왕의 물음에 대답한 것을 인용하고 있다. 저는 이렇게 생각합니다. 맹자는 이윤을 칭찬하면서 이렇게 말했습니다. '하늘이 우리 백성을 낳았고, 먼저 안 사람이 나중에 알 사람을 깨우치게 했으며, 먼저 깨달은 사람이 나중에 깨달을 사람을 깨닫게 했다. 나는 하늘이 낳은 백성[天民] 가운데 먼저 깨달은 사람이다. 나는 장차 이렇게 훌륭한 도[斯道]로 이렇게 훌륭한 백성[斯民]을 깨우치려고 한다. 내가 그것을 깨닫지 않았다면 누가 깨달았겠는가?' 이윤이 말한 도가 어찌 노자[老氏]가 말한 도이겠습니까? 『한서』 「예문지」가 "병서략" '병권모가'에서 『이윤』과 『태공』을 생략하고 '도가'에 넣은 것은 아마 전국시대 권모술수를 다루는 선비가 글을 지으면서 그것을 이윤에게 가탁했기 때문일 것입니다." 요진종 『한서예문지조리』는 이렇게 말한다. "나는 이렇게 생각한다. 도가의 주

사람이 글을 지을 때는 오로지 다른 사람의 주장이라도 끌어 당겨 칭찬하지 어느 쪽에 얽매이지 않는다. 도가의 내력은 『장자』 「천하」 편의 서술이 대략 볼만 하다.[43] 그러면 이윤과 태공을 노장[莊老]의 무리가 끌어다가 조상으로 생각한 것은 꼭 아니다. 대체로 글을 지으면서 칭찬한 사람이나 가설과 문대에서 어쩌다가 언급한 사람을 후세인이 변별하지 않으면 그 사람이 스스로 지었다고 생각한다. 그것이 비슷하지 않다는 것을 알고 나서도 후세인이 가탁한 것이라고 생각한다. 만약 책이 보존되어 있지 않다면 아마도 비교해서 바로잡기도 어려울 것이다. 하물며 '유

장은 황제에게서 시작되었다고 핑계를 댄다. 이윤이 탕왕을 좇아서 소왕의 일을 말했다고 하는 역사서의 주장은 아마도 역시 황제와 순임금[黃虞]의 주장이 많기 때문에 이것이 도가의 시조가 되는 근거라고 하는 것 같다. 하지만 노자는 오히려 나중에 일어난 사람이다."

43 『장자』 「천하」는 이러하다. "만물의 근본을 정밀하다고 하고 사물을 거칠다고 하며 소유를 축적하는 일을 부족하다고 하면서 청렴하고 욕심 없이 홀로 신명과 산다. 고대의 도술은 이런 상태에 머문 것이 있었다. 관윤과 노담은 그 가르침을 듣고 기뻐했다. 그들은 언제나 있지 않은 것[常無有]을 세우고, 태일(太一)을 위주로 하며, 연약하고 겸손한 태도를 겉에 드러내고, 자신을 공허하게 해서 만물을 망가뜨리지 않는 것을 알맹이로 삼았다. 관윤은 이렇게 말한다. '내게는 일정하게 머무는 일이 없고 사물의 형태를 따라 스스로 드러낸다. 움직임은 물과 같고 반응은 메아리 같다. 황홀함은 없는 것 같고 고요함은 물이 맑은 것 같다. 그것과 같아지는 사람은 조화롭지만 그것에서 얻는 사람은 잃게 된다.' 그는 남을 앞지르려고 한 적이 없고 남을 뒤따랐다. 노담은 이렇게 말한다. '수컷처럼 굳셈을 알고도 암컷처럼 부드러움을 지키면 천하의 물 흐르는 골짜기가 된다. 결백을 알고도 욕됨을 지키면 천하의 낮은 골짜기가 된다.' 남들은 모두 앞서려고 하지만 자신은 홀로 뒤따르려고 하면서 '천하의 더러운 때를 받아들인다'라고 한다. 남들은 모두 알맹이를 얻으려고 하지만 자신은 홀로 알맹이를 비운 틈을 취한다. 갈무리하지 않기 때문에 여유가 있고 우뚝하게 섰기 때문에 여유가 있다. 그가 몸을 움직일 때는 천천히 움직이면서 힘을 낭비하지 않는다. 억지로 하지 않으면서 교묘하게 하는 것을 비웃는다. 남들은 모두 복을 구하지만 자신은 홀로 구석구석 온전하다. 그는 '다만 허물만 피하면 된다'고 한다. 깊숙한 곳을 뿌리로 삼고 간단함을 줄기로 삼으며 '굳세면 허물어지고 날카로우면 무뎌진다'고 말한다. 늘 사물에 대해 너르게 받아들이고 사람에게 날카롭게 굴지 않으니 지극하다고 할 수 있다. 관윤과 노담이여! 고대의 넓고 크게 아는 참사람[眞人]이로구나!"

역주_ 보통 『장자』 판본에는 '움직임은 물과 같고'와 '반응은 메아리 같다'는 말 사이에 '고요함은 거울과 같다'[其靜若鏡]는 말이 있다. 여기선 다른 판본에 따라 주를 단 모양이다.

가'의 『위문후』와 『평원군』이[44] 꼭 유학자의 무리가 아닌 데도 어쩌다 편명에 그의 이름을 쓴 것은 『맹자』에 「양혜왕」이나 「등문공」 따위가 있는 것과 같을 뿐이다. 그렇지 않다면 유흠과 반고의 글 순서가 비록 엉성하지만 어찌 전국시대의 제후나 임금의 아들[公子]을 가지고 유가의 책이라고 부르는 지경에 이르겠는가?

이상은 열네 번째의 열 번째이다.

14.11

'음양가' 스물한 가지는 "병서략"의 '병음양가' 열여섯 가지와 마찬가지로 이름은 같은데 방법이 다른 것이며 치우치고 온전함에 각각 위주로 하는 것이 있다. 서례에서 그런 차이가 난 까닭을 깨달아 밝힌 것은 도리어 괜찮다. 만약 빠트리고 상세하지 않다면 잃어버려 엉성해진 것일 뿐인데 "제자략" '음양가'의 「본서」(本敍)만 희씨와 화씨의 관직에서 나왔다고 말하고 있다.[45] "수술략"[數術七略]의 「총서」(總敍)는 또한 "모두 명당, 희씨와 화씨, 사복(史卜)의 직책"이라고 말한다.[46] 이제 '음양가'의 분

44 「광류」의 주25를 보라.

45 『한서』 「예문지」 "제자략" '음양가' 「서록」[陰陽家敍]은 이러하다. "음양가라는 유파는 아마 희씨와 화씨의 관직에서 나왔을 것이다. 하늘[昊天]을 공경하고 따르며 달력으로 해, 달, 별을 상징하고 사람들에게 시간을 조심스럽게 주도록 했는데 이것이 그들이 잘하는 것이다."

46 『한서』 「예문지」 "수술략" 「서록」은 이러하다. "수술은 모두 명당이고 희씨와 화씨는 사복(史卜)의 관직이다. 사관이 벼슬을 그만둔 지 오래되었다. 그들의 책을 이미 갖출 수 없었던 까닭은 비록 그들의 책은 있었지만 그들과 같은 사람이 없었기 때문이다. 『주역』은 이렇게 말한다. '만약 적임자가 아니라면 도는 허투루 행하지 않는다.' 춘추시대에 노나라에는 재신(梓愼)이 있었고 정나라에는 비조가 있었으며 진나라에는 복언(卜偃)이 있었고 송나라에는 자위가 있었다. 전국시대에 초나라에는

류와 순서에 편집해서 열거한 것을 살펴보면 본디 "수술략"에 있는 '천문가'나 '오행가'와 서로 들어맞지 않는다. 그러면 유흠과 반고의 서례가 명확하지 않은 바람에 후학의 의혹을 피하지 못했다. 아마 "제자략"에 있는 '음양가'는 바로 추연의 하늘에 대한 이야기나 추석의 용을 조각하는 이야기처럼[47] 이치를 헛되이 논하지만 도수[數]는 증명하지 못하는 것이리라. "수술략"의 '천문가'나 '역보가'는 바로 『태일잡자성』[泰一], 『오잔잡변성』[五殘], 『상종일월성기』[日月星氣] 및 『황제력』[黃帝], 『전욱력』, 『전욱오성』[顓頊], 『일월수력』[日月宿曆] 같은 부류인데[48] 도수를 뚜렷이 증명하고 헛된 글을 펼치지 않은 것이다. 분야를 나누고 구별한 것은 본디 논할 수 없다. 오로지 서례에 대해서도 역시 깨달아 밝힌 것이 드문 것 같을 뿐이다. 그러나 도와 기가 합일하고 이치와 도수[理數]가 딱 들어맞는데도 유향과 유흠 부자는 제자백가를 교수하면서 '음양가'의 여러 글을 태사 윤함에게 맡기지 않고[49] 일곱 가지 강령을 본디 이미 잃어버

감공이 있었고 위나라에는 석신이 있었다. 대체로(夫, 나는 이렇게 생각한다. 여기 '대체로'라는 글자는 군더더기이다) 한나라 때 당도(唐都)가 있어서 큰 줄거리를 거의 얻었다. 근거가 있으면 이루기 쉽고 근거가 없으면 이루기 어렵기 때문에 아마 예전 책을 근거로 해서 수술을 여섯 가지(천문, 역보, 오행, 시귀, 잡점, 형법)로 편집했을 것이다." 나는 이렇게 생각한다. 일곱 가지는 「예문지」에 의거해서 여섯 가지라고 해야만 한다. 다음도 같다.

47 『한서』 「예문지」 "제자략" '음양가'에는 『추자』 마흔아홉 편이 있다. 반고의 자주는 이러하다. "이름은 연(衍)이고 제나라 출신이며 연나라 소왕의 스승이 되었다. 제나라 직하에 있었는데 별명이 하늘에 대해 이야기하는 추연[談天衍]이다." 또한 『추자종시』가 쉰여섯 편이다. 안사고는 이렇게 말한다. "역시 추연이 이야기한 것이다." 또한 『추석자』(鄒奭子)가 열두 편이다. 반고의 자주는 이러하다. "제나라 출신이고 별명이 용을 새기는 추석[雕龍奭]이다."

48 『한서』 「예문지」 "수술략" '천문류'는 이러하다. "『태일잡자성』(泰壹雜子星)은 스물여덟 권이다. 『오잔잡변성』(五殘雜變星)은 스물한 권이다. 『상종일월성기』(常從日月星氣)는 스물한 권이다." '역보류'는 이러하다. "『황제오가력』(黃帝五家曆)은 서른세 권이다. 『전욱력』(顓頊曆)은 스물한 권이다. 『전욱오성』(顓頊五星)은 열네 권이다. 『일월수력』(日月宿曆)은 열세 권이다."

49 『한서』 「예문지」는 이러하다. "태사령 윤함이 수술을 교정했다."

역주_ 태사령 윤함은 본래 '太史尹令咸'이라고 되어 있는데 식자공의 실수일 것이다.

렸다고 생각했다. 서례는 모두 희씨와 화씨를 벼슬아치가 지키는 방식이라고 인용하지만 이것은 또한 정밀하지 못한 허물이다. 장주가 지은 『장자』「천하」 편은 고금의 학술을 서술하고 열거하면서 제자백가의 유파를 모두 도의 요점과 절충했다. 첫 번째 장에서 육예를 칭찬하여 이렇게 말한다. "『역』은 음양을 말한다."[50] 그래서 『역』은 '음양가'에 있는 여러 책의 종주이다. 유흠과 반고에게 「약」을 짓게 한다면 "제자략" '음양가' 다음에 "근원이 『역』에서 나왔다"고 적을 것이다. '역류' 목록 다음에 "옛날에 태복이 관장했다"라고 적었다.[51] 그러면 벼슬아치가 지키는 방식과 사승에서 동떨어진 것과 맞는 것을 정한 뒤, 이것을 근거로 성공과 실패를 헤아리면 안 되겠는가? 희씨와 화씨의 관직이라면 '천문가'와 '역보가' 다음에 특별히 기록해야만 하지 "제자략" '음양가'의 「서」에서 겸해서 인용하면 안 된다. 유향과 유흠 부자는 역수에 정통했지만[52] 책을 교정할 때는 오히려 순서를 잃었다. 또한 하물며 후세의 목록에 기록하는 일이라면 대체로 문학과 사학을 전공하는 유학자에 치우쳤겠지?

이상은 열네 번째의 열한 번째이다.

---

50 『장자』「천하」는 이러하다. "『시』는 의지를 말하고 『서』는 사업을 말하며 『예』는 행위를 말하고 『악』은 조화를 말하며 『역』은 음양을 말하고 『춘추』는 명분을 말한다." 『경전석문』은 이러하다. "도(道)는 도(導)라고 읽는다."

51 「역교 상」의 주8을 보라.

52 『한서』「율력지」는 이러하다. "성제[孝成] 때 이르러 유향은 여섯 가지 달력을 뭉뚱그려서 옳고 그름을 열거하고 『오기론』(五紀論)을 지었다. 유향의 아들 유흠은 아주 작은 것까지 깊이 파고들었고 『삼통력』(三統曆) 및 『보』(譜)를 지어서 『춘추』를 설명하고 법도를 헤아려 요점을 촘촘하게 만들었다."

14.12

어떤 사람이 이렇게 물었다. “추석과 추연이 하늘을 이야기하고 용을 조각한다는 것은 위대한 도가 깨져서 자잘해진 것입니다. 오늘날 위대한 『역』에서 근원이 나왔다고 하지만 어찌 경을 황폐하게 만들고 고대를 업신여기는 일이 아니겠습니까?”

나는 이렇게 대답했다. “이것은 유파의 뜻이다. 관사(官司)가 자신의 관직이 지키는 것을 잃으면 개인적인 책이 옛사람의 법전[憲典]을 미뤄 찾아서 동떨어진 것과 맞는 것을 정한다. 사유가 전수하는 것을 잃으면 한가로이 노닐며 담소하는 책은 이전 성인의 경전을 미뤄 찾아서 옳은 것과 그른 것을 절충한다. 관직에 관직이 지키는 것이 없고 스승에게 전해받아 익히는 것이 없다면 이것은 근거 없는 망언이기 때문에 물리쳐 끊어버려야지 거기에서 목록에 기록하는 일을 통달할 수 없다. 그중 다행히 전해질 수 있는 것은 본래 부류 다음에 붙이고 어긋나거나 어그러진 것을 명백하게 기록한다. 그래서 목록에 기록하는 일의 뜻은 본디 위대한 도를 밝히고 온갖 학파를 다스리는 근거이다. 어찌 경을 황폐하게 만들고 고대를 업신여기겠는가?”

이상은 열네 번째의 열두 번째이다.

14.13

만약 ‘음양가’를 위한 서례를 짓는다면 ‘음양가’라는 유파의 근원은 아마도 『역』에서 나왔다고 말해야만 할 것이다. 『주역』 「계사전」[易大傳]

은 이렇게 말한다. "한번 음이 되고 한번 양이 되는 것이 도이다." 또한 이렇게도 말한다. "역에 태극이 있고 이것은 양의를 낳는다."[53] 이것은 천지, 음양이 드러나는 근거이다. 성력은 보장씨가 맡고 복서는 벼슬아치가 지키는 방식에 보존되었다.[54] 성인이 일을 근거로 도를 밝히자 여기서 그것에 의해 『역』을 자세하게 설명하고 괘사를 엮었다.[55] 후세의 관사가 지키지 못하고 성인의 가르침이 전해지지 못하자 하늘을 말하고 용을 조각하는 이야기가 생겼고 깨져서 자잘하니 지루해졌으며 도에서부터 더욱 멀어졌는데 이것이 그 폐단이다. 전해지는 책이 이런저런 목록[某甲乙]이 있고 성공과 실패는 어떻다고 하면 '음양가'의 근원과 갈래는 명백해진다. 만약 서례를 보존했다면 바로 이렇게 말할 것이다. "하늘을 공경하고 따르며 달력으로 해, 달, 별을 상징하고 사람들에게 시간을 조심스럽게 주라." 이것이 바로 "수술략"의 '역보가'의 서례인데 추연과 추석 등 여러 사람이 어찌 간섭하겠는가?

이상은 열네 번째의 열세 번째이다.

14.14

'음양가'의 『공도생종시』(公檮生終始) 열네 편은 『추자종시』 쉰여섯 편 앞에 있는데 반고의 주는 이렇게 말한다. "공도(公檮)는 추석의 『시종』(始終)이라는 책을 전했다."[56] 책을 처음 지은 사람을 어찌 책을 전한 사람

53 모두 『주역』 「계사전 상」의 글이다.

54 보장씨는 「천유」의 주16을 보라. 복서의 벼슬아치는 「역교 상」의 주8을 보라.

55 「역교 상」의 주28을 보라.

56 『한서』 「예문지」 '음양가'에는 『공도생종시』(公檮生終始) 열네 편이 있다. 반고의 자주는 이러하다. "추석 『시종』이라는 책을 전한 것이다."

다음에 둘 수 있겠는가? 또한 『추자종시』 쉰여섯 편 다음의 주에서 이렇게 말한다. "추연이 이야기한 것이다."[57] 그리고 공도 다음의 주는 "추석의 『시종』이다"라고 한다. 이름이 서로 다른 종시를 시종이라고 말한 것에도 틀림없이 잘못이 있을 것이다.[58] 또한 『여구자』(閭丘子) 열세 편과 『장거자』(將鉅子) 다섯 편은 반고가 모두 이런 주를 달았다. "남공(南公)보다 이전이다."[59] 그러나 그들의 책을 모두 『남공』(南公) 서른한 편 다음에 열거한 것도 역시 이해할 수 없을 듯하다.("오덕에 따라 계승한 운"[終始五德之運]을 보면 '시종'이라 생각하는 것은 오해이다)

이상은 열네 번째의 열네 번째이다.

57 앞의 주47을 보라.

58 전대소는 이렇게 말한다. "나는 이렇게 생각한다. 다음에 『추자종시』 쉰여섯 편이 있는데 이것은 '시종'이라는 주를 달았다. 종시라고 했어야 마땅하다. 석(奭)이라는 글자도 역시 잘못되었는데, 『종시』를 지은 사람은 추연이지 추석이 아니기 때문이다."(왕선겸 『한서보주』에서 인용) 요진종 『한서예문지조리』는 이러하다. "등명세(鄧名世) 『고금성씨서변증』(古今姓氏書辨證)은 이러하다. '공도씨(公檮氏)는 『한서』 「예문지」에 『공도생종시』(公檮生終始) 열네 편이 있고 『황제종시』(黃帝終始)의 방법을 전했다.' 원주는 『황제종시』라는 책을 전했다고 하는데 지금 주는 바로 옮겨 적으면서 생긴 잘못이다."

59 『한서』 「예문지」 '음양가'에는 『여구자』(閭丘子) 열세 편이 있다. 반고의 자주는 이러하다. "이름은 쾌(快)이고 위나라 출신이며 남공(南公)보다 이전이다." 또한 『장거자』(將鉅子)가 다섯 편이라는 것에 대한 자주는 이러하다. "전국시대이며 남공보다 앞인데 남공이 그를 칭찬했다." 요진종 『한서예문지조리』는 이러하다. "나는 이렇게 생각한다. 옛사람의 글은 본인의 손에서 나오지 않은 것이 많고 모두 제자들이 자기가 배운 것을 모아서 기록하여 전한 것이다. 『칠략』은 책이 완성된 시간의 앞뒤에 의거하여 순서를 매겼기 때문에 뒤섞여 어지러운 듯하지만, 사실 원류에는 차례가 있었다."

14.15

『오조관제』(五曹官制) 다섯 편은 '음양가'에 열거되어 있지만 그 책은 오늘날 헤아릴 수 없다. 그러나 반고의 주를 보면 이러하다. "한나라 제도이고 가의가 조리를 잡은 것 같다."[60] 「가의전」에 따르면 이러하다. "가의는 달력을 바로잡고 옷 빛깔을 바꾸며 제도를 정하고 관직 이름을 정하며 예악을 일으켜야만 한다고 생각해서 의법에 대한 모든 초안을 잡았다. 빛깔은 노란색을 높였으며 관직 이름을 새긴 인장은 다섯 글자로 바꿨다." 이것이 오조관제라고 한 까닭이겠지? 이와 같다면 『관례』에 넣어야만 하는데 지금 '음양가'의 주장에 붙여 넣는 것이 어찌 가당키나 하겠는가? 대략 이와 같은 부류는 모두 오덕에 따라 계승한 의도를 근거로 했기 때문에 '음양가'에 붙인다.[61] 그러면 『주관』의 육전이 천지와 사

---

60 심흠한 『한서소증』은 이러하다. "오조(五曹)를 『산경』(算經)은 이렇게 말한다. 첫째가 전조(田曹)인데 땅에서 얻는 이익이 가장 앞서기 때문이다. 이미 농토가 있다면 꼭 사람의 힘을 바탕으로 삼기 때문에 다음이 병조(兵曹)이다. 많은 사람은 꼭 먹고 마셔야 하기 때문에 다음이 집조(集曹)이다. 많은 사람이 이미 모였다면 꼭 아껴서 모아두는 일에 힘쓰니 다음이 창조(倉曹)이다. 식량창고[食廩]와 화폐는 서로 바꾸는 것이니 다음이 금조(金曹)이다."

61 『문선』 「위도부」(魏都賦) 주는 『칠략』을 이렇게 인용한다. "『추자』에는 오덕에 따라 계승하는 것[終始五德]이 있는데 이기지 못하는 것을 따르는 것이다. 토덕 이후에 목덕이 그것을 잇고 금덕이 다음이며 화덕이 다음이고 수덕이 다음이다." 요진종 『한서예문지조리』는 이러하다. "나는 이렇게 생각한다. 『한서』 「위상전」(魏相傳)은 이러하다. '한나라가 일어난 이래 국가가 그때그때 시행한 일 및 현명한 신하인 가의, 조조, 동중서 등이 말하고 상주한 것을 조목조목 정리해서 시행할 것을 위상은 자주 청했다. 또한 자주 『역음양』 및 『명당월령』을 가려 상주하면서 이렇게 말했다. 『주역』은 「천지가 이것을 근거로 움직임을 좇기 때문에 해와 달은 궤도에서 벗어나지 않고 봄여름가을겨울은 어긋나지 않는다. 성인이 이것을 근거로 움직임을 좇기 때문에 형벌은 맑아지고 백성들은 따른다」라고 말합니다. 천지의 변화는 틀림없이 음양에서 말미암습니다. 음양이 나뉘는 것은 해를 줄기로 합니다. 해가 동지나 하지에 이르면 여덟 가지 바람[八風]의 순서가 서고 만물의 본성이 완성되어 각각 일정한 직무가 생겨서 서로 간섭하지 않습니다. 동쪽의 신은 태호인데 「진」 괘를 타고 컴퍼스를 잡아 봄을 맡습니다. 남쪽의 신은 염제인데 「이」 괘를 타고 저울대를 잡아

시(四時)에서 형상을 취한 것도 역시 '역보가'에 넣을 수 있다.

이상은 열네 번째의 열다섯 번째이다.

14.16

우장(于長)의 『천하충신』(天下忠臣) 아홉 편을 '음양가'에 넣은 것은 잘못이라고 이전 사람들은 이미 논했다. 어떤 사람은 "그 책은 오늘날 이미 전해지지 않기 때문에 그 의례를 알 근거가 없다"라고 말한다. 그러나 "천하의 충신을 전했다"라는 유향 『별록』의 말에서[62] 그 책도 역시

여름을 맡습니다. 서쪽의 신은 소호인데 「태」 괘를 타고 곱자를 잡아 가을을 맡습니다. 북쪽의 신은 전욱인데 「감」 괘를 타고 저울추를 잡아 겨울을 맡습니다. 중앙의 신은 황제인데 「곤」 괘와 「간」 괘를 타고 먹줄을 잡아 대지[下土]를 맡습니다. 그래서 오제(五帝)가 맡은 것에는 각각 시절이 있습니다. 동쪽의 괘로 서쪽을 다스릴 수 없습니다. 남쪽의 괘로 북쪽을 다스릴 수 없습니다. 봄에 「태」 괘를 일으켜 다스리면 기근이 들고 가을에 「진」 괘를 일으켜 다스리면 열매가 영글지 않고 때 아닌 꽃이 핍니다. 현명한 임금[明王]은 하늘을 우러러보는 일을 삼가고 사람을 기르는 일을 삼가기 때문에 희씨와 화씨의 관직을 세워서 봄여름가을겨울을 타고 백성들의 일을 알맞게 줍니다. 음양이라는 것은 임금다운 왕의 사업의 근본이고 뭇 생명의 명줄이며 고대의 성인과 현인이 이것에 연결시키지 않은 적이 없는 근거라고 저는 생각합니다.' 이것은 오조라는 관직 제도가 본래 음양오행을 주장하고 있고 희씨와 화씨의 벼슬이 지키는 일이기 때문에 『칠략』은 그것을 이 분야에 수록했다."

62 『한서』「예문지」 "제자략" '음양가'에는 우장 『천하충신』이 아홉 편이다. 반고의 자주는 이러하다. "평음(平陰) 출신이며 최근 사람이다." 안사고는 이렇게 말한다. "유향 『별록』은 천하의 충신의 전기를 지은 것이라고 한다." 『곤학기문』 권12 「고사」(考史)는 이러하다. "우장 『천하충신』 아홉 편은 역사서[史記]를 수록한 곳에 있어야만 하지만 「예문지」가 '음양가'에 열거한 것은 무엇 때문인가? 『칠략』에서 유흠이 지은 것을 반고가 따랐기 때문이다. 유흠은 한나라에 반역한 신하[賊臣]이고 그가 충신을 억눌렀다고 해야 마땅하다." 도헌증(陶憲曾)은 이렇게 말한다. "우장의 책은 오늘날 전하지 않지만 그것을 '음양가'에 열거한 것은 달리 의지를 가졌기 때문이다. 후세인들은 그 책을 보지 못했기 때문에 근거 없는 추측을 따라서는 안 된다. 왕

상상해볼 수 있다. 설령 그중에 '음양가'의 주장이 끼어들어 있대도 역시 따로 내서 서로 나타내게 한 뒤, 보는 사람이 종류대로 모으는 범례를 이해하게 만들어야 마땅하다. 어찌 유흠과 반고가 구별하지 않았겠는가? 아마 『칠략』이 사부를 세우지 않고 '전기'(傳記)라는 분야를 만들어 기록한 것은 오로지 유향 『열녀전』과 이것 두 가지뿐이기 때문이리라. '춘추류'에 붙여서 따로 그것을 위해 이야기한 것은 '음양가'의 주장에 섞어 넣는 것보다 나은 것 같다.

열네 번째의 열여섯 번째이다.

14.17

'법가'의 『신자』 여섯 편은 오늘날 책이 전해지지 않는다.[63] 유향 『별록』에 따르면 "신자의 학은 형명(刑名)이라고 부르는데 이름을 근거로 내용을 따지고 임금을 우러르고 신하를 낮추며 윗사람을 높이고 아랫사람을 누른다."[64] 순자[荀卿子]는 이렇게 말한다. "신자는 세(勢)에 가려 지(智)

응린 『곤학기문』이 이것을 근거로 유흠이 충신을 억눌렀다고 꾸짖은 것은 지나쳤다!"(왕선겸 『한서보주』에서 인용)

역주_ 도헌증은 자가 백성(伯成)이고 청나라 말기 호남성 안화(安化) 출신이다. 저술에 『영화관총고』(靈華館叢稿) 다섯 권, 『신이경집교』(神異經輯校) 한 권 등이 있다.

63 『신자』 여섯 편은 『송사』 「예문지」에 이미 없다. 청나라 마국한은 『신자』 한 권을 모았는데 모두 스물네 단락이다. 엄가균은 『신자』 열세 단락을 모으고 왕시윤(王時潤)은 『신자일문』(申子逸文) 한 권을 모았는데 비교적 상세하다.

역주_ 왕시윤은 청나라 말부터 민국 시절에 살았던 사람이다. 계상(啓湘)이라는 이름도 썼으며 호남성 장사 출신이다. 제자백가 연구에 매진하여 『등석자교록』(鄧析子校錄), 『윤문자교록』(尹文子校錄), 『공손룡자교록』(公孫龍子校錄), 『상군서교전』(商君書斠詮), 『상군서집해』(商君書集解) 따위의 저술이 있다.

64 『한서』 「원제기」 주의 인용을 보라. 육심원(陸心源)은 이렇게 말한다. "형명(刑名)이

를 몰랐다."[65] 한비자는 이렇게 말한다. "신불해는 그저 술(術)만 있고 법이 없다."[66] 그러면 신자가 '명가'라는 유파이지만 『한서』「예문지」가 '법가'에 분류한 것은 그 뜻을 잃은 것이리라.

이상은 열네 번째의 열일곱 번째이다.

14.18

『상군서』의 「개새」(開塞)나 「경전」(耕戰) 같은 여러 편은[67] "병서략"의 '병권모가' 조목에서 서로 볼 수 있다. 『한비자』의 「해로」나 「유로」 같은 여러 편은 '도가'의 『노자경』(老子經)에서 서로 볼 수 있다.[68] 그중 글

라는 것은 이름을 따라서 내용을 따진다는 말이다. 어떤 사람이 형법(刑法)이라고 보는 것은 지나쳤다."

65 『순자』「해폐」를 보라.

66 『한비자』「정법」을 보라.

67 『한서』「예문지」 "제자략" '법가'에는 『상군』 스물아홉 편이 있다. 오늘날 전해지는 것은 목록에 스물여섯 편이 있지만 또한 두 편이 없어져서 사실 스물네 편이다. 없어진 두 편은 「일곱 번째 개새」(開塞)와 「세 번째 농전」(農戰)이다.

68 능약언(淩約言)은 이렇게 말한다. "사마천[太史公]이 『사기』를 지으면서 노자와 한비자를 같은 「전」에 쓴 것을 어떤 사람들은 의심한다. 만약 한비자[韓非]의 책 가운데 「해로」와 「유로」 두 권을 살펴본다면 모두 『노자』를 밝히는 근거이다. 그러므로 『한서』「사마천전찬」[太史公贊]의 '모두 도가[道德]의 의도를 찾지만 노자가 깊고 멀다'는 문장에서 한비자가 노자에서 나오지 않은 것이 아니라는 것을 알겠다."(『사기평림』(史記評林) 「노장신한열전」 주에서 인용) 장태염 선생은 이렇게 말한다. "주나라 때부터 진나라 때까지 전고를 빌려 풀이한[解故] 책은 오늘날 없어지거나 사라진 것이 많고 제자백가에선 더욱 심하다. 『한비자』[韓子]에만 「해로」와 「유로」 두 편이 있는데 나중에 『노자』를 이야기하는 사람은 마땅히 『한비자』에 의거해서 태전(太傳)이라고 하고 막히지 않게 증명해야만 왕필보다 훨씬 현명할 것이다. 『한비자』의 다른 편에 방법을 말하는 경우가 많은 것은 그가 익힌 것이 순수하지 못하기 때문이지만, 「해로」와 「유로」가 다른 이야기를 뒤섞은 적이 없는 것은 아마 그가 얻은 것이 깊이가 있었기 때문일 것이다."(『국고논형』「원도 상」 자주)

을 가다듬어 따로 낸다는 이야기는 이미 앞에 나타나기 때문에 여기서 다시 논하지 않겠다.

이상은 열네 번째의 열여덟 번째이다.

14.19

명가의 책은 법가 앞에 편집해야 하지만 오늘날엔 법가 다음에 열거되어 있기 때문에 사실과 이치의 제대로 된 순서를 잃었다. 아마 명가는 그 이치를 논하지만 법가는 게다가 사실에 대해서도 상세할 것이다. 비록 명가와 법가가 각각 뿌리를 둔 것이 있다고 하지만 그중에도 역시 서로 통하는 근원과 갈래가 있다.

이상은 열네 번째의 열아홉 번째이다.

14.20

명가의 주장은 세 분야로 나뉜다. 첫째 사물의 이름을 짓는 이름[命物之名]인데 네모와 동그라미, 검정과 흰빛이 이것이다. 둘째 헐뜯음과 칭찬의 이름[毁譽之名]인데 착함과 나쁨, 신분의 높음과 낮음이 이것이다. 셋째 상황을 묘사하는 이름[況謂之名]인데 슬기로움과 어리석음, 아낌과 미움이 이것이다. 윤문자의 주장은 이것을 말한 것이다.[69] 그러나 사물의 이름을 짓는 이름은 근본 바탕이고 헐뜯음과 칭찬의 이름이나 상황을 묘사하는 이름은 쓰임새이다. 명가는 다스리는 도를 말할 때 일반적으로 헐뜯음과 칭찬을 속속들이 자세하게 밝히고 상황을 묘사하는 일을 가지런히 정리하는데 이것이 이른바 이름을 따라 내용을 따진다는 뜻이다. 사물의 이름을 짓는 근원은 사실 『이아』에 뿌리를 두고 있다.[70] 경을 풀이하는 후세 사람의 이름을 변별하여 사물을 바로잡는다는 주장은[71] 아마도 역시 명가의 지파나 별파일 것이다. 이로부터 거슬러 올라가면 이름의 성공과 실패는 변별할 수 있다. 모든 학을 왜곡하는 갈라진 말이나 음탕한 말과 못된 이야기는 처음에 뿌리를 둔 것이 없을 수 없다. 목록에 기록하는 사람들은 근본 바탕이 나뉘자 쓰임새가 달라지는 것을 보고 분류와 순서를 분리시키고 심지어 물리쳐서 서로 통하지 않게 만든다. 그러면 흐름이 멀어질수록 근원은 찾을 수 없고 비록 마구 쏟아져 돌아다니지 않으려고 하지만 제멋대로 흘러넘치는 바람에 얻을 수 없게 된다. 맹자는 이렇게 말한다. "너스레에 가려진 것을 알고 음탕한 말에 빠져 있는 것을 알며 못된 말에 떠난 것을 알고 숨기는 말에 궁한 것을 안다."[72] 어떠하다는 것을 안다는 말은 위대한 도를 따라서 멀고 가까운 까닭, 헤어지고 모이는 까닭을 거슬러 올라가는 것이다. 음탕한 말, 너스레, 못된 말, 숨기는 말의 길을 끊었다고 말하지 않고 음탕한 말, 너스레, 못된 말, 숨기는 말이 궁한 것을 안다고 말한 것은 아마 제자백가의 주장도 역시 위대한 도가 흩어져 기록된 것이기 때문이리라. 경[經典]을 받

69 『윤문자』는 「대도 상」을 보라.

70 『이아』는 「경해 상」의 주28을 보라. 곽박 「이아서」(爾雅序)는 이러하다. "『이아』는 훈고할 때 뜻이 결국 돌아가는 곳[詁訓之指歸]을 통달하게 해주고 『시경』 시인의 노래[詩人之興詠]를 서술해주며 다른 시대의 다른 말[絶代之離詞]을 몽땅 모으게 해주고 같은 내용이지만 이름이 다른 것[同實而殊號]을 변별하게 해주는 근거이다. 그래서 사물을 널리 풀이할 때 흔들리지 않고 날짐승이나 길짐승, 풀이나 나무의 이름을 많이 알게 해주는 것은 『이아』만한 것이 없다."

71 「두 번째 종류」의 주20을 보라.

72 『맹자』 「공손추 상」을 보라.

들고 그것을 마주하고 다스리면 제자백가의 쓸모를 거둔다. 본원을 잊고 그것을 자잘하게 쪼갠다면 도의 근본 바탕이 온전한 상태를 잃는다.

이상은 열네 번째의 스무 번째이다.

14.21

'묵가'의 『수소자』 여섯 편과 『호비자』(胡非子) 세 편은 반고가 모두 "묵적의 제자"라고 주를 달았지만 책을 편집할 때는 『묵자』 앞에 두었다. 『아자』(我子) 한 편은 유향 『별록』이 "묵자의 학을 했다"라고 말하지만[73] 그의 시대는 더욱 뒤이다. 책을 편집할 때 『수소자』 앞에 둔 것은 이해할 수 없는 이치이고 어쩌면 당시 틀림없이 잘못된 것이 있었으리라.

이상은 열네 번째의 스물한 번째이다.

73 『별록』이 아자(我子)를 묵자의 학이라고 말한 것은 안사고의 주에 인용된 것을 보라. 요진종 『한서예문지조리』는 이러하다. "나는 이렇게 생각한다. 『묵자』에서 자묵자(子墨子)라고 부르는 것도 묵가[墨氏之徒]가 기록한 것이다. 많은 무리가 천하 거의 모든 곳에 두루 퍼지면서 책에 점점 더하고 덧붙이거나 보탰는데 모두 얼마나 되는지 모른다. 그 책이 완성된 때는 이미 수소자[隨巢], 호비자[胡非], 아자보다 나중이기 때문에 『칠략』은 그것을 묵가의 맨 뒤에 나온 것[殿]이라고 생각한다."

14.22

도가는 노자를 시조로 삼지만 『이윤』, 『태공』, 『육자』, 『관자』 같은 책이 먼저 있었다.[74] 묵가는 묵적을 시조로 삼지만 『이일』(伊佚)이나 『전구자』(田俅子) 같은 책이 먼저 있었다.[75] 이것이 어찌 목록에 기록하는 여러 사람들이 근원을 끝까지 파고든 논의이겠는가? 『관자』를 '법가'에 넣어야만 한다는 것은[76] 목록에 기록하는 일의 분류와 순서를 미처 살피지 못했기 때문이라고 이제 나는 생각한다. 『이윤』, 『태공』, 『육자』는 바로 '도가'라는 유파가 옛사람을 칭찬해서 말한 것이다. 사람을 근거로 책 이름을 붙이더라도 모두 거짓으로 깃들인 일에서 꼭 나온 것도 아니고 이윤이나 태공 같은 사람이 도가라고 생각하는 것도 아니기 때문이다. '묵가'에서 『윤일』의 의도도 역시 이와 같을 따름이다. 그러면 "이름을 보지 책을 보지 말라는" 정초의 말은[77] 순서대로 편집할 때 참으로 어려움이 있다. 그렇지 않다면 반고와 유흠이 목록에 기록한 일이 어찌 결국 완전히 구별이 없겠는가? 다만 『칠략』이 '도가'에서 노래자[老萊子]와 갈관자 같은 사람 뒤에 황제의 여러 가지 책을 편집한 것은[78] 후세인에게

---

74 『이윤』과 『태공』은 앞의 주를 보라. 『육자』는 「시교 상」의 주76을 보라. 『관자』는 같은 편의 주18을 보라.

75 『한서』「예문지」 "제자략" '묵가'에는 『윤일』 두 편이 있다. 반고의 자주는 이러하다. "주나라 신하인데 성왕과 강왕 때 살았다." 또한 『전구자』(田俅子) 세 편이 있다. 자주는 이러하다. "한비자[韓子]보다 앞이다." 나는 이렇게 생각한다. 『대대예기』「보부」에 대한 노변 주는 이러하다. "사일(史佚)은 주나라 태사 윤일이다." 요진종 『한서예문지조리』는 이러하다. "나는 이렇게 생각한다. 사일 뒤에 사각(史角)이 있고 묵적이 사각에게 배운 뒤에 묵적의 도가 세상에 성행하자 묵가라고 그 학파를 이름 지었지만 종묘[淸廟]를 지키는 사람에게서 처음 나왔다. 종묘지기가 지키는 것을 책으로 지은 일은 윤일로부터 시작되기 때문에 이런 부류는 『윤일』을 첫머리에 둔다."

76 나는 이렇게 생각한다. 『사기정의』「관안열전」은 『칠략』을 인용하고 있다. "『관자』 열여덟 편은 '법가'에 있다." 『수서』「경적지」와 『신당서』「예문지」는 모두 『칠략』을 따른다.

77 「열두 번째 초횡오교한지」의 주35를 보라.

가탁한 탓이라고 생각했지 가탁한 사람을 근거로 시대를 편집한 것은 아니다. 그리고 『이윤』과 『윤일』 같은 여러 책을 도리어 '도가'와 '묵가'의 첫머리에 두었지만 어찌 그들 스스로 지은 것에 뿌리를 두고 있다고 말하겠는가? 그 책들은 오늘날 이미 전해지지 않기 때문에 의심스러움을 남긴 이야기로 붙여두어도 괜찮다.

이상은 열네 번째의 스물두 번째이다.

14.23

"육예략"에 있는 책[六藝之書]과 유가의 주장은 본디 『사기』 「유림열전」과 참조해서 보아야만 한다. 도가, 명가, 묵가의 책은 「유림열전」 이외에도 또한 『장자』 「천하」 편을 참조해서 보아야만 한다. 아마 사마천이 「서전」에서 헤아린 육예의 종지는 미처 유파를 끝까지 탐구하지 못한 듯하다.[79] 그러나 장주가 지은 『장자』 「천하」 편은 사실 제자백가 학술을 저울질하는 기준이기 때문에 목록에 기록하는 여러 사람들은 마땅히 법도로 취해야만 한다. 「천하」 편의 첫 단락이 오래된 법도나 세상에 전해지는 역사서와 『시』, 『서』, 육예의 글을 열거하고 서술한 것을 보면[80] 후세 경부와 사부의 위대한 근원이다. 그 뒤에 묵적과 금활리의 학

---

78 『한서』 「예문지」 '도가'는 『노래자』가 열여섯 편이라 한다. 반고의 자주는 이러하다. "초나라 출신이고 공자와 같은 시대이다." 또한 『갈관자』가 한 편이다. 자주는 이러하다. "초나라 출신이고 깊은 산속에 살았는데 갈새를 가지고 갓을 만들었다." 그 다음에 『황제사경』(黃帝四經)이 네 편, 『황제명』이 여섯 편, 『황제군신』(黃帝君臣)이 열 편, 『잡황제』(雜黃帝)가 쉰여덟 편이다.

79 『사기』 「태사공자서」는 이러하다. "『예』는 사람을 절제하게 만들고 『악』은 조화로움을 뿜게 만들며 『서』는 사업을 말하고 『시』는 의도를 전달하게 만들며 『역』은 변화를 말하고 『춘추』는 대의를 말한다."

을 서술한 것은 묵지(墨支, 묵적의 제자들이다), 묵별(墨別, 상리근 다음에 나오는 여러 사람이다), 묵언(墨言, 우임금이 홍수를 막은 이야기 다음이 이것이다), 묵경(墨經, 고획, 기치, 등릉자의 무리이고 모두 『묵경』을 읊는 것이 이것이다)인데 내력이 일일이 적혀 갖춰져 있다.[81] 그것을 유흠과 반고가 목록에 기록한 일과 비교해보면 시작부터 끝까지 이어지는 것이 더욱 가지런하니 "육예략"에 대한 「유림열전」의 관계 이상이다. 송견, 윤문, 전병, 신도, 관윤, 노담

---

80 『장자』 「천하」는 이러하다. "옛사람은 정말 갖추고 있었구나! 신명과 짝하고 천지와 도타우며 만물을 기르고 천하를 조화롭게 만들어 백성에게 은혜가 미쳤다. 근본적인 도수[本數]에 밝은데다 자잘한 도수[末度]까지 엮었으니, 상하사방으로 모든 곳으로 통하고 크든 작든 정밀하든 거칠든 그들이 운행하지 않는 곳은 없었다. 그것이 뚜렷이 도수[數度]에 나타난 것은 오래된 법이나 세상에 전해지는 역사서에 아직도 많이 있다. 그것이 『시』, 『서』, 『예』, 『악』에 있는 것은 추나라와 노나라의 선비[鄒魯之士]나 신사들[搢紳先生] 가운데 환히 밝힐 수 있는 사람이 많다. 『시』는 의지를 말하고 『서』는 사업을 말하며 『예』는 행위를 말하고 『악』은 조화를 말하며 『역』은 음양을 말하고 『춘추』는 명분을 말한다. 그 도수[數]가 천하에 흩어져 중국에 베풀어진 사실을 제자백가의 학에서 때때로 내세워 자랑하고 있다."

81 『장자』 「천하」는 묵가의 학문을 이렇게 서술한다. "후세에 사치를 가르치지 않고 만물을 꾸미지 않으며 도수[數度]를 어지럽히지 않고 정해진 기준으로 자신을 바로잡지 않으며 세상의 급한 일을 구제한다. 고대의 도술 가운데 여기에 뜻이 있는 것이 있지만, 묵적과 금활리는 그런 가르침을 듣고 기뻐하면서 너무 지나치게 그것을 실행하고 너무 당시 세상 풍속을 좇아 그쳐버렸다. 「비악」(非樂)을 지은 뒤 그것을 「절용」(節用)이라고 이름 지었다. 살아서 기쁜 일이 있어도 노래하지 않고 죽어도 장례를 치르며 슬퍼하지 않는다. 묵자는 남을 널리 아끼고 이익을 함께하며 싸우는 것을 잘못이라고 비판한다. 그의 도는 화내지 않는다. 또한 배우기를 좋아하고 널리 알려고 하지만 다른 주장을 하지 않는 것은 선왕(先王)과 다르다. 상리근의 제자, 오후의 무리, 남쪽의 묵가인 고획, 기치, 등릉자의 무리는 모두 『묵경』을 읊는다. 그러나 서로 등진 채 주장이 다르기 때문에 서로서로 별묵이라고 부른다. '단단함과 흼'과 '동일성과 차이'[堅白異同]의 궤변으로 서로 헐뜯으며 어떤 때는 혼자서, 어떤 때는 짝을 이뤄 모순되는 말로 서로 대응한다. 우두머리인 거자(巨子)를 성인이라고 생각하고 모두 그에 의해 후계자[尸]가 되기를 바라며 그래서 후세를 얻기 바라는 상태가 이제껏 끝나지 않고 있다. 묵적과 금활리의 뜻은 옳지만 그들의 행동은 잘못이다. 후세의 묵가가 꼭 자신을 괴롭게 만들어 장딴지에 털이 없어지고 정강이에도 털이 없는 지경이 되도록 서로 북돋우도록 만들 뿐이다. 이것은 천하를 어지럽히는 일은 잘하고 천하를 다스리는 일은 못하는 것이다. 비록 그렇지만 묵자는 정말 천하를 좋아했다! 장차 그것을 구하려고 하지만 얻지 못하고 비록 몸이 빼빼 말라도 버리지 않으니 정말 뛰어난 사람이구나!"

부터 혜시와 공손룡의 무리에 이르기까지 모든 사람은 "제자략"의 '도가'와 '명가'에 서로 나타나는 것이다.[82] 그래서 옛사람은 책을 지으면서 정말 위대한 도를 헤아려 밝히고자 할 때 제자백가의 학술 원류를 변별하지 않은 적은 없다. 목록에 기록하는 일은 비록 유흠과 반고에게서 시작되었지만 의법(義法)은 사실 이전의 고대에 뿌리를 두고 있다.

이상은 열네 번째의 스물세 번째이다.

14.24

'종횡'이라는 것은 외교사령[詞說]을 몽땅 몰아 부르는 이름이다. 소진이 여섯 나라를 합친 것이 '종'이고 장의가 진나라를 위해 여섯 나라를 흩어버린 것이 '횡'이니 같은 방법[術]이지만 쓸모가 다른 것은 전국시대 일이기 때문이다.[83] 만약 전국시대가 없었다면 종횡가도 없었을 것이다. 그러나 그들의 학이 갖춰 보존되었다면 '병권모가'[兵法權謀]를 서로 참조하고 취해서 보탬이 될 만한 것을 손바닥을 가리키듯 이야기할 것이다.

---

82 『장자』「천하」는 묵가의 학문을 서술한 다음에 송견, 윤문, 전병, 신도, 관윤, 노담, 혜시, 공손룡 등 여러 사람의 학문을 차례대로 서술하고 있다. 여기서는 모두 인용하지 않겠다. 『한서』「예문지」'소설가'에는 『송자』(宋子)가 열여덟 편이다. 반고의 자주는 이러하다. "손경(孫卿)은 송자의 주장이 황로의 의도라고 말한다." '도가'에는 『전자』(田子)가 스물다섯 편이다. 자주는 이러하다. "이름은 병(駢)이고 제나라 출신인데 제나라 직하에서 배웠고 말 잘하는 전병[天口駢]이라는 별명이 있다." '법가'에는 『신자』(愼子)가 마흔두 편이다. 자주는 이러하다. "이름은 도(到)이고 신불해와 한비자보다 이전 사람인데 신불해와 한비자가 칭찬했다." '명가'에는 『혜자』(惠子)가 한 편이다. 자주는 이러하다. "이름은 시(施)이고 장자와 같은 때이다." 『공손룡자』는 앞의 주24를 보라. 『윤문자』는 「시교 상」의 주20을 보라. 『관윤자』도 「시교 상」의 주17을 보라. 『노자』도 「시교 상」의 주14를 보라.

83 「역교 하」의 주44 및 「설림」의 주67을 보라.

그래서 소진과 장의 같은 여러 사람은 "병서략"에서 서로 나타낼 수 있다.(『칠략』은 소진과 괴통을 "병서략"에 넣었다)[84] 그러나 추양, 엄안, 서락 같은 여러 사람은[85] 또한 후세에 외교사령의 조상이 되었다.

이상은 열네 번째의 스물네 번째이다.

14.25

괴통의 책은 스스로 『준영』이라고 부르는데 이제 『한서』 「예문지」에 기록하면서 『괴자』라고 했다. 또한 『한서』 「괴통전」은 "그가 자신의 학설에 스스로 서문을 썼는데 모두 여든한 수(首)"라고 하지만 「예문지」에 기록할 때는 겨우 다섯 편이라고만 했다. 주의 말에 근거하지 않고 따로 말하는 것은 유흠과 반고의 엉성함 때문이다.[86]

이상은 열네 번째의 스물다섯 번째이다.

84 「세 번째 호저」의 주6을 보라.

85 「서교 중」의 주19 및 주20을 보라.

86 『준영』은 「편권」의 주17을 보라. 『한서』 「예문지」 '종횡가'에는 『괴자』 다섯 편이 있다. 자주는 이러하다. "이름은 통(通)이다." 요진종 『한서예문지조리』는 이러하다. "나는 이렇게 생각한다. 반고의 소에는 그것이 있다고 말하지만 오늘날 볼 수 없는 유향이나 유흠의 『칠략』과 『별록』에 따로 말한 것이 없다는 것은 무엇을 근거로 알겠는가?"

14.26

문장[句]을 모아 단락[章]이 완성되고 단락을 모아 한 편의 글[篇]이 완성된다. 그것을 음악에 비긴다면 편은 대성(大成)이고 단락은 하나의 결(闋)이다.[87] 『한서』 「예문지」는 책을 헤아릴 때 편명을 가지고 헤아리는 경우가 많다. 어쩌다가 단락 숫자까지 헤아리는 경우는 '소학류' 서례에서 『창힐』 같은 여러 가지 책을 부를 때이다.[88] 목록의 순서를 매길 때 단락을 가지고 헤아리는 것은 오로지 '유가'의 『공손고』 한 편의 주에서 "열여덟 단락"이라 하고 『양자』(羊子) 네 편의 주에서 "백 단락"이라고 한 것뿐이다.[89] 어떤 것을 상세하게 하고 어떤 것을 간단하게 하는지는 아마 유흠과 반고 당시에도 아직 깊은 의도가 없었을 것이다. 수(首)를 가지고 헤아리는 것은 『한서』 「괴통전」[蒯通之傳]에만 홀로 나타나는데 수가 단락으로 헤아리는 것인지, 편으로 헤아리는 것인지 모르겠다. 『한서』 「예문지」는 다섯 편이라는 숫자를 보존하고 있지만 그것이 어디에서 유래한 것인지 상세하지 않다. 이것이 「열전」과 「예문지」를 서로 비교해야만 하는 까닭이다.

이상은 열네 번째의 스물여섯 번째이다.

---

87 『문심조룡』 「장구」는 이러하다. "문장[句]을 쌓아서 단락[章]을 완성하고 단락을 쌓아서 글[篇]을 완성한다." 편은 대성이고 단락은 나뉜 결[分闋]이라는 것은 「편권」의 주8을 보라.

88 『한서』 「예문지」 "육예략" '소학류' 「후서」[小學後敍]는 이러하다. "한나라가 일어나자 시골 훈장들[閭里書師]는 『창힐』, 『원력』, 『박학』 세 편을 합쳐서 육십 자씩 잘라 한 단락[章]을 만들었는데 모두 쉰다섯 단락이고 아울러 『창힐편』을 지었다."

89 『한서』 「예문지」 '유가'에는 『공손고』(公孫固)가 한 편이다. 자주는 이러하다. "열여덟 장이다. 제나라 민왕이 나라를 잃고 그것을 물었기 때문에 공손고가 고금의 성공과 실패를 펼친 것이다." 또한 『양자』(羊子)가 네 편이다. 자주는 이러하다. "백 단락이다. 전직이 진나라 박사였다."

14.27

'잡가'의 『자만자』(子晩子) 서른다섯 편은 주에서 "병법을 논하기 좋아해서 『사마법』과 비슷하다"라고 말한다. 그런데 어찌 '병가'에 넣지 않았는가?[90] 『위료자』를 '병가'에 넣어야만 하는 것은 이미 정초가 바로잡았기 때문에[91] 여기서 다시 논하지 않겠다.

이상은 열네 번째의 스물일곱 번째이다.

14.28

『시자』 스무 편은 책이 이미 전해지지 않는데 "상앙이 그를 스승으로 삼았다"라고 했으니[92] 아마도 역시 법가의 주장일 테다. 만약 『시자』가

---

90 『한서』 「예문지」 '잡가'에는 『자만자』(子晩子)가 서른다섯 편이다. 자주는 이러하다. "제나라 출신이며 병법을 논의하기 좋아했는데 『사마법』과 서로 비슷하다." 요진종 『한서예문지조리』는 이러하다. "나는 이렇게 생각한다. '병가'에 넣지 않은 것도 틀림없이 까닭이 있을 테지만 주의 글에 있는 한 마디 말을 잡고서 책 전체를 대강 추린 것은 잘못이다."

91 「열두 번째 초횡오교한지」의 주35를 보라. 『사고전서총목제요』는 「병가류」에 넣었는데 「제요」가 이러하다. "『한서』 「예문지」 '잡가'에는 『위료』 스물아홉 편이 있다. 정초는 반고가 이름만 보고 책을 보지 않았다고 나무랐고 마단림도 그렇게 생각했다. 그러나 『한서』 「예문지」 '병형세가'에는 따로 『위료』 서른한 편이 있다. 그러므로 호응린이 '병가'의 『위료』라고 한 것은 다름 아니라 오늘날 전해지는 것이고 '잡가'의 『위료』는 결코 이 책이 아니다. 현재 '잡가'의 『위료』는 사라지고 '병가'의 『위료』만 전해지기 때문에 반고가 오해했다는 정초의 생각이 틀린 것이다. 특히 오늘날 책은 스물네 편에 그치기 때문에 이른바 서른한 편이라는 것과 숫자도 맞지 않는다. 그렇다면 나중에 이미 없어지거나 사라져 버린 것이지 완전한 판본이 아니다."

92 『한서』 「예문지」 '잡가'에는 『시자』가 스무 편이다. 자주는 이러하다. "노나라 출신

법가가 아니라고 말한다면 상앙은 그의 무슨 방법[術]을 스승으로 삼았다는 것인지 역시 변별해서 기록했어야만 한다. 만약 어떤 하나의 주장을 제시하지 않고 '잡가'로 분류하고 편집한다면 아마 잘못된 것이리라.

이상은 열네 번째의 스물여덟 번째이다.

14.29

『여씨춘추』[93]도 역시 『춘추』를 연구하는 사람의 주장이면서 전장을 겸해서 보존한 것이다. '춘추류'와 '상서류'에 서로 나타내야만 하지만 분수에 맞지 않게 '잡가'에 편집한 것도 역시 잘못되었다. 옛날에 『춘추』를 연구하는 사람의 주장은 아직 형식[體例]이 하나로 정해지지 않았다. 나를 알아주는 사람도, 나를 죄주는 사람도 『춘추』 때문일 것이라는 공자의 이야기가 생기고 여러 사람들이 글을 지은 뒤부터 자주 『춘추』가 독특한 견해[獨見]나 탁월하고 독특한 판단력을 몽땅 몰아 부르는 이름이라고 생각하게 되었다.[94] 그러나 좌구명 이외에 탁초, 우경, 여불위의 책은 비록 『춘추』[經]에 의지하여 글을 짓지 않았지만 기린을 잡은

이고 진나라 재상 상앙[商君]이 그를 스승으로 삼았다. 상앙이 죽자 시교[佼]는 도망쳐서 촉으로 들어갔다."

93 『한서』「예문지」'잡가'에는 『여씨춘추』가 스물여섯 편이다. 자주는 이러하다. "진나라 재상 여불위는 슬기와 꾀가 있는 선비들을 모아서 지었다." 따로 「언공 상」의 주39에 상세하다.

94 『맹자』「등문공 하」는 이러하다. "세상을 올바르게 다스리는 도리가 쇠하고 약해지자 올바르지 못한 이야기와 포악한 행동이 일어나게 되었다. 자기 임금을 죽이는 신하도 생기게 되고 자기 아비를 죽이는 아들도 생기게 되었다. 공자는 두려워서 『춘추』를 지었다. 『춘추』는 천자의 일이다. 그러므로 공자는 이렇게 말한다. '나를 알아주는 것도 오로지 『춘추』뿐이겠지! 나를 죄주는 것도 오로지 『춘추』뿐이겠지!'"

의도를 으뜸으로 우러렀다는 것은 사마천의 「십이제후연표서」를 본 뒤라면 분명하고 명백하다.[95] 여불위의 책은 아마 사마천이 방법으로 취했으리라. 『사기』의 열두 편 「본기」는 『여씨춘추』의 「십이기」[十二月紀]를 본뜨고 여덟 편의 「서」는 「팔람」을 본떴으며 일흔 편의 「열전」은 「육론」을 본떴다.[96] 그래도 역시 그것을 절충했다는 근거는 없다. 봄여름가을겨울을 번갈아 들면서 '춘추'라고만 부른 것은 여불위가 마치 우경 『안자춘추』를 비교해서 법도에 맞춘 것 같다. 『여씨춘추』가 본디 역사서가 아닌데 '춘추'라는 이름을 거짓으로 꾸몄다고 유지기가 나무란 것은[97] 뜻을 잃었다.(그것이 장정과 부합한다는 것은 이미 갖춰서 순서대로 논했기 때문에 여기서 다시 논하지 않겠다)

이상은 열네 번째의 스물아홉 번째이다.

14.30

『회남내편』[淮南內] 스물한 편의 본래 이름은 『홍렬해』인데 '회남'이라고만 말하는데 그쳤기 때문에[98] 지명인지 사람 이름이나 책 이름인지 모

95 「영청현지 전지열전 서례」의 주4를 보라.

96 「화주지 열전총론」의 주10 및 원주를 보라.

97 『사통』「육가」는 이러하다. "나는 이렇게 생각한다. 사실을 날짜에 잇고 날짜를 달에 이으며 봄이라고 말해서 여름을 아우르고 가을을 들어서 겨울을 아우르며 해에는 네 계절이 있기 때문에 유학자들은 봄과 가을을 번갈아 들어서 기록한 것의 이름으로 삼았다고 이야기한다. 정말 그렇더라도 안자, 우경, 여불위, 육가의 책에 있는 글의 순서에 본래 날짜나 달이 없지만 『춘추』라고 부르는 까닭은 아마 이것과 다를 것이다."

98 『한서』「예문지」 '잡가'에는 『회남내』(淮南內)가 스물한 편이다. 자주는 이러하다. "회남왕 유안이다." 고유 「서」는 이렇게 말한다. "유안은 말을 잘하고 글을 잘했기 때문에 천하의 방사가 그에게 가서 따랐다. 그래서 소비, 이상(李尙), 좌오, 전유, 뇌

르게 되었다. 이것은 목록에 기록하는 일의 떳떳하지 못함과 간단함이다. 그 책은 '도가'에도 서로 나타나야만 하지만 『한서』 「예문지」가 다만 '잡가'에 열거한 것은 잘못이다.(『회남외편』[外篇]은 전하지 않기 때문에 여기서 다시 논하지 않겠다)

이상은 열네 번째의 서른 번째이다.

14.31

'도가'의 『황제명』(黃帝銘) 여섯 편과 '잡가'의 『형가론』(荊軻論) 다섯 편은 오늘날 이미 그 책을 볼 수 없다. 『황람』의 「황제금인기명」(黃帝金人器銘) 및 『황왕대기』의 이른바 「여궤지잠」(輿几之箴)과 「건궤지명」(巾几之銘)을 헤아려 보면 『황제명』 여섯 편의 뜻을 상상해 볼 수 있다.[99] 『형가론』

피, 모피, 오피, 진창 등 여덟 사람 및 여러 유학자 대산과 소산의 무리와 함께 도덕을 풀이하고 토론했으며 인의를 통틀어 다스려 이 책을 지었는데 이름을 『홍렬』이라고 불렀다. 홍(鴻)은 대(大)이다. 열(烈)은 명(明)이다. 도를 크게 밝히는 주장이라고 생각한다. 유향이 교정하고 정한 뒤 엮어서 『회남』이라고 이름 지었다." 그렇다면 그 책의 본래 이름은 『홍렬』이다. 『회남』이라는 이름은 유향이 붙인 것이다. 따로 「언공 상」의 주40을 보라.

99 『한서』 「예문지」 '도가'는 이러하다. "『황제명』은 여섯 편이다." 왕응린 『한서예문지고증』은 이러하다. "『황람』은 「음모」(陰謀)에서 이렇게 기록하고 있다. '「황제금인기명」(黃帝金人器銘)에 대해서 무왕은 여망[尙父]에게 이렇게 물었다. 「오제(五帝)가 경계한 것을 얻어서 들을 수 있겠습니까?」 여망은 이렇게 말한다. 「황제가 경계한 것은 이렇습니다. 내가 백성 위에 있는 것은 흔들흔들 불안하기 때문에 저녁부터 아침까지도 가지 못할까 두렵다.」 그러므로 금인을 만들어 입을 세 번 꿰매고 이렇게 말했다. 고대의 말을 삼가는 사람이다.' 「황제금인기명」[金人銘]은 아마 여섯 편의 하나일 것이다. 채옹 「명론」(銘論)은 이러하다. '황제에게는 「건궤지법」(巾机之法)이 있다.' 『황왕대기』는 이렇게 말한다. '황제는 「여궤지잠」(輿几之箴)을 지어서 편안함만 누리려는 일을 경계했다. 「건궤지명」(巾几之銘)을 지어서 제멋대로 즐기며 노는 일을 경계했다.'"

다음의 주는 "사마상여 등이 그것을 논했다"라고 했고 『문심조룡』은 "사마상여가 글을 지으면서 형가를 처음으로 기렸다"라고 말했다.[100] 이것은 『형가론』 다섯 편의 뜻인데 대체로 사찬(史贊)의 부류이다. 명잠과 송찬처럼 운율이 있는 글의 범례는 "시부략"에 서로 나타내야만 하고 '시부문'(詩賦門)의 『효경황제송』[101]과 같은 부류로 편집하는 것이다.(『공갑반우』(孔甲盤盂) 스물여섯 편도[102] 역시 그런 부류이다)

이상은 열네 번째의 서른한 번째이다.

14.32

'농가'는 신농씨에게 시작한 것으로 가탁하고 있는데 신농이 남긴 가르침과 실마리가 되는 주장에서 어쩌다 한두 가지를 얻었는지는 미처 알 수 없다.[103] 『서』의 「무일」, 『시』의 「빈풍」, 『대대예기』의 「하소정」, 『소대예기』의 「월령」, 『이아』의 「석초」, 『관자』의 「목민」 편, 『여씨춘

100 『한서』 「예문지」 '잡가'에는 『형가론』(荊軻論)이 다섯 편이다. 반고의 자주는 이러하다. "형가는 연나라를 위해서 진나라 임금을 암살하려 했는데 이루지 못하고 죽었다. 사마상여 등이 그것을 논했다." 『문심조룡』 「송찬」(頌讚)은 이러하다. "사마상여가 붓을 들고 비로소 형가의 「찬」을 지었다." 황숙림 주는 이러하다. "『문장연기』는 '사마상여 「형가찬」(荊軻贊)'이라고 했지만 세상에는 이미 전해지지 않는다. 그 뒤 반고[班孟堅]의 『한서』[漢史]는 「논」으로 「찬」을 지었고 송나라 범엽에 이르러 운율이 있는 말로 바꿨다."

101 『한서』 「예문지」 "시부략"은 이러하다. "이사(李思) 『효경황제송』(孝景皇帝頌)은 열다섯 편이다."

102 『한서』 「예문지」 '잡가'에는 『공갑반우』가 스물여섯 편이다. 자주는 이러하다. "황제의 사(史)인데 어떤 사람은 하나라 임금 공갑(孔甲)이라고 하지만 모두 옳지 않은 듯하다."

103 『신농』은 「서교 중」의 주3을 보라.

추』「임지」 여러 편은[104] 모두 글을 가다듬어 따로 내는 방법으로 '농가'의 첫머리에 실어야만 하는 것들이다.(『신농』이나 『야로』 같은 책은[105] 이미 의지하거나 믿기 어렵기 때문에 경언(經言)을 상세하게 하지 않을 수 없다)

이상은 열네 번째의 서른두 번째이다.

14.33

'소설가'의 『주고』(周考) 일흔여섯 편과 『청사자』(靑史子) 쉰일곱 편을 비록 모르지만 반고는 『주고』에 이렇게 주를 달았다. "주나라 때 일을 헤아린다." 『청사자』에는 이렇게 주를 달았다. "고대의 사관의 사실 기록이다." 그래서 그 책이 '상서류'가 거느리는 것이 아니라면 바로 '춘추류'에 편집된 것이다. 『대대예기』「보부」 편이 청사씨의 기록을 인용한 것을 보면 그 책도 역시 소설과 동등하다.[106]

---

104 『상서』 "주서" 「무일」은 열일곱 번째이다. 『시』「국풍」의 「빈풍」은 열다섯 번째이다. 『하소정』은 「화주지 예문서 서례」의 주59를 보라. 『예기』「월령」은 「언공 상」의 주33을 보라. 『이아』「석초」는 열세 번째이다. 『관자』「목민」은 첫 번째이다. 『여씨춘추』「사용론」은 여섯 번째인데 「사용론」의 네 번째가 "임지"(任地)이다.

105 「시교 상」의 주81을 보라.

106 『대대예기』「보부」는 이러하다. "『청사씨』(靑史氏)의 기록은 이렇게 말한다. 옛날 태교는 왕후가 아이를 밴 지 일곱 달이 지나면 연실(宴室)을 가진다. 태사는 구리로 만든 악기[銅]를 잡고 방문 왼쪽에서 모시고 태재는 국자[升]를 잡고 방문 오른쪽에서 모신다. 석 달이 되기를 기다리는 동안 왕후가 찾는 음악이 예악에 맞지 않으면 태사는 큰 거문고[瑟]를 안고 연주할 수 없다[不習]고 한다. 찾는 맛이 올바른 맛이 아니라면 태재는 국자를 쥐고 이런 것으로 감히 임금의 태자[王太子]를 모시지 못하겠다고 말한다." 노변 주는 이러하다. "청사씨는 『청사자』(靑史子)라고도 한다." 공광삼 『대대예기보주』[補注]는 이러하다. "『한서』「예문지」에 『청사자』가 쉰일곱 편 있다고 하는데 고대의 사관이 사실을 기록한 것이다." 『문심조룡』「제자」는 이러하다. "「청사곡」(靑史曲)은 세상에 떠돌아다니는 이야기를 엮었다." 주수창 『문심조룡

이상은 열네 번째의 서른세 번째이다.

교보』[校補]는 이러하다. "가집(賈執)의 『성씨영현록』(姓氏英賢錄)은 진나라 태사 동호의 아들이 청사(靑史)라는 곳에 봉전을 받았기 때문에 거기에서 성씨를 삼았다고 한다." 요진종 『한서예문지조리』는 이렇게 말한다. "나는 이렇게 생각한다. 「청사곡」은 세상에 떠돌아다니는 이야기를 엮었다는 유협의 말이 그것을 소설가의 말이라고 여기는 근거이다. 어찌 온전하지 못한 글을 근거로 책 전체를 단정 지을 수 있겠는가!" 이와 같은 것들이다. 글 순서에 의해 종류대로 구별하지 않는다면 『시경』의 여섯 가지 뜻이 남긴 법도는 흔적도 없어져 자취를 찾을 수 없을 것이다.

열다섯 번째 한지시부(漢志詩賦)

15.1

『한서』「예문지」는 「예문」을 여섯 가지 「약」[六略]으로 나누고 각각의 「약」은 또한 여러 종류로 구별되는데 각각의 종류에 비로소 여러 사람을 서술하여 제시한다. 이것은 마치 『태현경』[太玄之經]이 천하를 방, 주, 부, 가(方州部家)처럼 큰 단위부터 작은 단위까지 나눈 것과 같다.[1] 큰 줄거리와 자세한 목차가 계속 이어지는 방법이 지극히 좋다. 「약」마다 각각 「총서」가 있고 유파를 논하여 구분한 뜻이 지극히 상세하다. 오로지 "시부략"만 다섯 가지로 가르고 각 부류 다음에 다시 서술하고 논한 것이 없으니 유흠과 반고가 남긴 유산을 모르는 것 아닌가? 그렇지 않으면

1 「역교 상」의 주31을 보라.

세상에 널리 흘러 다니는 동안 흩어져 버린 것 아닌가? 이제 보니 『굴원부』 스물다섯 편 다음부터 모두 스무 사람을 한 가지로 했고 『육가부』 세 편 다음부터 모두 스물한 사람을 한 가지로 했으며 『손경부』 열 편 다음부터 모두 스물다섯 사람을 한 가지로 했다. 이름과 부류는 같은데 종류를 가르는 구별이 있는 것은 당시 틀림없이 그런 의례가 있었을 것이다. 이제 여러 사람의 부를 보면 십중팔구는 사라졌고 서술하고 논한 이야기도 거기서 빠져 듣지 못하게 되었으니 이것은 목록에 기록하는 일의 유감이 아니겠는가?[2] 만약 '잡부'와 '잡가시' 두 가지라면 이름을 적은 것이 각각 달라서 보는 사람은 오히려 변별할 수 있다. 다만 다섯 가지 「약」에는 「서록」이 있어서 이어지는 내력을 더욱 상세하게 하는 것만 못하다.

이상은 열다섯 번째의 첫 번째이다.

2 장병린 『국고논형』 「변시」(辨詩)는 이러하다. "『칠략』은 부를 네 가지로 편집하고 있는데 첫째가 『굴원부』, 둘째가 『육가부』, 셋째가 『손경부』, 넷째가 『잡부』이다. 굴원은 감정을 말하고 손경은 사물을 본받았으며 육가의 부는 알 수 없지만 그 무리에는 주건, 엄조, 주매신 같은 여러 사람이 있기 때문에 아마 종횡가의 변용일 것이다."(원주에는 『양웅부』가 본래 사마상여를 본떴기 때문에 『칠략』이 사마상여의 부와 굴원을 같은 순서로 편집했다고 한다. 반고[班生]가 『양웅부』를 육가 다음에 붙여놓은 것은 아마 오해했기 때문이리라) 장혜언 「칠십가부초서」(七十家賦鈔序)는 『굴원부』가 『시경』[風雅]에서 나왔고 『손경부』[荀賦]가 『예경』에서 기원했다고 한다. 『예경』은 이것을 근거로 제도를 밝히는데, 다름 아니라 사물을 본받는 것이다. 『시경』[風雅]은 이것을 근거로 슬픔과 즐거움을 나타내는데, 다름 아니라 감정을 말하는 것이다. 요진종 『한서예문지조리』는 이러하다. "나는 이렇게 생각한다. 시부는 각각 이것을 근거로 문체를 나누지만 대단한 의례(義例)는 없다. 그러므로 『별록』과 『칠략』이 소서(小序)를 짓지 않았지만 반고가 그것을 근거로 한 것은 남김없이 찬찬하지 못하고 엉성하기 때문이 아니다. 반고 당시에 『별록』과 『칠략』 스물일곱 권의 책은 기록한 지 오래되지 않아 거의 모두 돌아가며 베껴 썼기 때문에 집집마다 잘 알고 있었다. 그중 역사서에 수록한 것은 간단하고 요긴한 것을 찾아 중요한 부분을 보존하려고 힘썼지 애초에 자기 뜻이 여기서 남김없이 드러나리라고 생각하지 않았다."

15.2

고대의 '시부가'라는 유파는 『시』와 『이소』에 뿌리를 두고[3] 전국시대 제자백가에도 드나들었다. 가설과 문대는 장자나 열자가 남긴 우언의 유산이다.[4] 회곽(恢廓)과 성세(聲勢)는 소진과 장의가 대표하는 종횡가의 형식이다.[5] 배비(排比)와 해은(諧隱)은 한비자의 「저설」에 속한다.[6] 징재(徵材)와 취사(聚事)는 『여씨춘추』가 종류대로 모은 뜻이다.[7] 비록 그 글들은 성운(聲韻)을 좇고 있으나 뜻에는 비흥을 남기고 있다. 그리고 근원을 깊이

---

3 『문심조룡』「전부」는 이러하다. "부라는 것은 『시경』의 시인들에게서 시작되어 『초사』에 와서 범위를 개척한 것이다."

4 『문심조룡』「전부」는 이러하다. "주인과 손님을 서술하여 첫머리를 이끌고 소리와 모습을 끝까지 묘사하여 글을 끝까지 표현한다." 부가 주인과 손님의 물음과 대답을 설정하여 시작하는 것은 사실 『장자』나 『열자』가 남긴 우언의 유산이다. 『일지록』 19는 이러하다. "옛사람들이 부를 지을 때 가정한 말이 많다. 과거의 일을 서술하는 일은 뜨문뜨문 기우면 된다. 그래서 꼭 하나하나 맞아떨어질 필요는 없다. 자허, 망시공, 오유선생의 글은 이미 사마상여에게서 시작되었다. 후세의 지은이들은 사실 사마상여의 의도에서 나온 것이다."

5 부라는 문체의 지나친 과장이 바로 종횡가의 변용이라는 것은 「시교 상」을 보라. 『한서』「양웅전」은 이러하다. "부는 장차 풍자하려는 것이라고 양웅은 생각했다. 그래서 꼭 같은 부류를 헤아려 말하고, 곱고 화사한 수사를 끝까지 묘사하며, 글을 거대하게 펼치고 수사를 풍부하게 해서 남이 더할 수 없게 만들려고 다퉜다."

6 『문심조룡』「전부」는 이러하다. "순자는 수수께끼를 엮어 사물을 자꾸 에둘러 묘사하고 있다." 또한 「해은」은 이러하다. "뜻은 에두르지만 올바르고자 하며 수사는 숨기지만 드러나게 하고자 한다." 『한비자』「내저설」과 「외저설」은 이은말[連語]을 처음으로 지어서 드러나지 않는 글에 의도를 드러냈다. 부를 짓는 사람은 같은 말이나 사물을 모아 비교하고 가치를 판단해서 글 뜻을 남김없이 갖추지만 요지는 사물에 깃들여 풍자하니 거의 거기서 취한다.

7 『문선』「삼도부서」(三都賦序)는 이선 주를 이렇게 인용하고 있다. 장영서 『진서』는 이러하다. "좌사가 「삼도부」를 지으려고 할 때, 저작랑 장재를 찾아뵙고 민(岷)과 공(邛)의 일을 찾았다. 드디어 작품을 구상하는 십년 동안 문이나 뜰, 울타리와 변소에 모두 종이와 붓을 늘어놓고 만약 우연히 한 구절을 얻으면 즉시 그것을 대충 써두었다. 「삼도부」가 완성되자 장화가 보고서 감탄했고 서울의 신분이 높은 집안이 앞다퉈 서로 옮기고 베꼈다." 부를 짓는 사람은 소재를 거두고 사실을 모을 때 남김없이 온힘을 쏟는다. 보아하니 여불위가 종류대로 모은 것도 다르지 않다.

찾아보면 사실 제자백가 가운데 하나의 학문이 될 만한 자격이 있고 전문 서적과 처음에는 차별도 없었다. 그러므로 여러 사람의 찬술을 서술하고 제시한 경우, 많으면 수십 가지이고 적으면 겨우 한 편이다. 문학계[文林]에 열거하지만 뜻을 많이 양보하지 않는 것은 이것으로 기록했기 때문이다. 그래서 세 가지 부도 제자백가 학파가 각각 구별되는 것처럼 당시에 동일한 범례로 귀결시킬 수 없었을 뿐이다. 어찌 후세의 '시부가'[詩賦之家]처럼 많이 모은 뒤 문집을 만들어 사람들이 변별할 수 없도록 만들려고 했겠는가?

이상은 열다섯 번째의 두 번째이다.

15.3

부는 고시의 유파이고[8] 유협이 "『시경』의 여섯 가지 뜻에 딸렸던 작은 나라가 번성하여 큰 나라가 되었다"라고 말한 것이[9] 이것이다. 시를 앞에 열거하고 부를 뒤에 서술해야만 바로 문장이 이어지고 변하는 순서를 얻게 된다는 뜻이다. 유흠과 반고는 부를 도리어 시 앞에 두었기 때문에 그것을 제목에 표시해서 "시부략"이라고 불렀다. 이것이 어찌 거꾸로 뒤집힌 것이 아니겠는가? 양나라 때의 『문선』이 부를 시 앞에 두었어도 결코 그런 의리는 없다고[10] 번번이 괴이쩍게 여기는 후세인들이 그것을 다투어 본받는 것은 이해할 수 없다. 유흠과 반고가 목록에 기록하는 일이 이미 그것을 시작했다는 것을 이제 알겠다. 또한 "시부략"이 본

8 반고 「양도부서」를 보라.
9 『문심조룡』「전부」를 보라.
10 「시교 하」의 주52를 보라.

래 '시류'[詩經]의 방계라는 이야기는 이미 앞에 보이므로[11] 다시 논하지 않겠다.

이상은 열다섯 번째의 세 번째이다.

15.4

"시부략"의 앞쪽 세 가지 학파가 어떻게 나뉜 것인지는 헤아릴 수 없지만 그것들과 뒤쪽에 있는 별류(別類) 두 가지는 대단히 분명하다. 세 가지 부가 사람을 근거로 각자 편을 이루는 것은 후세의 별집 형식이다. '잡부'라는 종류는 각각 고유한 이름을 열거하지 않고 종류대로 편집하는 후세의 총집 형식이다. '가시'라는 종류는 시의 형식을 부의 형식과 본디 나눠야만 하는 것이다. 그 범례를 가지고 논한다면 첫 번째 종류인 『회남왕군신부』 마흔네 편 및 세 번째 종류인 『진시잡부』(秦時雜賦) 아홉 편은 '잡부'라는 조목 다음에 붙여야만 하지만 분수에 맞지 않게 전문가의 학파에 섞은 것은 무엇을 취한 것인가? 그렇게 붙인 까닭을 헤아려보면 『회남왕부』(淮南王賦)를 첫 번째 종류로 열거하고[12] 많은 신하의 작품을 그 다음에 붙인 것은 이른바 사람 순서를 근거로 한 것이다. 『진시잡부』를 『순경부』(荀卿賦) 다음[13](『한서』「예문지」는 손경(孫卿)이라고 한다)과 『효경황제송』(孝景皇帝頌) 앞에 열거한 것은 이른바 시대 순서를 근거로 한

11 「시교 상」 및 「영청현지 문징 서례」를 보라.

12 『한서』「예문지」 "시부략"은 이러하다. "『회남왕부』(淮南王賦)가 여든두 편이다." 주수창은 이렇게 말한다. "『수서』「경적지」는 집(集)이 한 권이라고 한다. 『북당서초』 135는 유향 『별록』을 인용하여 '회남왕에게 『훈롱부』(熏籠賦)가 있다'라고 말한다. 『고문원』에는 『병풍부』(屛風賦)가 있다."

13 『한서』「예문지」 "시부략"에는 『손경부』가 열 편이다.

것이다. 목록에 기록하는 일의 범례가 먼저 가학을 밝히고 같은 학파 안에 함께 열거 할 때 어떤 경우는 사람 순서를 따르고 어떤 경우는 시대 순서를 따르면 된다. 종류대로 모으는 범례가 통하지 않는다고 어찌 원류가 완전히 다른 것을 몽땅 의도에 차이가 있는 것이라고 생각하겠는가?

이상은 열다섯 번째의 네 번째이다.

15.5

『상소자조부』(上所自造賦) 두 편은 안사고가 "무제가 지은 것"이라고 주를 달았다.[14] 나는 이렇게 생각한다. 유향은 성제 때 사람이기 때문에[15] 무제[孝武] 때로부터 멀었다. 무제의 저작이라면 효무황제(孝武皇帝)라고 불러야만 바로 후세인이 비교해서 정하게 만들 수 있다. 그리고 "상이 스스로 지었다"[上所自造]라고 한다면 어찌 그 제목이 명확하지 않겠는가? 신하들[臣工]이 자기 때의 임금을 부를 때 바로 '상'이라고 한다. 그렇지 않다면 글을 지어 사실을 기록할 때 미리 어떤 임금이니 어떤 황제니[某宗某帝] 먼저 써놓고서 이어서 말할 때도 역시 '상'이라고 불렀을 수 있다. '상소자조' 네 글자는 틀림없이 무제 때 사람이 제목으로 달았고 유향은 그것을 따라서 적은 것인데 칭호를 자세히 조사해서 정하지 않는

14 『한서』「예문지」 "시부략"에는 「상소자조부」가 두 편이다. 유향의 주는 없다. 심흠한은 이렇게 말한다. "『상이부인』(傷李夫人) 및 『추풍사』(秋風辭)이다. 『수서』「경적지」에는 『무제집』(武帝集)이 한 권이다."

15 『한서』「유향전」은 이러하다. "유향은 나이 일흔둘에 죽었고 죽은 지 십삼 년 뒤에 왕망[王氏]이 한나라를 대신했다." 이것을 근거로 유향이 소제 원봉(元鳳) 2년에 태어나서 성제 수화(綏和) 원년에 죽었다고 추정했고 그래서 성제 때 사람이라고 한 것이다.

바람에 『칠략』을 이야기하는 사람이 성제의 「부」라고 의심하리라는 것이 내 뜻이다. 반고가 『칠록』을 『한서』 「예문지」에 넣으면서 '상'은 또한 반고가 부른 것을 따르게 되었다. 만약 안사고의 주가 없었다면 『한서』 「예문지」를 읽는 사람은 또 후한의 숙종이 「부」를 지은 줄 의심했을 것이다.[16]

이상은 열다섯 번째의 다섯 번째이다.

15.6

『순경부』 열 편은 세 번째 부류의 처음에 있는데 당시 틀림없이 취한 뜻이 있었을 것이다. 나는 이렇게 생각한다. 순경의 책에서 「부편」은 서른두 편 안에 열거하고 있는데[17] 이른바 『순경부』 열 편이라는 것이 『순자』의 「부편」을 취한 것인지 아닌지, 글을 가다듬어 따로 내는 방법을 쓴 적이 있는지 아닌지는 모른다. 목록에 기록하는 일이 명확히 나눠지지 않는 것도 역시 그런 엉성함 때문이다.

이상은 열다섯 번째의 여섯 번째이다.

---

16 숙종은 장제(章帝)이다. 반고가 『한서』를 지은 것은 장제 때이다.

17 유향의 「서록」은 이러하다. "교수한 것 가운데 『손경서』(孫卿書)는 모두 삼백스물두 편인데 이것을 근거로 서로 교정하여 중복된 것 이백아흔 편을 제외하고 서른두 편으로 정해서 지었습니다." 『부편』은 유향의 본래 오래된 책에서 서른두 번째이다. 『순자』 양경 주 판본은 스물여섯 번째로 옮겼다. 사용(謝墉)의 「순자서」[序荀子]는 이러하다. "『한서』 「예문지」에는 또한 『손경부』 열 편이 있는데 오늘날 보존된 것은 오로지 「예부」, 「지부」, 「운부」, 「잠부」, 「잠부」 다섯 편이다." 요진종 『한서예문지조리』는 이러하다. "나는 이렇게 생각한다. 여기 다섯 편을 유향 『별록』은 『순자』의 끄트머리에 넣고 『부편』이라고 이름 지었다. 여기 열 편에 속하지 않는 것인 듯하다. 『칠략』이 이미 공장의 부[孔臧賦] 스무 편을 기록하고도 『연총자』에 수록된 네 편이 따로 있는 것 같다."

15.7

『효경황제송』 열다섯 편은 세 번째 「부」 안에 편집되어 있고 그 뜻을 억지로 풀 수 없다. 육예의 유파 가운데 「부」의 범위가 가장 넓고 비흥의 뜻은 모두 「부」라는 이름을 거짓으로 댄다고 나는 생각한다.[18] 풍시를 나라에서 억지로 모으지 않아 세속적인 가요와 속담에 보존되어 있으면[19] 『시』의 「아」나 「송」이라는 형식은 사실 「부」와 근원은 같지만 흐름은 다른 것이다.[20] 설령 글 순서가 널리 유행하더라도 많고 적음이 상

18 『문심조룡』 「변소」는 이러하다. "『초사』 「섭강」(涉江)에서 규룡(虯龍)으로 군자를 비기고 「이소」에서 구름과 무지개[雲蜺]로 남을 헐뜯는 올바르지 못한 놈을 비유한 것은 『시경』 비흥의 뜻이다." 유홍도(劉弘度) 선생은 이렇게 말한다. "송옥 『풍부』는 바람을 근거로 풍유의 의지를 밝혔고 가의[賈生] 「붕조부」는 붕새를 보고 삶과 죽음의 느낌을 일으켰으니 『시』를 연구하는 사람의 노래[興]이다."(『십사조문학요략』(十四朝文學要略))

역주_ 유홍도는 본명이 영제(永濟)이고 호남성 신녕 출신이다. 장병린과 황간에게 배웠다. 1916년 청화대학 국문계(國文系)를 졸업하고 동북대학, 무한대학, 절강대학 등의 중문과 교수를 역임했다. 저술에 『굴부통전』(屈賦通箋) 따위가 있다.

19 『예기』 「왕제」는 천자가 순수하면서 태사에게 시를 펼쳐서 백성들의 기풍을 보라고 명령한 일을 서술하고 있다. 하휴는 시를 채집한 뜻을 이렇게 말한다. "온갖 곡식[五穀]을 다 거둬들이고 백성들은 모두 집에 있다. 남자든 여자든 원한이 있으면 서로 좇아 노래하는데 굶주린 사람은 먹을거리를 노래하고 힘든 사람은 힘든 일을 노래한다. 남자가 예순이 되고 여자가 쉰이 되어도 아들이 없는 사람은 관청에서 입혀주고 먹여준다. 그들에게 민간에서 시를 찾도록 시킨다. 향은 읍으로 올려 보내고 읍은 나라로 올려 보내며 나라는 천자에게 들려준다. 그러므로 임금다운 왕은 집밖에 나가지 않아도 천하의 괴로움을 남김없이 알고 높은 집에서 내려가지 않아도 사방을 안다."(『춘추공양전』 「선공 15년」 주) 『한서』 「예악지」는 이러하다. "무제는 교사의 예를 정하자 비로소 악부를 세우고 시를 채집하여 밤에 읊었다. 조나라, 대나라, 진나라, 초나라의 노래가 있었다." 심덕잠 「고시원예언」(古詩源例言)은 이러하다. "한나라 무제가 악부를 세우고 노래와 민요[歌謠]를 채집했다. 곽무천은 『악부시집』을 엮었는데 상스러운 민요와 노래 가사[雜謠歌詞]도 역시 모두 수록했다. 이것을 보면 다스림과 얕봄을 알 수 있고 흥망성쇠를 증험할 수 있다고 한다." 풍시는 원래 민요와 풍속[謠俗]으로부터 채집했는데 후세의 풍시는 증명하지 못하지만 민요와 속담은 본디 보존하고 있는 듯하다.

20 마융 「장적부서」(長笛賦序)는 이러하다. "왕포[王子淵], 매승, 유현[劉伯康], 부의[傅

대가 되지 않는 것은 한나라 이후부터 제수가 황하로 흘러들어 다시는 따로 벗어나지 않은 것과 같다.[21] 역시 시가를 통틀어 다룬 책들[詩歌總部] 다음에 편집해 넣거나 그것을 따로 편집해야만 하거나 또는 명잠이나 찬뢰와 통하게 해서 목록[部錄]을 짓는 것도 괜찮다. 어찌 「부」 작품에 뒤섞어 넣어서 함부로 구별되지 않게 하겠는가?

이상은 열다섯 번째의 일곱 번째이다.

15.8

『성상잡사』(成相雜辭) 열한 편과 『은서』(隱書) 열여덟 편을 '잡부' 다음에 편집한 것은 미처 성공하지 못한 것이다. 나는 이렇게 생각한다. 『순자』 「성상」에 달린 양경의 주는 이렇다. "아마도 역시 「부」의 유파일 것이다."[22] 주희는 "고금의 정치적 안정과 불안정이나 흥망성쇠의 효과를

武仲] 등 죽은 사람을 그린 「동소부」, 「금부」, 「황부」[簫琴笙頌]는 있는데 오로지 저[笛]만 홀로 없기 때문에 애오라지 다시 숫자를 채워 『장적송』(長笛頌)을 지었다." 하작은 이렇게 말한다. "옛사람은 부와 송을 통틀어 같은 이름으로 불렀다. 마융 「광성부」[廣成]가 말하는 것은 사냥이지만 언제 송이라는 제목을 단 적이 없었던가. 양웅 「우렵부」[羽獵]도 역시 '드디어 송을 지었으니 이러하다'[遂作頌曰]라는 글이 있다." 나는 이렇게 생각한다. 송과 부는 모두 『시』의 여섯 가지 뜻의 하나인데 나중에 각자 한 가지씩 문체를 이뤘으니 이것이 이른바 근원은 같지만 물줄기는 다르다는 것이다.

21 「언공 하」의 주32를 보라.

22 『순자』 「성상」(成相)에 대한 양경 주는 이러하다. "처음 말을 꺼낸 것으로 글 이름을 지은 것은 임금과 신하의 정치적 안정과 불안정에 관한 일을 뒤섞어 논하고 사실을 스스로 드러냈기 때문이고 그래서 「성상」에 깃들여 의도를 깨우쳤다고 다음에 말한 것이다. 『한서』 「예문지」가 『성상잡사』(成相雜辭)라고 한 것은 아마도 역시 부의 유파일 것이다." 왕인지는 이렇게 말한다. "나는 이렇게 생각한다. 『한서』 「예문지」에 수록된 『성상잡사』는 한나라 사람의 『잡부』 끄트머리에 있고 순자의 「성상」 편이라

뒤섞어 늘어놓고 그것을 풍시에 깃들여 당시 임금을 풍자했다"고 생각한다.[23] 잡사(雜辭)라고 이름 붙였으니 결국 부도 아니다. 『은서』의 주는 유향 『별록』을 인용하여 "그 주장을 의심하기 때문에 서로 묻고 대답하며 통하기 때문에 깊이 생각하니 깨우치지 못하는 것이 없다고 할만하다"라고 말한다.[24] 그러면 두 가지 글의 형식은 바로 전국시대 제자백가의 유파이자 후세에 나타난 연주체의 운율을 가진 말[連珠韻語]의 원천이다.[25] 방법은 "제자략" '잡가'에 붙여야만 하지만 그 이름을 서로 나타내서 이야기한 뒤 '가시' 다음에 붙여도 된다.

이상은 열다섯 번째의 여덟 번째이다.

15.9

『한서』「예문지」가 부에 대해 상세하지만 시에 대해 간략한 것은 어찌 그때 유행이 그렇게 만든 것이겠는가? 제왕의 작품에는 고조의 『대풍가』[大風]나 『홍곡가』[鴻鵠] 같은 작품[篇]이 있지만[26] 무제의 『호자지

고 하지 않았다."

23 왕응린 『한서예문지고증』은 이러하다. "주희[朱文公]는 이렇게 말한다. 모두 세 단락인데 고금의 정치적 안정과 불안정, 흥망성쇠의 본보기를 뒤섞어 벌여놓고 음악에 맞춰 읊는 시[聲詩]에 깃들여 당시 임금을 풍자하고 있다. 이것을 만약 악공과 악사의 연주[工師之誦]나 호위 무사의 법도[旅賁之規]라고 생각한다면 주인인 임금을 존중하고 백성을 사랑하려는 그들의 의지도 역시 깊고 절실했다."

24 『한서』「예문지」 '잡부류'는 이러하다. "『은서』(隱書)는 열여덟 편이다." 안사고는 이렇게 말한다. "유향 『별록』은 이렇게 말한다. 은서라는 것은 그 말을 의심해서 서로 묻고 대답하는 것이니 그것을 깊게 생각해서 논하지 않을 수 없다."

25 「시교 상」의 주46을 보라.

26 『한서』「예문지」 '가시류'는 이러하다. "『고조가시』(高祖歌詩)는 두 편이다." 나는 이렇게 생각한다. 『대풍가』(大風歌)는 『사기』「고조본기」를 보라고 하고 역시 『삼후

가』[瓠子]나 『추풍사』[秋風] 같은 노래[什]는 없다.[27](『추풍』이 다름 아니라 『상소자조부』 안에 있다는 말도 있다) 신하의 작품에는 『황문창차충등가시』(黃門倡車忠等歌詩)가 있지만[28] 소무나 이릉의 「하량지편」(河梁之篇)은 없다.[29]('잡가'에 임금 이름을 붙인 시 열 편이 있는데 어떤 것은 소무나 이릉이 지었다는 말도 있다. 그러나 한나라 때[漢廷] 임금 이름을 붙인 시가 어찌 열 편에만 그치겠는가?)

이상은 열다섯 번째의 아홉 번째이다.

15.10

'시가'(詩歌) 분야는 뒤섞이고 어지러워 순서가 없다. 『오초여남가시』(吳楚汝南歌詩), 『연대구』(燕代謳), 『제정가시』(齊鄭歌詩) 같은 종류는[30]

지장』(三侯之章)은 『한서』 「예악지」를 보라고 하며 『홍곡가』(鴻鵠歌)는 『사기』 「유후세가」를 보라고 한다.

27 『한무제고사』(漢武帝故事)는 이러하다. "무제는 황하 동쪽[河東]으로 행차하여 후토에게 제사를 지냈다. 서울[帝京]을 돌아다보고 기쁘게 강물에 나가 모든 신하와 술을 마시며 잔치를 벌이고 스스로 『추풍사』를 지었다." 왕응린 『한서예문지고증』은 이러하다. "『문선』에는 『추풍사』가 있다. 「구혁지」에는 『호자지가』(瓠子之歌) 두 장(章)이 있다."

28 『한서』 「예문지」 '가시류'는 이러하다. "『황문창차충등가시』(黃門倡車忠等歌詩)는 열다섯 편이다." 왕응린 『한서예문지고증』은 이러하다. "『악부집』(樂府集)에는 『황문창가』(黃門倡歌) 한 수가 있다."

29 『문선』 "잡시류"에는 이소경 「여소무시」 세 수와 「소자경시」(蘇子卿詩) 네 수가 있다. 『문심조룡』 「명시」(明詩)는 이러하다. "한나라 이릉에 이르러 비로소 오언(五言)이라는 제목을 적었다." 이소경의 세 번째 수에는 "손을 잡고 하량에 오르네"라는 구절이 있기 때문에 「하량지편」이라고 부른다.

30 『한서』 「예문지」 '가시류'에는 『오초여남가시』(吳楚汝南歌詩)가 열다섯 편이다. 심흠한은 이렇게 말한다. "최표 『고금주』에 있는 『오추곡』(吳趨曲)은 오나라 사람이 자기 땅을 노래한 것이다." 왕선겸은 이렇게 말한다. "『문선』 「오도부」는 이러하다. '형염(荊豔)과 초무(楚舞).' 유량 주는 이러하다. '염(豔)은 초나라 노래이다.' 오추(吳

『시』「국풍」에 속하는 것이다. 『출행순수급유가시』(出行巡狩及遊歌詩)와 『한흥이래병소주멸가시』(漢興以來兵所誅滅歌詩)는[31] 『시』의 「아」에 속하는 것이다. 『종묘가시』(宗廟歌詩), 『제신가시』(諸神歌詩), 『송령송가시』(送靈頌歌詩)는[32] 『시』의 「송」에 속하는 것이다. 짜인 순서에 의해 종류대로 구별하지 못하면 『시경』의 여섯 가지 뜻이 남긴 법도는 텅 비어 자취를 찾을 수 없다.

이상은 열다섯 번째의 열 번째이다.

趨)와 초염(楚豔)은 모두 음악으로 가사에 반주한 것이다. 곽무천『악부시집』[樂府]의 「계명가」(鷄鳴歌)는 다름 아니라 『여남가시』(汝南歌詩)이다." 또한 『연대구안문운중농서가시』(燕代謳雁門雲中隴西歌詩) 아홉 편에 대해서 심흠한은 이렇게 말한다. "「상림부」의 '문성(文成)의 전가(顚歌)'에 대한 문영 주는 이러하다. '문성은 요서(遼西) 지역의 현 이름이다. 문성현 출신은 노래를 잘 부른다.' 『송사』「예문지」에는 「안문태수행가」(雁門太守行歌)가 있고 『악부시집』 "슬조곡"에는 「농서행」(隴西行)이 있다." 왕선겸은 이렇게 말한다. "조식과 육기의 「출자계북문행」(出自薊北門行)을 본떴다. 계(薊)는 옛 연나라이다." 또한 『제정가시』(齊鄭歌詩)는 네 편이다. 심흠한은 이렇게 말한다. "「예악지」에 『제사회원』(齊四會員), 『제구원』(齊謳員), 『정사회원』(鄭四會員)이 있다. 『악부해제』는 『제구행』(齊謳行)이 제나라 사람이 자기 땅을 노래한 것이라고 한다."

31 『한서』「예문지」 '가시류'에는 『출행순수급유가시』(出行巡狩及游歌詩)가 열 편이다. 왕선겸은 이렇게 말한다. "아마 무제 『호자지가』[瓠子] 따위일 것이다." 또한 『한흥이래병소주멸가시』(漢興以來兵所誅滅歌詩)가 열네 편이다. 왕선겸은 이렇게 말한다. "다름 아니라 한나라 때 고취요가 여러 곡이 아닌지 의심스럽다."

32 『한서』「예문지」 '가시류'에는 『종묘가시』(宗廟歌詩)가 다섯 편이다. 왕선겸은 이렇게 말한다. "앞의 『태일잡감천수궁가시』(泰一雜甘泉壽宮歌詩) 열네 편을 합치면 열아홉 장(章)이 된다. 「예악지」를 보라." 또한 『제신가시』(諸神歌詩)가 세 편이다. 또한 『송영령송가시』(送迎靈頌歌詩)가 세 편이다. 심흠한은 이렇게 말한다. "후세의 신맞이 노래나 신보내기 노래[迎送神弦歌]는 여기에 뿌리를 두었다."

열여섯 번째 한지병서(漢志兵書)

16.1

손무 『병법』은 여든두 편인데 "「도」가 아홉 권"이라는 주를 달았다. 이것이 "병서략" '병권모가'의 첫 조목이다. 나는 이렇게 생각한다. 『사기』「손무전」은 이러하다. "합려는 손무에게 그대의 열세 편 글은 내가 남김없이 얻어서 보았노라고 말했다." 완효서 『칠록』은 이렇게 말한다. "『손자병법』 세 권은 열세 편이 상권이고 또 중권과 하권이 있다."[1] 그러면 위나라 무제가 그중 수십만 단어를 깎아내서 열세 편을 만들었다는 두목의 말은 잘못이다.[2] 아마 열세 편은 경언[經語]이기 때문에 합려에

1 「시교 하」의 주45를 보라.

2 나는 이렇게 생각한다. 『곤학기문』 권10은 이러하다. "두목은 「손자서」(孫子序)에 '손무가 지은 수십만 단어의 글은 위나라 무제가 그중 번거롭고 남는 것을 깎아내고

게 바친 것이고 나머지는 틀림없이 법도나 명물과 도수[名數]라서 형세, 음양, 기교 같은 부류가 있었을 것이다. 문사를 논할 때 남김없이 통하지 않았고 순서대로 중권과 하권을 편집하는 바람에 후세에 없어지고 사라지게 되었을 것이다. 열세 편만 자체적으로 하나의 책이 된 일은 합려 때 이미 그러했지만 『한서』「예문지」가 겨우 여든두 편이라는 전체 숫자만 기록하는 바람에 이것이 후세인의 의혹을 더욱 불어나게 만든 이유가 되었다.

이상은 열여섯 번째의 첫 번째이다.

16.2

대체로 『한서』「예문지」의 엉성함은 사람을 근거로 책을 분류했지 책을 근거로 사람을 분류할 수 없었기 때문이다. 『태현』, 『법언』, 『악』[樂], 『잠』[箴] 네 가지 책을 양웅이 편집한 서른여덟 편에 분류하고[3] 『신서』, 『설원』, 『세설』, 『열녀전』 네 가지 책을 유향이 편집한 예순일곱 편에

정밀하고 절실한 것을 적었다. 모두 열세 편인데 이것을 근거로 주를 달고 풀었다'라는 주를 달았다. 이것을 『사기』「손자열전」에 비교하면 이러하다. '합려는 이렇게 말한다. 그대의 열세 편 글은 내가 이미 얻어서 보았노라.' 기록하고 삭제해서 열세 편을 지은 것이 아니다." 『사고전서총목제요』「병가류」는 이러하다. "『손자』는 한 권이고 주나라 손무가 지었다. 비교해 보면 『사기』「손자열전」은 손무의 책 열세 편을 수록하고 있지만 『한서』「예문지」는 『손자』의 「병법」 여든두 편과 「도」 아홉 권을 수록하고 있다. 두목은 손무의 글이 본래 수십만 단어의 글이고 모두 조조가 그중 번거롭고 남는 것을 깎아내고 정밀하고 절실한 것을 적어서 이 책을 완성했다고 말했다. 그래서 『사기』가 열세 편이라고 한 『손자』는 한나라 이전에 있었고 나중에 덧붙여 보탠 것을 본래 책이라고 생각할 수 없으니 두목의 말은 본디 근거로 삼을 만한 것이 아니다."

3 「열한 번째 정초오교한지」의 주1을 보라.

분류한 것이[4] 더욱 드러나고 쉽게 나타나는 것이다. 『손자』 여든두 편은 쓸모가 같아도 책의 형식에 차이가 있다면 구별해서 편집해야만 한다. 설령 사람을 근거로 책을 분류하려고 해도 역시 『태공』의 이백서른일곱 편처럼 먼저 총목에 열거한 다음에 「모」 여든한 편, 「언」 일흔한 편, 「병」 여든다섯 편이라고 분석한 범례와 같아야만 된다.[5] 임굉의 분류와 순서가 정밀하지 못한 바람에 결국 후세인의 의혹을 더욱 불어나게 만들고 열세 편이 손무의 완전한 책이 아니라는 말이 나오는 지경이 되었다. 이것은 교수가 정밀하지 못한 허물이다.

이상은 열여섯 번째의 두 번째이다.

16.3

여든두 편 가운데 겨우 열세 편만 보존된 것은 후세인이 삭제했기 때문이 아니다. 대체로 문사는 전해지기 쉽지만 도수는 오래 지속하기 어렵다. 다름 아니라 같은 병서라도 '병권모가'[權謀之家]는 여전히 글을 보존하고 있지만 만약 '병형세가', '병음양가', '병기교가' 세 가지 분야라면 백의 하나도 얻을 수 없다. 같은 방기라도 '의경류'[醫經一家]는 아직도 글을 보존하고 있지만 '경방류'[經方], '방중류'[房中], '신선류'[神仙] 같은 세 가지 분야는 백의 하나도 얻을 수 없다. 아마 문사는 사람들이 모두 외우고 익히지만 제도는 전문가가 아니면 전해지지 않기 때문이리라. 이것이 보존되고 사라진 구별이 생긴 근거이겠지? 그러면 형명과 제도에

---

4 「열네 번째 한지제자」의 주34를 보라.

5 『태공서』를 『한서』 「예문지」가 "제자략" '도가' 목록에 기록한 것은 「열네 번째 한지제자」의 주3을 보라.

관한 책을 교정할 때 더욱 거기에 주의해야만 마땅하다.

이상은 열여섯 번째의 세 번째이다.

16.4

다름 아니라 손무와 손빈의 책 같은 것을 '병권모가'[權謀之家]에 열거할 때 손무에게 「도」 아홉 권이 있고 손빈에게 「도」 네 권이 있다고 하면[6] 책과 글의 분류와 순서는 괜찮은 것 같다. 「도」는 '병권모가'의 글에 쓰는 것이 확실히 아니다. '병형세가'가 필요하지 않다면 틀림없이 '병기교가'가 쓴다는 것은 이치를 쉽게 알 수 있다. 그러나 임굉이나 유흠과 반고 같은 무리는 다만 그 사람에게서 나온 것을 알자마자 바로 그 책 다음에 붙였다. 그래서 사람을 근거로 책을 분류하는 폐단은 정말 가르친다고 고칠 수 없는 것이다.

이상은 열여섯 번째의 네 번째이다.

16.5

완효서 『칠록』에 따르면 손무 『팔진도』 한 권이 있다고 한다.[7] 이것이

---

6 「시교 상」의 주21을 보라.

7 왕응린 『한서예문지고증』은 이러하다. "『수서』 「경적지」는 '양나라 때 『손자팔진도』(孫子八陣圖)가 한 권'이라고 한다. 『주례』 '거복'(車僕)의 주는 '『손자팔진』(孫子八

다름 아니라 『한서』 「예문지」에 있는 아홉 권의 「도」인지 아닌지는 미처 알 수 없다. 그러나 「도」에는 꼭 이름이 있게 마련이고 『팔진』이 「도」라는 이름을 취한 것도 역시 『계』라는 책을 가지고 글 이름을 지은 데서 시작되었다.[8] 오늘날 책에는 이름이 있지만 「도」에는 이름이 없는 것은 아마 편명을 제자백가가 뭉뚱그려 부르는 이름에 맞췄기 때문일 텐데 범례가 이와 같다. 「도」도 역시 그 다음에 붙이지만 그 이름을 기록하지 않는다면 후세인은 「도」를 어디다 쓰는 것인지 모른다.

이상은 열여섯 번째의 다섯 번째이다.

16.6

정초는 임굉의 분류와 순서에 법도가 있다고 말했는데[9] 이제 헤아려서 알 수 있다. 권모는 사람이고 형세는 땅이며 음양은 하늘이다. 맹자는 이렇게 말한다. "천시는 지리만 못하고 지리는 인화만 못하다."[10] 이것이 세 가지 책의 순서이다. 권모는 도이고 기교는 예(藝)이다. 도가 뿌리가 되고 예가 끄트머리가 되는 것은 시작과 끝을 분류한 질서[部秩]이다. 그래서 『주관』 대사마의 직책이 관장하는 것과 군례의 『사마법』 같은 여러 조목은[11] 경언으로 먼저 열거해서 "병서략" 첫머리[部首]에 따로 편집

陣)에는 혁거진[革車之陣]이 있다.'"

8 『손자병법』의 첫머리는 「계」 편이다.

9 「열 번째 보교한예문지」의 주18을 보라.

10 『맹자』 「공손추 하」를 보라.

11 대사마는 「여석수왕명부론지례」의 주18을 보라. 『사마법』은 「열한 번째 정초오교한지」의 주6을 보라. 『한서』 「예문지」 "병서략" 「서록」은 이러하다. "병가는 아마 고대의 사마라는 관직에서 나온 것이고 왕관(王官) 가운데 군사 업무를 갖춘 것이다. 탕왕과 무왕이 하늘의 명령을 받아 군대를 근거로 정치적 불안정을 이기고 백성을

해야만 군대 일을 익히는 사람이 거룩한 임금이 남긴 의도를 알게 만든다. 임굉은 『사마법』을 "권모" 편에 넣었는데 반고가 비로소 경례(經禮)로 옮겼다.[12] 사마의 법이 어찌 권모가 될 수 있겠는가? 반고가 이쪽으로 빼냈지만 저쪽으로 집어넣어야 마땅하다. 안타깝게도 반고는 서로 드러내는 방법과 목록 첫머리[部首]에 따로 내서 경언의 범례로 우러르는 일을 모른다.

이상은 열여섯 번째의 여섯 번째이다.

16.7

이름이 같지만 내용이 다른 책이 있으면 그것들이 다른 까닭을 꼭 기록하고 비슷하다고 의심되는 것을 변별한다. 그러면 거듭해서 호주를 다는 방법이나 글을 가다듬어 따로 빼내는 방법과 아울러 시행해도 어긋나지 않을 수 있다. '병형세가'의 『위료』 서른한 편은 '잡가'의 『위료자』 스물아홉 편과 이름이 같다.[13] '병음양가'의 『맹자』 한 편은 '유가'의 『맹자』 열한 편과 이름이 같다.[14] 『사광』(師曠) 여덟 편은 '소설가'의 『사

구제했다. 움직일 때 어짊과 정의로움을 근거로 하고 시행할 때 예를 지켜 공손하게 사양하는 것을 근거로 했는데, 『사마법』은 그중 남은 사실이다."

12 「열한 번째 정초오교한지」의 주9를 보라.

13 「열네 번째 한지제자」의 주91을 보라.

14 『한서』 「예문지」 '병음양가'에는 『맹자』 한 편이 있고 '유가'에는 『맹자』 열한 편이 있다. 『맹자내서』[內書] 일곱 편은 「광류」의 주18을 보라. 조기 「맹자제사」(孟子題辭)는 이러하다. "또한 『맹자외서』[外書] 네 편이 있는데 「성선」(性善), 「변문」(辨文), 「설효경」(說孝經), 「위정」(爲正)이다. 글이 규모가 있거나 깊이가 있을 수 없어 내편과 비슷하지 않기 때문에 『맹자』의 본래 참된 것은 아니고 후세인이 가탁하여 본뜬 것인 듯하다."

광』 여섯 편과 이름이 같다.[15] 『역목』(力牧) 열다섯 편은 '도가'의 『역목』 스물두 편과 이름이 같다.[16] '병기교가'의 『오자서』(伍子胥) 열 편은 '잡가'의 『오자서』 여덟 편과 이름이 같다.[17] 목록에 기록하는 사람들은 모두 따로 말해서 조목조목 기록해야만 하는 것이다. 만약 "병서략"의 『공손앙』(公孫鞅) 스물일곱 편과 '법가'의 『상군』(商君) 스물아홉 편이 이름은 비록 다르지만 사실 같은 사람이라 해도[18] 같은 책이라고 기록해야만 할지 기록해선 안 되는지.

이상은 열여섯 번째의 일곱 번째이다.

---

15 『한서』「예문지」 '병음양가'에는 『사광』(師曠)이 여덟 편이다. 반고의 자주는 이러하다. "진나라 평공 때이다." "제자략" '소설가'에는 『사광』이 여섯 편이다. 자주는 이러하다. "『춘추』를 보라. 주장이 얕고 상스러운 것이 본디 이것과 같지만 그것을 근거로 해서 가탁한 듯하다."

16 『한서』「예문지」 '병음양가'에는 『역목』이 열다섯 편이다. 반고의 자주는 이러하다. "황제(黃帝)의 신하인데 가탁한 것이다." "제자략" '도가'에는 『역목』이 스물두 편이다. 자주는 이러하다. "전국시대에 지었는데 역목에게 가탁했다. 역목은 황제의 재상이다."

17 『한서』「예문지」 '병기교가'에는 『오자서』(伍子胥)가 열 편이다. 자주는 이러하다. "『도』가 한 권이다." "제자략" '잡가'에는 『오자서』가 여덟 편이다. 자주는 이러하다. "이름은 원(員)이고 춘추시대 오나라 장군인데 충성스럽고 정직했지만 헐뜯는 말 때문에 죽었다." 청나라 사람 홍이훤은 이렇게 말한다. "오늘날 전해지는 판본 『월절서』는 글 순서가 뒤섞여 어수선하기 때문에 마지막 편으로 그것을 증명했다. 본래 「첫째 태백」(太伯), 「둘째 형평」(荊平), 「셋째 오」(吳), 「넷째 계예」(計倪), 「다섯째 청조」(請糴), 「여섯째 구술」(九術), 「일곱째 병법」(兵法), 「여덟째 진항」(陳恒) 여덟 편인데 '잡가' 『오자서』의 편수와 꼭 같다." 나는 이렇게 생각한다. 『사기정의』 「손자오기열전」[孫吳列傳]은 『칠록』을 인용하고 있다. "『월절』은 열여섯 권인데 어떤 사람은 오자서가 지었다고 한다." 이것이 홍이훤이 근본으로 삼은 것인데 어쩌면 믿을 만하다.

18 『한서』「예문지」 "병서략" '병권모가'[權謀]는 이러하다. "『공손앙』은 스물일곱 편이다." 최근 사람 나준(羅焌)은 이렇게 말한다. "나는 이렇게 생각한다. 이것은 다름 아니라 '법가'의 『상군서』인데 다만 두 편이 적을 뿐이다. 제목의 이름이 다른 것은 「제자략」을 유향이 교정하고 「병서략」을 임굉이 교정했기 때문이다."

16.8

정초는 유흠과 반고가 목록에 기록하면서 책은 거뒀지만 「도」는 거두지 않은 것을 통렬하게 꾸짖었다. 그는 도보가 없어진 것이 전문적으로 목록에 기록하지 않았기 때문에 시작되었다고 생각했다. 『칠략』은 임굉 「병서략」만 수록했기 때문에 『한서』 「예문지」 "병서략"에 책을 칠백아흔 편이나 열거했고 「도」가 마흔세 권에 이른다.[19] 그래서 임굉 「병서략」이 모두 갖춰져 있고 목록에 따라서 증명하더라도 없어지고 사라진 「도」는 또 어디에 있는가? 목록에 기록하는 일의 도는 책이 보존되거나 없어진 것에 달린 것이 아니라 고증에 달린 것일 뿐이다. 등록한 제목을 보존하면 방증으로 오래 전까지 찾을 수 있는데 이것이 사라진 시와 사라진 책이 「소서」(小序)를 보존하는 것을 소중하게 여기는 근거이다.[20] 임굉은 「도」를 수록하면서 분류와 순서를 상세히 나눌 수 없었기 때문에 수록했어도 미처 수록하지 못한 것이나 같다. 정말 「도」의 쓸모를 넓히고자 하면 분류와 순서를 구별해서 「도」의 목록에 이름을 표시해야만 한다.(『팔진도』와 같은 종류이다) 그리고 그 사람과 그 책 다음에 다시 거듭해서 호주를 단다면 제대로 된 순서를 거의 얻지 않겠는가?

이상은 열여섯 번째의 여덟 번째이다.

---

19 「화주지 여지도 서례」의 주1을 보라.

20 사라진 시[逸詩]는 『시경』의 삼백열한 편에 나타나지 않는 시를 말한다. 예를 들면 「당체」(唐棣)가 『논어』에 나오고 「교승」(翹乘)이 『춘추좌전』에 나오는 것이 이것이다. 사라진 책[逸書]은 한나라 초에 얻은 스물아홉 편 이외의 『상서』를 말한다. 『사기』 「유림전」은 이러하다. "공자 집안에는 『고문상서』가 있는데 공안국이 오늘날의 문자로 읽은 뒤 자기 집에 있는 사라진 책을 일으켜서 읽고 여남은 편을 얻었다." 『시』에 「소서」가 있다는 것은 「경해 중」의 주29를 보라. 「서서」는 「광류」의 주4를 보라.

열일곱 번째 한지술수(漢志術數)

17.1

수술에 관한 여러 가지 책은 「도」로 지은 것이 많다. '천문가'의 『태일잡자성』(泰一雜子星)과 『오잔잡변성』(五殘雜變星)[1] 같은 책은 비록 전해지지 않지만 세상에 전해지는 『감석성경』[2](목록에 기록되지 않았다)에는 「성도」(星圖)가 있어 증명할 수 있다. 『한일방기행사점험』(漢日旁氣行事占驗)은

1 『한서』「예문지」"수술략" '천문류'에는 『태일잡자성』 스물여덟 권이 있다. 왕선겸은 이렇게 말한다. "태일(泰壹)은 별 이름인데 다름 아니라 태일(太一)이다. 「천문지」를 보라. 잡자성(雜子星)은 아마 이 책이 여러 가지 별을 뒤섞어 기록하면서 태일을 첫머리에 두었기 때문일 것이다. 이것은 마치 다음에 나오는 잡변성(雜變星)이 오잔성[五殘]을 첫머리에 둔 것과 같다." 또한 『오잔잡변성』은 스물한 권이다. 안사고는 이렇게 말한다. "오잔은 별 이름이다. 「천문지」를 보라."

2 「경해 중」의 주21을 보라.

전해지지 않지만 『수서』 「경적지」의 『위씨일방기도』(魏氏日旁氣圖) 한 권이 증명할 수 있다.[3] 『해중성점험』(海中星占驗)은 전해지지 않지만 『수서』 「경적지」의 『해중성도』(海中星圖) 한 권이 증명할 수 있다.[4] 『도서비기』(圖書秘記) 열일곱 편은 "천문록"[天文之錄]에 기록되어 있다.[5] 『경창월행백도』(耿昌月行帛圖)는 "역보록"[曆譜之錄]에 기록되어 있다.[6] 『후한서』 「역지」(曆志)는 "감로 2년에 대사농 승 경수창(耿壽昌)은 그림과 기구[圖儀]로 해와 달의 운행을 측정하고 천체의 운행을 신중히 생각하고 조사한 것을 바쳤다"라는 가규의 논의를 인용하고 있는데[7] 「도」가 있는 여러 가지 책은 아마 손가락으로 다 꼽을 수 없을 것이다. 윤함은 수술에 관한 책을 교정하면서 그림과 글을 자세하게 구별할 수 없었을 뿐 아니라 가학이라고 제목에 표시했다. 다름 아니라 겨우 임굉 「병서략」의 조례처럼 다

3 『한서』 「예문지」 '천문류'에는 『한일방기행사점험』(漢日旁氣行事占驗) 세 권이 있다. 심흠한은 이렇게 말한다. "『수서』 「경적지」에는 『경씨일점도』(京氏日占圖) 세 권, 『하씨일방기』(夏氏日旁氣) 한 권, 『위씨일방기도』(魏氏日旁氣圖) 한 권이 있다. 태복(太卜)의 주는 이러하다. '임금다운 왕이 밤에 꿈을 꾸면 낮에 일방기를 보고 길흉을 점친다.'"

4 『한서』 「예문지」 '천문류'에는 『해중성점험』(海中星占驗) 열두 권이 있다. 왕응린 『한서예문지고증』은 이러하다. "『수서』 「경적지」에는 『해중성점도』(海中星占圖)와 『해중성점』(海中星占)이 각각 한 권씩 있는데 다름 아니라 장형이 말한 바닷사람[海人]의 점이다."

5 『한서』 「예문지」 '천문류'에는 『도서비기』(圖書秘記) 열일곱 편이 있다. 심흠한은 이렇게 말한다. "『후한서』[後書]는 양후(楊厚)의 할아버지 양춘경[春卿]이 아들 양통[統]을 이렇게 타일렀다 한다. '내 책 보따리에는 선조가 전하신 남모르는 기록[祕記]이 있는데 한나라 왕실[漢家]에서 쓰던 것이다.' 또한 장제가 동평왕 유창[蒼]에게 하사한 것은 궁중에 소장된 책 가운데 『열선도』(列仙圖)와 도술의 비밀 처방[祕方]이다."

6 『한서』 「예문지」 '역보류'는 이러하다. "『경창월행백도』(耿昌月行帛圖)는 이백서른두 권이다."

7 『후한서』 「역률지」(曆律志)는 이러하다. "가규는 이렇게 논한다. 나는 이렇게 생각한다. 감로 2년에 대사농 중승 경수창은 그림과 기구[圖儀]로 해와 달의 운행을 측정하고 천체의 운행을 신중히 생각하고 조사한 것을 바쳤다. 해와 달이 견우와 동정(東井)에 이르면 해는 도를 넘고 달은 15도를 가며, 해와 달이 누수[婁]와 각수[角]에 이르면 해는 1도를 가고 달은 13도를 가는데 적도가 그렇게 만든다."

만 본래 책 다음에 「도」가 있다고 주를 다는 것도 역시 할 수 없다.[8] 이것이 바로 끝까지 찾기 어려운 까닭 아니겠는가?

이상은 열일곱 번째의 첫 번째이다.

17.2

'오행가'의 『종률재응』(鍾律災應)은 "육예략" '악류'[樂經]의 여러 책과 호주를 달아야만 한다.[9] 『종률총진일원』(鍾律叢辰日苑), 『종률소식』(鍾律消息), 『황종』(黃鍾) 세 가지 책도[10] 역시 같다. 『오음기해용병』(五音奇胲用兵) 스물세 권과 『형덕』(刑德) 스물한 권은 "병서략" '병음양가'와 호주를 달아야만 한다.[11] '오행가'가 『상서』에 뿌리를 두고 있고 '시귀가'가 『주

8 임광이 병서를 교정할 때 「도」를 수록했지만 목록의 순서를 상세하게 알지 못하여 이미 제대로 된 순서를 잃었다. 윤함이 수술의 여러 가지 책을 교정할 때 「도」가 있지만 주를 달아 밝히지 않은 것은 아주 단단히 잘못되었다.

9 『한서』「예문지」'오행류'에는 『종률재응』(鍾律災應) 스물여섯 권이 있다. 심흠한은 이렇게 말한다. "이것은 아마 경방의 방법일 것이다. 『군재독서후지』에서 경방은 예순 가지 율(律)로 한 해 동안의 날을 나눴는데 황종은 동지부터 시작해서 동지에 이르렀을 때 회복하기 때문에 음양, 추위와 더위, 바람과 비의 점은 거기서 생긴다." "육예략" '악류'는 「악기」 이하 여섯 가지를 모두 '전기류'[傳記之類]라고 기록하고 있는데, 이것은 악경이 「전」을 경으로 생각한다는 것을 말한다.

10 『한서』「예문지」'오행류'는 이러하다. "『종률총진일원』(鍾律叢辰日苑)은 스물두 권이고 『종률소식』(鍾律消息)은 스물아홉 권이며 『황종』은 일곱 권이다."

11 『한서』「예문지」'오행류'에는 『오음기해용병』(五音奇胲用兵) 스물세 권이 있는데 왕념손은 이렇게 말한다. "『설문해자』는 기해(奇侅)를 예사롭지 않고 특별하다[非常]라고 푼다. 해(侅)가 올바른 글자이고 해(胲)는 빌린 글자이다." 심흠한은 이렇게 말한다. "『포박자』「극언」(極言) 편은 이러하다. '황제는 공격해서 싸울 일을 살필 때 오음(五音)의 점괘[策]를 간직했다.' 태사(太師) 주는 이러하다. '『병서』(兵書)는 이렇게 말한다. 임금다운 왕이 군대를 움직일 때는 군대가 떠나는 날 장군에게 활과 화살을 주고 장교와 사병은 모여서 정돈한다. 장군이 활을 당겨 크게 소리치면 태사

역』에 뿌리를 두고 있는 것은 이미 갖춰서 논하고 편집했기 때문에[12] 여기서 다시 논하지 않겠다.

이상은 열일곱 번째의 두 번째이다.

17.3

'잡점가'의 『양사천문』(禳祀天文), 『청우지우』(請雨止雨), 『잡자후세』(雜子候歲)(태일가[泰一]와 자공가[子貢] 두 가지이다), 『신농교전상토경종』(神農敎田相土耕種) 같은 여러 책은[13] "제자략"의 '농가'와 호주를 달아야만 한다.

[大師]는 피리[律]를 불어 소리를 맞춘다. 소리가 상(商)이면 싸움에서 이기기 때문에 군대가 강해진다. 소리가 각(角)이면 군대가 소란스럽고 변고가 많아지기 때문에 사기를 잃는다. 소리가 궁(宮)이면 군대가 조화로워지기 때문에 장교와 사병이 한마음이 된다. 소리가 치(徵)이면 장군이 급해져서 자주 노하기 때문에 군대가 피로하게 된다. 소리가 우(羽)이면 군대가 약해지기 때문에 용기[威明]가 적어진다.' 나는 이렇게 생각한다. 『육도』에도 역시 「오음」(五音) 편이 있는데 바로 오승(五勝)으로 적을 제압하는 것을 아우르고 있다." 또한 『오음기해형덕』(五音奇胲刑德)은 스물한 권이다. 왕념손은 이렇게 말한다. "『회남자』 「병략훈」(兵略訓)은 형덕기해(刑德奇胲)의 수에 밝다고 하는데, 다름 아니라 여기서 말하는 기해형덕이다." "병서략" '병음양가' 「서록」[陰陽家叙錄]은 이러하다. "음양은 시절을 따라서 나타나는데 형덕을 헤아리고 격투[斗擊]를 좇으며 오승을 근거로 삼고 귀신을 부려 도움으로 삼는 것이다." 안사고는 이렇게 말한다. "오승은 오행의 상극[相勝]이다."

12 「열 번째 보교한예문지」의 다섯 번째 단락 및 「열세 번째 한지육예」의 네 번째와 다섯 번째 두 개의 단락을 보라.

13 『한서』 「예문지」 '잡점류'에는 『양사천문』(禳祀天文) 열여덟 권이 있다. 안사고는 이렇게 말한다. "양(禳)은 재앙을 없애는 것이다. 음은 인양(人羊)의 반절이다." 또한 『청우지우』(請雨止雨)는 스물여섯 권이다. 심흠한은 이렇게 말한다. "『춘추번로』에는 「구우」(求雨) 편과 「지우」(止雨) 편이 있다." 또한 『태일잡자후세』(泰壹雜子候歲)는 스물두 권이다. 왕응린은 이렇게 말한다. "「천관서」는 한 해가 좋을지 나쁠지 살피는데 한나라 때 하늘의 도수[天數]를 살피는 사람 가운데 한 해를 점치는 사람은 위선(魏鮮)이라고 한다." 또한 『자공잡자후세』(子贛雜子候歲)는 스물여섯 권이다. 섭

이상은 열일곱 번째의 세 번째이다.

17.4

'형법가'[形法之家]는 '오행가'와 '잡점가' 두 조목을 벗어나지 않는데 오로지 『산해경』만 '지리' 전문에서 나왔어야 하지만 그런 분류와 순서가 없기 때문에 억지로 '형법가'에 드러냈다. 이야기는 이미 앞에 보이므로[14] 다시 논하지 않겠다.

이상은 열일곱 번째의 네 번째이다.

덕휘는 이렇게 말한다. "이것은 자공이 재산을 늘린 일을 근거로 가탁해서 지었다." 또한 『신농교전상토경종』(神農教田相土耕種)은 열네 권이다. 섭덕휘는 이렇게 말한다. "『여씨춘추』 「애류」(愛類)는 신농씨의 가르침을 인용하여 농사짓기, 베 짜기, 곡식 저장의 일을 말하고 있다."

14 「열 번째 보교한예문지」의 여섯 번째 단락을 보라.

열여덟 번째 한지방기(漢志方技)

방기의 책에서 큰 요점은 경(經), 맥(脈), 방(方), 약(藥) 네 가지일 뿐이다. 경은 방기의 도를 밝히고 맥은 방기의 기술[術]을 부리고 방은 방기의 공을 이루고 약은 방기의 성질을 변별한다. 네 가지가 갖춰지면 방기의 일은 갖춰진 것이다. 지금은 이주국이 교정한 네 가지 가운데[1] 의경과 경방 두 가지만 있을 뿐이다. 맥서와 약서(藥書)는 끝내 목록이 빠졌다. 방중과 신선의 일은 도술을 겸하고 있는 것이지[2] 방기의 올바른 줄기를 회

1 『한서』「예문지」에는 방기가 네 종류인데 '의경류' 일곱 가지, '경방류' 열한 가지, '방중류' 여덟 가지, '신선류'[神僊] 열 가지로 편집했다.

2 『한서』「예문지」 "방기략" '신선가' 「후서」(神僊家後序)는 이러하다. "신선은 성명 가운데 참된 것[性命之眞]을 보존하고 세상 바깥에 돌아다니며 찾는 근거이다. 애오라지 의지와 마음을 치우침 없이 공평하게 하고 죽음과 삶의 영역을 같은 것으로 보며 마음속에 두려워 조심함이 없다." '방중가' 「후서」(房中家後序)는 이러하다. "방중은 성정 가운데 지극한 것[性情之極]이고 지극한 도의 경계선이기 때문에 거룩한 임금이 외면의 쾌락을 절제해서 내면의 감정을 누르고 그것을 예의 규범으로 삼는다. 쾌락이 있지만 절제하면 마음이 기쁘고 편안하며 오래 산다."

복한 것이 아니다. '방기'에 편집해야 마땅한 것이지만 이제껏 사부 분류법이 그것에 대해 계속 잇고 있는 뜻을 오히려 잘 몰랐다. 나는 이렇게 생각한다. 사마천 『사기』 「편작창공열전」은 이러하다. "공승 양경은 황제와 편작의 맥서를 전수했다."[3] 이것은 서한 때 맥서가 없었던 적이 없다는 것이다. 또한 반고의 『한서』 「교사지」에는 성제 초기에 본초대조(本草待詔)가 있었다 하고[4] 『한서』 「누호전」에는 어렸을 때 의경, 본초, 방술을 외웠다고 한다.[5] 이것은 서한 때 약서가 없었던 적이 없다는 것이다. 이주국은 관직을 전문적으로 담당한 사람이라 교정을 맡았지만 빠트린 책도 있고 종류대로 모으는 범례에도 목록에 남김없이 기록하지 못한 것이 있는데 가볍을 어찌 쉽게 말하겠는가?

---

3 『사기』 「창공열전」은 이러하다. "태창공은 제나라 태창의 우두머리이며 임치 출신이다. 성은 순우이고 이름은 의이다. 어려서 의술과 방술을 좋아했다. 고후 8년 같은 고향 원리(元里)에서 공승 벼슬을 살던 양경을 다시 스승으로 받아들였다. 양경은 나이가 일흔이 넘었는데 아들이 없었으므로 순우의가 이전에 배웠던 처방을 남김없이 버리게 하고 다시 자신이 가진 비밀스런 처방을 모두 그에게 주었으며 황제와 편작의 맥서를 전수했다. 얼굴에 나타나는 다섯 가지 빛깔로 오장의 병을 진단하고 병든 사람이 살지 죽을지 알며 의심스러운 병의 증세를 판단해서 치료할 수 있을지 결정하는 것이다. 또한 약재 처방에 관한 이론도 있었는데 대단히 정밀했다. 그에게 삼년 동안 전수했는데 사람의 병을 고치기도 하고 살지 죽을지 판단하는 것을 많이 증명했다."

4 『한서』 「교사지」는 이러하다. "성제가 즉위한 이듬해, 광형과 장담(張譚)은 제사가 예에 맞지 않기 때문에 모두 그만두어야 한다고 조목조목 상주했다. 방사 사자(方士使者) 부좌(副佐), 본초대조 칠십여 명이 모두 집으로 돌아갔다." 안사고는 이렇게 말한다. "본초대조는 처방에 따라 지은 약[方藥]과 갖가지 약재[本草]를 가지고 임금의 명령을 기다리는 사람을 말한다."

5 『한서』 「유협전」은 이러하다. "누호는 자가 군경(君卿)이고 제나라 지역 출신인데 아버지는 대대로 내려오는 의사[世醫]이다. 누호는 어릴 때 아버지를 따라서 장안에서 의사가 되어 임금의 인척 집안에 드나들었다. 누호는 의경, 본초, 방술 수십만 단어를 외우고 있었다."